Die neue Macht der Konsumenten

Jan Rommerskirchen
Hrsg.

Die neue Macht der Konsumenten

Hrsg.
Jan Rommerskirchen
Fachbereich Wirtschaft & Medien
Hochschule Fresenius
Düsseldorf, Deutschland

ISBN 978-3-658-28558-6   ISBN 978-3-658-28559-3 (eBook)
https://doi.org/10.1007/978-3-658-28559-3

Die Deutsche Nationalbibliothek verzeichnet diese Publikation in der Deutschen Nationalbibliografie; detaillierte bibliografische Daten sind im Internet über http://dnb.d-nb.de abrufbar.

Springer Gabler
© Springer Fachmedien Wiesbaden GmbH, ein Teil von Springer Nature 2020
Das Werk einschließlich aller seiner Teile ist urheberrechtlich geschützt. Jede Verwertung, die nicht ausdrücklich vom Urheberrechtsgesetz zugelassen ist, bedarf der vorherigen Zustimmung des Verlags. Das gilt insbesondere für Vervielfältigungen, Bearbeitungen, Übersetzungen, Mikroverfilmungen und die Einspeicherung und Verarbeitung in elektronischen Systemen.
Die Wiedergabe von allgemein beschreibenden Bezeichnungen, Marken, Unternehmensnamen etc. in diesem Werk bedeutet nicht, dass diese frei durch jedermann benutzt werden dürfen. Die Berechtigung zur Benutzung unterliegt, auch ohne gesonderten Hinweis hierzu, den Regeln des Markenrechts. Die Rechte des jeweiligen Zeicheninhabers sind zu beachten.
Der Verlag, die Autoren und die Herausgeber gehen davon aus, dass die Angaben und Informationen in diesem Werk zum Zeitpunkt der Veröffentlichung vollständig und korrekt sind. Weder der Verlag, noch die Autoren oder die Herausgeber übernehmen, ausdrücklich oder implizit, Gewähr für den Inhalt des Werkes, etwaige Fehler oder Äußerungen. Der Verlag bleibt im Hinblick auf geografische Zuordnungen und Gebietsbezeichnungen in veröffentlichten Karten und Institutionsadressen neutral.

Springer Gabler ist ein Imprint der eingetragenen Gesellschaft Springer Fachmedien Wiesbaden GmbH und ist ein Teil von Springer Nature.
Die Anschrift der Gesellschaft ist: Abraham-Lincoln-Str. 46, 65189 Wiesbaden, Germany

Vorwort

Immer mehr Menschen fordern eine nachhaltige Wirtschaft, verantwortungsvolles Handeln von Unternehmen und ein gemeinsames Bemühen um eine bessere Welt. Sie fordern dies in sozialen Medien und auf den Straßen und Plätzen vieler Länder. Es entstehen neue Bürgerbewegungen und neue Formen des Protests. Viele Unternehmen und Regierungen reagieren auf die Forderungen und verändern die Ziele und die Gesetze des Wirtschaftens. Dieses Buch beschäftigt sich deshalb mit der neuen Macht der Konsumenten, die dies bewirkt hat.

Der Vorwurf, dass die Unternehmen diese Entwicklungen für ihre eigenen Zwecke ausnutzen und die Macht der Konsumenten somit nur scheinbar wirksam sei, klingt jedoch ebenfalls an. Das Unbehagen vieler Menschen vor der unterschwelligen Manipulation ihrer Gedanken und Wünsche angesichts ausgefeilter Methoden der Beeinflussung ist nicht neu, erscheint aber zunehmend drängender. Ob die Konsumenten sich des Einflusses der Unternehmen noch erwehren können und die Macht zu eigenen, selbstbestimmten Entscheidungen haben, war bereits das Thema eines Symposiums, welches mein Kollege Michael Roslon und ich im Frühling 2016 mit einigen Kollegen veranstalten durften (unter journal-kk.de/podiumsdiskussion-die-macht-der-konsumenten). Die aktuellen Entwicklungen der vielen weltweiten sozialen Bewegungen war der Anlass für eine vertiefende Betrachtung der neuen Macht der Konsumenten.

Als Herausgeber danke ich den Kolleginnen und Kollegen für ihre Bemühungen und Beiträge sowie dem Verlag und insbesondere Frau Angela Meffert für die Idee zu diesem Buch, für ihre Unterstützung und die gelungene Lektorierung des Manuskripts.

Köln, Deutschland   Jan Rommerskirchen

Inhaltsverzeichnis

Über die neue Macht der Konsumenten 1
Jan Rommerskirchen

Teil I   Überlegungen zur neuen Macht der Konsumenten

**Das getäuschte Selbst – Wie mächtig sind wir Konsumenten
eigentlich?** 11
Peter Michael Bak

**Konsumentenmacht – Freiheit, Souveränität oder ökonomische
Funktionalisierung?** 27
Lutz Becker, Christian Barbuia und Guido Scholl

Die Illusion der Konsumentenmacht. 63
Thomas Levermann

Symmetrische und asymmetrische Macht 89
Jan Rommerskirchen

**Parasoziale Macht – Konzeption eines Machtbegriffs im Rahmen der
Analyse von Marken-Kunden-Beziehungen** 115
Michael Roslon

VII

Teil II Betrachtungen zur Praxis der Macht der Konsumenten

Fridays For Future – Die Veränderung unserer Gesellschaftsstrukturen durch Kommunikations- und Handlungsmacht 137
Tecla Huth

Boykott und Bukcott – Empirische Erkenntnisse zur Macht von aktiven Konsumenten 147
Jan Dirk Kemming und Julian Lambertin

Der erfundene Verbraucher und die Spaltung der Gesellschaft 165
Patrick Klein

Power to the People – Souveränität durch oder trotz Daten? 187
Ann Cathrin Riedel und Caroline Krohn

Über den Herausgeber

Prof. Dr. phil. Jan Rommerskirchen lehrt Philosophie und Soziologie an der Hochschule Fresenius in Düsseldorf und Köln und gibt das Journal für korporative Kommunikation heraus. Nach dem Studium der Philosophie, Politikwissenschaften, Kommunikationswissenschaften und Psychologie an den Universitäten Paris, Fribourg, Tübingen und Köln arbeitete er einige Jahre im Bereich Marketing und Öffentlichkeitsarbeit und lehrte Kommunikationsforschung an der Universität Duisburg-Essen sowie Politikwissenschaft, Ethik und Sozialwissenschaft an den Fachhochschulen für öffentliche Verwaltung in Duisburg und Köln. Seit 2007 lehrt er an der Hochschule Fresenius, sein Arbeitsschwerpunkt ist die strategische Kommunikation.

Ausgewählte Veröffentlichungen

- Rommerskirchen, Jan (2019). Markt und Moral – was man für Geld (nicht) kaufen kann. In: J. D. Kemming & J. Rommerskirchen (Hrsg.): *Marken als politische Akteure*, S. 99–115. Wiesbaden: Springer Gabler.
- Rommerskirchen, Jan (2019) Unternehmenskommunikation in Zeiten der Digitalisierung. In: *Journal für korporative Kommunikation*, Ausgabe 1, S. 55–63. PID: https://nbn-resolving.org/urn:nbn:de:0168-ssoar-61973-1
- Rommerskirchen, Jan (2019). *Das Gute und das Gerechte. Einführung in die praktische Philosophie*. Wiesbaden: Springer.
- Rommerskirchen, Jan (2018). Bedeutung und Sinn – oder warum Menschen weiße Turnschuhe tragen. In: *Journal für korporative Kommunikation* 2/2018, S. 11–25. PID: https://nbn-resolving.org/urn:nbn:de:0168-ssoar-60282-4

- Rommerskirchen, Jan (2018). Die soziale Rolle von Unternehmen. In: *Journal für korporative Kommunikation* 1/2018, S. 14–26. PID: https://nbn-resolving.org/urn:nbn:de:0168-ssoar-60281-9
- Rommerskirchen, Jan & Opolka, Laura (2018). Anerkennung und Zuschreibung – Menschen und ihre Marken. In: C. Baumgarth & H. J. Schmidt (Hrsg.): *Forum Markenforschung 2016*, S. 39–58. Wiesbaden: Springer Gabler.
- Rommerskirchen, Jan (2017). *Soziologie & Kommunikation. Theorien und Paradigmen von der Antike bis zur Gegenwart.* Wiesbaden: Springer VS.

Über die neue Macht der Konsumenten

Jan Rommerskirchen

Die moderne Marktwirtschaft bietet den Konsumenten in unseren Tagen eine größere Auswahl an Leistungen und Gütern als jemals zuvor. Von der Seife bis zum Automobil gibt es für jeden Geschmack, jeden Anspruch und jeden Geldbeutel ein passendes Produkt. Der Konsument hat die freie Wahl, ob er besonders kostengünstig, besonders luxuriös oder besonders nachhaltig einkaufen und konsumieren will. Seine Bedürfnisse und Wünsche mögen konventionell oder außergewöhnlich sein, typisch für seine Generation oder sein Milieu, moralisch oder monetär begründet – die Unternehmen, die Wissenschaft und viele Institute versuchen Tag für Tag, die Erwartungen der Konsumenten zu erkennen und zu erforschen. Und so wachsen kontinuierlich die Angebote an Waren sowie die Wünsche der Konsumenten und gemeinsam bereichern sie den Markt der Dinge.

Allerdings wachsen auch die Zweifel und die Kritik an dieser Entwicklung. Protestbewegungen wie *Occupy Wall Street, Attac, Extinction Rebellion* und *Fridays For Future* fordern einen anderen Konsum und eine andere Art des Wirtschaftens. Globale Organisationen wie *Greenpeace, World Wildlife Fund* oder *PETA* sind Plattformen für jede Art des persönlichen Engagements für eine andere und bessere Wirtschaft. Und die sogenannten sozialen Medien ermöglichen den Konsumenten den direkten und weltweit öffentlichen Dialog mit den Unternehmen, Konsumenten können Zustimmung und Kritik äußern, verantwortungsbewusstes Handeln loben und Fehlverhalten anprangern, zum *Buykott* oder zum *Boykott* auf-

---

J. Rommerskirchen (✉)
Hochschule Fresenius, Düsseldorf, Deutschland
E-Mail: Rommerskirchen@hs-fresenius.de

© Springer Fachmedien Wiesbaden GmbH, ein Teil von Springer Nature 2020
J. Rommerskirchen (Hrsg.), *Die neue Macht der Konsumenten*,
https://doi.org/10.1007/978-3-658-28559-3_1

rufen. Vielfältig und wirkungsmächtig wie nie erscheinen die Möglichkeiten der Konsumenten, die Welt zu verändern.

Viele Unternehmen haben in den letzten Jahren darauf reagiert, sie bieten nachhaltige und moralisch optimierte Güter an, verbessern die Arbeitsbedingungen ihrer Mitarbeiter und nehmen Stellung zu gesellschaftspolitisch relevanten Themen (siehe hierzu die Beiträge in Kemming und Rommerskirchen 2019). Kaum ein Unternehmen kann sich heute noch dem kritischen Blick der Öffentlichkeit entziehen und die meisten Menschen erwarten von Unternehmen mehr als nur funktionierende Produkte: Sie sollen einen globalen gesellschaftlichen Zweck (*Purpose*) haben, ihre soziale Legitimität und ihren Beitrag für das Gemeinwohl offenlegen. Und viele Unternehmen sehen darin eine willkommene Gelegenheit, in umkämpften Märkten die knapper werdende Ressource Aufmerksamkeit zu gewinnen, ihre Produkte von anderen unterscheidbar zu machen und nicht zuletzt den Konsumenten damit sozial und moralisch akzeptierte Identifikationssymbole gegen einen gewinnfördernden Mehrpreis zu verkaufen.

Diese Entwicklung ist nicht nur für Unternehmen erfreulich, sondern in den meisten Fällen wird auch die Welt dadurch besser. Nachhaltiger Umweltschutz, Achtung der Rechte der Mitarbeiter, Schonung von Flora und Fauna sind auch (und gerade) dann ein Fortschritt, wenn Unternehmen damit ihren Gewinn erhöhen. Der gesellschaftliche Druck auf die Unternehmen und die steigenden Erwartungen der Konsumenten an deren Leistungen und Gütern haben in den letzten Jahrzehnten diese Entwicklung zumindest gefördert. Ohne die Forderungen der Konsumenten nach nachhaltigen, moralischen, sozial und politisch legitimen Dingen – materiellen sowie immateriellen Wirtschaftsgütern – wären diese vermutlich nicht in die Welt gekommen.

Die Beziehungen zwischen Konsumenten und Unternehmen, Gesellschaft und Markt, Konsum und Fortschritt, Macht und Möglichkeiten sind verwickelt und komplex. Zwar hatten Konsumenten, zumindest in Gesellschaften mit freien Märkten, schon immer die Möglichkeit, Macht auszuüben, indem sie Produkte und Leistungen einkauften oder ablehnten. Die Logik des freien Marktes beförderte nützliche, kostengünstige oder begehrte Dinge und bestrafte Unternehmen, die untaugliche Produkte verkauften und Versprechen nicht hielten. In den letzten Jahren hat diese Form der Marktbeeinflussung jedoch eine neue Dynamik bekommen: Die Konsumenten sind kritischer gegenüber den Leistungsversprechen der Unternehmen geworden, sie erkennen die Zusammenhänge zwischen privatem Konsum und globalen Produktionsbedingungen und können ihre Unterstützung oder ihre Ablehnung weltweit öffentlich machen. Die Konsumenten entdecken eine neue Macht über Güter, Unternehmen und Märkte.

Die Beiträge in diesem Band beleuchten die neuen Phänomene der neuen Macht der Konsumenten. Welche Chancen und Risiken entstehen damit für die Konsumenten, die Unternehmen, die Märkte und die Gesellschaften? Führt die neue Praxis der Konsumentenmacht zu einer besseren Welt? Können die Konsumenten allen Täuschungen und Manipulationen ihrer Wünsche und Bedürfnisse trotzen und globale Konzerne zwingen, bessere Produkte herzustellen? Fördern oder gefährden langfristige Entwicklungen wie die Individualisierung von Menschen und die Digitalisierung von technischen und sozialen Prozessen diese Konsumentenmacht? Vor allem aber steht eine Frage immer wieder im Zentrum der Beiträge: Handelt es sich tatsächlich um Macht und wenn ja, um welche Art von Macht?

Wenn wir in diesem Buch von Macht sprechen, stehen wir vor einem Problem. Macht ist zwar „der Fundamentalbegriff in der Gesellschaftswissenschaft" (Russell 1938, S. 10) und ein „ubiquitäres Phänomen von Gesellschaft" (Imbusch 2012, S. 13), zugleich aber ist es verpönt, von Macht zu sprechen. Macht ist ein pejorativer Begriff, er suggeriert Ungleichheit, Ungerechtigkeit, Machtmissbrauch und sogar Gewalt. In der Beziehung zwischen Konsumenten und Unternehmen deutet Macht zudem auf Manipulation durch Propaganda, seit Edward Bernays in seiner Urschrift zur Unternehmenskommunikation den Menschen, zumal den Konsumenten, als willen- und machtloses Objekt der Fremdsteuerung beschrieb. Mit Verweis auf seinen Onkel Sigmund Freud, für den „das Ich nicht Herr sei in seinem eigenen Haus" (Freud 1917, S. 11), erklärte Bernays, dass Konsumenten Waren nicht wegen ihres Nutzens auswählten, sondern aus einer „Sehnsucht, die der Konsument sich aus Scham nicht eingesteht" (Bernays 2007, S. 52): aus dem Wunsch nach sozialer Anerkennung, nach Zugehörigkeit zu einer sozialen Gruppe, nach Prestige und Status. Diese Sehnsüchte und Wünsche würden, so Bernays, durch „unsichtbare Instanzen" und „Organisationen, die im Verborgenen arbeiten" geweckt und gesteuert, „sie beeinflussen unsere Meinungen, unseren Geschmack, unsere Gedanken" (Bernays 2007, S. 19). Würden Konsumenten rational handeln, also nur die besten und billigsten Waren kaufen, die sie auch wirklich brauchen, dann würden die Nachfrage und damit die Marktwirtschaft zusammenbrechen: „Um ein derartiges Chaos zu vermeiden, besteht eine stille gesellschaftliche Übereinkunft darüber, dass unser Blick durch den Einsatz von Propaganda lediglich auf eine reduzierte Auswahl an Gedanken und Gegenständen fällt" (Bernays 2007, S. 20). Die moderne Sozialpsychologie und die aktuellen Forschungen der Verhaltensökonomie zeigen immer wieder, dass Bernays provokante Thesen über das Entscheidungsverhalten von Konsumenten zumindest nicht falsch sind (vgl. Beck 2014). Sind die Konsumenten also machtlos angesichts der psychologisch und soziologisch ausgefeilten strategischen Kommunikationen der Unternehmen und willfährige Opfer der Propaganda?

Der Widerspruch zu dieser pessimistischen Mutmaßung liegt auf der Hand. Die moderne Marktwirtschaft basiert auf der Idee des rational handelnden *Homo oeconomicus*, der sich bei seinen Konsumentscheidungen auf Informationen über die Offerten eines freien Marktes stützt. Wenn der ökonomische Mensch seine eigenen Interessen durch Konsum verfolgt, nützt dies allen Konsumenten, den Unternehmen, der Marktwirtschaft und der Gesellschaft, denn „freier Handel ist die notwendige Grundlage für beides, für Wohlstand und Freiheit" (Friedman und Friedman 2014, S. 133). Gesetze und Organisationen zum Verbraucherschutz flankieren seine Informations- und Entscheidungsfreiheit. Die Macht des Konsumenten entsteht aus seiner aufgeklärten Autonomie und ist der Wesenskern jeder freien Marktwirtschaft, sie fordert und fördert den Fortschritt und die Innovationskraft der Märkte *und* der Gesellschaften, indem sie dem Subjekt erst die Dynamik individueller Lebensformen und Konsumwünsche in freien Märkten und Gesellschaften ermöglicht (hierzu Reckwitz 2017, S. 80 ff.; Beckert 2018, S. 378; Nassehi 2019, S. 272). Zunehmende Bildung, wachsender Wohlstand, die Globalisierung und die Digitalisierung von Produktionsprozessen und Kommunikationsmedien stärken sowohl die Märkte als auch die Macht der Konsumenten. Liegt also alle Macht über die Märkte und die Zukunft der Welt in den Händen der Konsumenten?

Angesichts dieser widersprüchlichen Positionen steht der Konsument zwischen Macht und Ohnmacht. Die Beiträge in diesem Buch diskutieren diese Ambivalenz aus unterschiedlichen Blickwinkeln. Sie alle stellen die Machtfrage in den Fokus und beleuchten unterschiedliche Aspekte und Phänomene:

Die Überlegungen zur Macht der Konsumenten eröffnet der Psychologe *Peter Michael Bak*. Bak ist skeptisch angesichts der gefeierten „neuen Macht" der Konsumenten, die sie Dank der sozialen Medien angeblich in die Lage versetzen soll, sich umfassend zu informieren, bewusste Kaufentscheidungen zu treffen und Einfluss auf Produktsortimente, Produktmerkmale und Herstellungsbedingungen auszuüben. Er erkennt in Kaufentscheidungen vielmehr Impulshandlungen, die entweder unreflektiert sind oder aus den falschen Gründen erfolgen. Der *Homo consumens*, so Bak, handele nicht im eigentlichen Sinne, sondern erliege machtlos dem sozialen Konsumzwang.

Der Beitrag von *Lutz Becker, Christian Barbuia* und *Guido Scholl* untersucht Macht aus der Perspektive betriebswirtschaftlicher Funktionslogiken, um anschließend die Frage zu stellen, inwiefern eine Ausweitung solcher Logiken auf das Marketing, den Markt und die Konsumenten zu erkennen ist. Die Autoren entwickeln aus dem historischen Begriff der Konsumentensouveränität zentrale Entwicklungslinien der Konsumentenforschung und des Marketinginstrumentariums. Darauf aufbauend analysieren sie am Beispiel des Nudgings das Konzept der strukturellen

Macht in Verbindung mit dem Theorem der qualitativen Freiheit und der Legitimität der Machtausübung.

Einen Informationsmangel und die Illusion von Macht sieht *Thomas Levermann* aufseiten der Konsumenten und damit auch eine Machtasymmetrie zugunsten der Produzenten. Er untersucht die psychologischen und verhaltensökonomischen Ursachen für diese ungleiche Verteilung und erkennt bei den Konsumenten begrenzt-rationale kognitive Prozesse der Informationsverarbeitung. Zugleich sieht Levermann in der digitalisierten Ökonomie die Gefahr eines neuen industriellen Komplexes technisierter Massendatenverarbeitung durch die Produzenten und die Intermediäre, mit dem Ziel, intelligible Machtasymmetrien auf- und auszubauen.

In der Ambivalenz des Machtbegriffs verortet *Jan Rommerskirchen* ein Problem: Macht ist allgegenwärtig in Gesellschaften und zugleich ein Tabu. Er unterscheidet deshalb zwei Formen von Macht: Einerseits die asymmetrische Macht einiger weniger über viele andere und andererseits die symmetrische Macht zu handeln und die Welt in und durch Gruppen oder Organisationen zu verändern. Rommerskirchen untersucht in seinem Beitrag die Voraussetzungen und die sozialen Kontexte der Handlungsmacht von Konsumenten und Unternehmen, um daraus deren Chancen und Risiken zu analysieren, die zu einer vertrauensvollen kooperativen Machtverteilung zwischen den Akteursgruppen im gemeinsamen Bemühen um eine bessere Welt führen.

Michael Roslon schlägt in seinem Beitrag vor, in Anlehnung an das Konzept der parasozialen Beziehung die Etablierung einer parasozialen Machtstruktur abzuleiten. Dieses Konzept umfasst die freiwillige Bindung des Kunden an Unternehmen, weil diese in der Lage sind, dem Kunden kommunikativ eine wünschenswerte Vorstellung symbolisch zu vermitteln. Die parasoziale Machtbeziehung ist für Roslon zwar zunächst ein subjektzentriertes Machtkonzept, er geht aber dennoch von einer symmetrischen Machtstruktur aus, in der Kunden und Unternehmen jeweils einen produktiven Beitrag zu ihrer Ausgestaltung leisten.

Die Betrachtungen zur Praxis der Macht der Konsumenten beginnen mit dem Beitrag von *Tecla Huth* über die Fridays-For-Future-Bewegung. Huth erkennt in den Protesten eine supranationale europäische Öffentlichkeit. Deren Kommunikationsmacht erhöhe den öffentlichen Druck auf die Gestaltung einer europäischen Politikagenda des effizienten Klimaschutzes und zwinge die politischen und wirtschaftlichen Eliten zum Handeln.

Jan Dirk Kemming und *Julian Lambertin* stellen in ihrem Beitrag drei aktuelle internationale Studien vor, die unterschiedliche Aspekte eines neuen, aktiveren Verbrauchertypus betrachten. Zunächst werden die Wahrnehmungen von Einflussmöglichkeit sowohl durch Konsumenten als auch durch Führungskräfte internationaler Unternehmen diskutiert. In der Dichotomie „Boykott oder Buykott" sehen die Autoren die sichtbaren Ausprägungen von Konsumentenaktivismus, die in der jüngeren Vergangenheit signifikant an Bedeutung gewonnen haben. Abschließend reflektieren sie Implikationen für die Führung von Marken und Unternehmen, die aus der wachsenden Einflussnahme von Verbrauchern resultieren, und blicken voraus in eine zunehmende Politisierung des *consumer activism.*

Patrick Klein geht der Frage nach, ob die Konsumenten tatsächlich das Klima retten, weniger fliegen und nur noch Fleisch von artgerecht gehaltenen Tieren essen wollen – oder ob dies nur eine Fiktion ist. Er sieht in der Diskrepanz zwischen dem erfundenen und dem *realen Verbraucher* eine Ursache für gesellschaftliche Spaltungen mit den möglichen Konsequenzen der moralischen Verurteilung, des Freiheitsentzugs oder der Kapitulation vor der Wirklichkeit. Klein fordert deshalb dazu auf, die realen Motive und Prioritäten der Konsumenten wieder anzuerkennen und pragmatisch mit Themen wie Nachhaltigkeit umzugehen.

Abschließend betrachten *Ann Cathrin Riedel* und *Caroline Krohn* die Chancen und Risiken des Rechts auf informationelle Selbstbestimmung der Konsumenten. Die Autorinnen sehen ein zunehmendes Misstrauen gegenüber Unternehmen, Big-Data-Anwendungen und der Digitalisierung, da Daten oftmals missbraucht werden. Damit geht jedoch ihr Mehrwert für Unternehmen und Konsumenten verloren. Es brauche, so Riedel und Krohn, mehr Transparenz und einen Machtausgleich zwischen Unternehmen und Konsumenten zum Schutz der Daten, der Privatheit und der Freiheit in einem demokratischen Gemeinwesen.

Die Autorinnen und Autoren stellen in diesem Band ihre Überlegungen zu der Frage vor, ob die Konsumenten heute eine neue Macht haben und welche praktischen Formen einer Handlungsmacht sich daraus ergeben. Sie argumentieren und verweisen auf alltägliche Beobachtungen und wissenschaftliche Studien, Befragungen und Theorien der Macht. In einer Welt, in der gleichsam unaufhaltsame Prozesse wie Polarisierung, Globalisierung oder Digitalisierung die Menschen mit sich zu reißen scheinen und sie zu machtlosen Zeitzeugen marginalisieren wollen, bedeutet der Verzicht auf Macht die Kapitulation vor dem Zug der Weltgeschichte. Um sich dem entgegenzustemmen und neue Wege zu gehen, sind Informationen, Argumente und Kritik nötig, die beim Leser eigene Ideen und Ziele wecken können. In diesem Sinne hoffen wir, die Autorinnen und Autoren dieses Bandes, dass wir mit unseren Beiträgen Material für stille Nachdenklichkeit und eifrige Diskussionen, für Zustimmung und Widerspruch liefern.

Literatur

Beck, H. (2014). *Behavioral economics*. Wiesbaden: Springer Gabler.
Beckert, J. (2018). *Imaginierte Zukunft*. Berlin: Suhrkamp.
Bernays, E. (2007). *Propaganda* (Erstveröffentlichung 1928). Freiburg im Breisgau: Orange.
Freud, S. (1917). *Vorlesungen zur Einführung in die Psychoanalyse*. Frankfurt a. M.: Fischer.
Friedman, R., & Friedman, M. (2014). Chancen, die ich meine. In L. Herzog & A. Honneth (Hrsg.), *Der Wert des Marktes* (S. 130–151). Berlin: Suhrkamp.
Imbusch, P. (2012). Macht und Herrschaft in der wissenschaftlichen Kontroverse. In P. Imbusch (Hrsg.), *Macht und Herrschaft. Sozialwissenschaftliche Theorien und Konzeptionen* (S. 9–36). Wiesbaden: Springer VS.
Kemming, J. D., & Rommerskirchen, J. (2019). *Marken als politische Akteure*. Wiesbaden: Springer Gabler.
Nassehi, A. (2019). *Muster. Theorie der digitalen Gesellschaft*. München: C. H. Beck.
Reckwitz, A. (2017). *Die Gesellschaft der Singularitäten*. Berlin: Suhrkamp.
Russell, B. (1938). *Power. A new social analysis*. London: Allen & Unwin.

Prof. Dr. phil. Jan Rommerskirchen lehrt Philosophie und Soziologie an der Hochschule Fresenius in Düsseldorf und Köln und gibt das Journal für korporative Kommunikation heraus. Nach dem Studium der Philosophie, Politikwissenschaften, Kommunikationswissenschaften und Psychologie an den Universitäten Paris, Fribourg, Tübingen und Köln arbeitete er einige Jahre im Bereich Marketing und Öffentlichkeitsarbeit und lehrte Kommunikationsforschung an der Universität Duisburg-Essen sowie Politikwissenschaft, Ethik und Sozialwissenschaft an den Fachhochschulen für öffentliche Verwaltung in Duisburg und Köln. Seit 2007 lehrt er an der Hochschule Fresenius, sein Arbeitsschwerpunkt ist die strategische Kommunikation.

Ausgewählte Veröffentlichungen

- Rommerskirchen, Jan (2019). Markt und Moral – was man für Geld (nicht) kaufen kann. In: J. D. Kemming & J. Rommerskirchen (Hrsg.): *Marken als politische Akteure*, S. 99–115. Wiesbaden: Springer Gabler.
- Rommerskirchen, Jan (2019) Unternehmenskommunikation in Zeiten der Digitalisierung. In: *Journal für korporative Kommunikation*, Ausgabe 1, S. 55–63. PID: https://nbn-resolving.org/urn:nbn:de:0168-ssoar-61973-1
- Rommerskirchen, Jan (2019). *Das Gute und das Gerechte. Einführung in die praktische Philosophie*. Wiesbaden: Springer.

- Rommerskirchen, Jan (2018). Bedeutung und Sinn – oder warum Menschen weiße Turnschuhe tragen. In: *Journal für korporative Kommunikation* 2/2018, S. 11–25. PID: https://nbn-resolving.org/urn:nbn:de:0168-ssoar-60282-4
- Rommerskirchen, Jan (2018). Die soziale Rolle von Unternehmen. In: *Journal für korporative Kommunikation* 1/2018, S. 14–26. PID: https://nbn-resolving.org/urn:nbn:de:0168-ssoar-60281-9
- Rommerskirchen, Jan & Opolka, Laura (2018). Anerkennung und Zuschreibung – Menschen und ihre Marken. In: C. Baumgarth & H. J. Schmidt (Hrsg.): *Forum Markenforschung 2016*, S. 39–58. Wiesbaden: Springer Gabler.
- Rommerskirchen, Jan (2017). *Soziologie & Kommunikation. Theorien und Paradigmen von der Antike bis zur Gegenwart*. Wiesbaden: Springer VS.

Teil I

Überlegungen zur neuen Macht der Konsumenten

Das getäuschte Selbst – Wie mächtig sind wir Konsumenten eigentlich?

Peter Michael Bak

Wie mächtig sind wir Konsumenten eigentlich? Was für eine Frage?! Auf den ersten Blick scheint sie einfach zu beantworten: Selbstverständlich haben wir Macht! Und zwar nicht zu knapp. Natürlich können wir nicht direkt bestimmen, was, wer, wie, wo fabriziert und verkauft, aber wir können durch unsere Entscheidungen doch erheblich Einfluss nehmen, welche Produkte erfolgreich werden und sich auf dem Markt durchsetzen. Warum sollte es daran Zweifel geben? Entscheiden wir etwa nicht, was in unserem Warenkorb landet und was nicht, was wir anderen empfehlen und wogegen wir uns aussprechen?

Ist es nicht Ausdruck der Macht der Konsumenten, dass beispielsweise der Textildiscounter Primark unter dem schlechten Image in Folge negativer Berichterstattungen leidet (vgl. www.spiegel-online.de 2014)? Und lassen sich nicht reihenweise Beispiele nennen, die den Einfluss von uns Verbrauchern belegen? So sehen die Bio-Äpfel heute genauso aus wie Äpfel aus konventionellem Anbau, weil die Verbraucher keine Äpfel mit Macken haben wollten. Kaum einer kauft noch Eier aus Käfighaltung, deren Marktanteil dadurch spürbar geringer wurde (vgl. Schmidt und Troegel 2017). A propos Eier: Mittlerweile sind 60 % der Eier braune Eier (vgl. Schmidt und Troegel 2017). Wir Verbraucher wollten das so (vgl. Dörner 2016). Und auch der Erfolg der Marke Apple ist doch ein Verdienst der Kunden

---

P. M. Bak (✉)
Hochschule Fresenius, Köln, Deutschland
E-Mail: bak@hs-fresenius.de

© Springer Fachmedien Wiesbaden GmbH, ein Teil von Springer Nature 2020   11
J. Rommerskirchen (Hrsg.), *Die neue Macht der Konsumenten*,
https://doi.org/10.1007/978-3-658-28559-3_2

und damit ein klares Zeichen unserer Macht. Es sind doch unsere Entscheidungen und unser (Einkaufs-)Verhalten, mit denen wir ganz erheblich in das Marktgeschehen eingreifen und dadurch Einfluss nehmen können.

Unsere Macht beschränkt sich dabei nicht nur auf den Kauf von Produkten. Das Internet und die sozialen Medien sind ebenfalls sehr wirkungsvolle Instrumente, um unseren Einfluss geltend zu machen. Nicht nur, dass wir uns binnen Sekunden zu Inhaltsstoffen, Herkunft oder Qualität von Produkten informieren und damit unsere Entscheidungen abwägen können, wir können uns in sozialen Medien auch über die Produkte, Hersteller oder Herstellungsbedingungen austauschen und andere Verbraucher vor dem Kauf oder dem Gebrauch warnen oder Empfehlungen aussprechen. Im Jahr 2017 berichtete etwa die ARD-Sendung „Marktcheck" u. a. über menschen- und tierverachtende Praktiken bei Zulieferern des Süßwarenherstellers Haribo, der sich daraufhin im Internet einem regelrechten Shitstorm ausgesetzt sah (vgl. www.stern.de 2017). Hersteller und Handel stehen heute mehr denn je im Fokus der Öffentlichkeit und müssen sich für ihr Vorgehen verantworten. Beinahe schon beschwörend wird von der „neuen Macht des Verbrauchers" gesprochen (vgl. z. B. Knop 2012).

Auch das Feuilleton und populärwissenschaftliche Publikationen feiern den kritischen Verbraucher. Unter dem Stichwort „Ethischer Konsum" finden sich zahlreiche Artikel, die dem Verbraucher dabei ganz neue Einflussmöglichkeiten zuschreiben und ihn daher auch verstärkt in die Verantwortung nehmen, etwa beim Thema Plastikmüll (vgl. www.morgenpost.de 2019). Und Marcel Leubecher frohlockt in der Welt vom 17.04.2014: „Die Macht der Konsumenten kann die Welt verändern." Aber halten wir bei aller Euphorie für einen Moment inne. Stimmt das eigentlich? Sind wir als Verbraucher heute wirklich einflussreicher als früher? Können wir durch unsere Konsumentscheidungen tatsächlich Macht auf das Marktgeschehen ausüben und gar die Welt besser machen? Oder ist das am Ende doch nur Wunschdenken (von uns) oder gar Augenwischerei (der Werbeindustrie)? Zumindest, das kann bereits vorweg konstatiert werden, ist die Angelegenheit nicht so einfach, wie sie auf den ersten Blick erscheint. Es lassen sich nämlich trotz der genannten Beispiele und unseres allgemeinen Empfindens erhebliche Zweifel an der „Macht der Konsumenten" anmelden. Und das aus vielerlei und ganz unterschiedlichen Gründen.

So gaukelt uns etwa die Anzahl an Produkten im Supermarkt eine Auswahl vor, die faktisch nicht vorhanden ist. Viele Marken werden heute gar nicht mehr von unabhängigen Herstellern angeboten, sondern sind längst unter dem Dach von Megaherstellern wie etwa Nestlé, Unilever oder Mondelez zusammengefasst. Ob ich mich nun für die Schokolade von Milka, Toblerone oder Côte d'Or entscheide, macht am Ende keinen Unterschied, da alle Marken zu Mondelez gehören. Vereinfacht ausgedrückt: Auf dem Lebensmittelmarkt agieren weltweit etwa ein Dutzend Konzerne, zu denen mehr oder weniger direkt oder auf Umwegen ein Großteil aller Marken und Produkte gehört. Auch der Einzelhandel in Deutschland ist mittlerweile eine Angelegenheit von vier großen Lebensmittelhändlern, die für 90 % des Umsatzes verantwortlich sind (www.markenverband. de o. J.). Und ganz ähnlich ist es auch in anderen Branchen, etwa der Uhrenbranche (Credit Suisse 2013).

Ich möchte mich im Folgenden jedoch mit einem ganz grundsätzlichen Einwand beschäftigen, der sich nicht so sehr mit den Marktgegebenheiten, sondern eher mit Faktoren auf Seiten der Verbraucher beschäftigt und hier insbesondere die Entscheidungsfreiheit von uns Konsumenten betrifft. Meine These dazu lautet, dass wir als Konsumenten faktisch kaum freie Entscheidungen treffen und dementsprechend auch kaum in einer von uns gewünschten Weise Einfluss nehmen können. Wir sind gar nicht frei zu entscheiden, welche Produkte wir kaufen oder konsumieren. Und wenn wir dann hin und wieder tatsächlich frei entscheiden könnten, dann tun wir dies vor dem Hintergrund von Nichtwissen und treffen letzten Endes Pseudoentscheidungen. Am Ende sind viele unserer Konsumentscheidungen und Konsumhandlungen nichts weiter als Selbsttäuschungen, die bei uns vielleicht ein gutes Gefühl hinterlassen, die aber kaum dazu geeignet sind, Macht und Einfluss auszuüben und die Welt zu verändern. Diese zugegeben wenig optimistische Perspektive möchte ich anhand von drei Argumenten näher beleuchten:

1. Unsere Konsumhandlungen sind in vielen Fällen affektbetonte Impulshandlungen.
2. Unsere Konsumhandlungen sind in vielen Fällen Fehlhandlungen.
3. Unsere Konsumhandlungen sind keine Individualhandlungen.

Schauen wir uns im Folgenden diese drei Argumente genauer an.

Unsere Konsumhandlungen sind in vielen Fällen affektbetonte Impulshandlungen

Wenn wir von der Macht der Konsumenten sprechen, dann meinen wir, dass der Konsument durch seine konsumbezogenen Handlungen seine eigenen Interessen verfolgt und durchsetzt und nicht etwa durch Zwang oder irgendwelche Manipulationen zu einem Konsumverhalten gebracht wird, das er eigentlich gar nicht beabsichtigt hat. Die einzelne Entscheidung mag dabei kaum ins Gewicht fallen, verfolgen jedoch viele Konsumenten ähnliche Interessen, dann können sie durch gleiches

Handeln erheblich Einfluss auf das Marktgeschehen nehmen. Macht ausüben bedeutet, die Freiheit zu besitzen, so oder anders zu handeln. Macht kann daher auch als Ergebnis zweckrationalen Handelns betrachtet werden.

Einkaufen, Empfehlen, Kritisieren, Loben – alle diese Aktivitäten sind Handlungen, die wir zu einem bestimmten Zweck ausüben. Der Kauf einer Bio-Tomate ist das Ergebnis einer gezielten Handlung, die durch das Abwägen der Handlungsmöglichkeiten und der verbundenen Handlungsfolgen durchgeführt wurde. Wenn ich mich dazu entschließe, eine Produktbewertung im Internet zu posten, dann tue ich das aufgrund zuvor angestellter Überlegungen, aus bestimmten Gründen. Auf diese Weise üben wir dann auch Macht aus. Wenn wir etwa den Marktanteil von Bio-Produkten erhöhen möchten, z. B. weil wir damit einen Beitrag zur nachhaltigen Landwirtschaft leisten möchten, dann kaufen wir entsprechend mehr und häufiger Bio-Produkte ein und sprechen womöglich auch noch mit anderen Menschen darüber und sorgen so für Dominoeffekte. Das konkrete Kaufverhalten, die Entscheidung für Bio-Äpfel, ist also das Ergebnis einer begründeten Handlung, die wir – neben dem Ernährungsaspekt – in der Absicht ausführen könnten, Bio-Produkten generell mehr Bedeutung zu verleihen. Zweckrationales Handeln beschreibt also Handeln, das sich durch benennbare Kriterien begründen lässt, wobei sich die Begründungen in der Regel nicht nur auf das Handlungsergebnis (proximale Gründe), sondern auch auf die Ergebnisfolgen (distale Gründe) beziehen. Wir begründen den Kauf des Bio-Apfels nicht damit, dass wir diesen einen Bio-Apfel haben möchten (proximal), sondern damit, dass wir damit etwas Gesundes kaufen möchten oder die Bio-Landwirtschaft unterstützen wollen (distal). Unsere Macht zeigt sich dann ebenfalls nicht darin, dass wir den Bio-Apfel gekauft haben (proximal), sondern in den damit erwarteten akkumulierten Folgen, die sich einstellen, wenn viele Konsumenten Bio-Äpfel kaufen (distal). Beispiele für so ein (distal) begründetes Konsumverhalten finden sich häufig bei Risikoentscheidungen oder wenn die zur Wahl stehenden Entscheidungen und damit verbundenen Handlungsweisen langfristige Folgen aufweisen, z. B. weil die Produkte teuer sind (beim Autokauf) oder wenn wir uns durch den Kauf länger an ein Produkt binden (z. B. Urlaubsreise, Hausbau). In diesen Fällen, die in der Werbersprache gewöhnlich als *High-Involvement*-Situationen bezeichnet werden, spricht man dann auch von extensiven Entscheidungsprozessen (vgl. z. B. Bak 2019a), die den Kaufhandlungen vorangehen.

In den meisten Konsumsituationen agieren wir jedoch ohne großes Nachdenken oder gar Prüfen und lassen uns eher spontan leiten. Wir sprechen hier von *Low-Involvement*-Situationen und Impulsentscheidungen (vgl. z. B. Bak 2019a). Und so landen dann häufig nicht nur die Produkte des Einkaufszettels im Warenkorb, sondern häufig auch Sonderangebote oder andere günstige Gelegenheiten oder einfach nur Produkte, die ansprechend waren. Überzeugende (schon gar nicht distale) Gründe für den Kauf lassen sich dabei häufig gar nicht angeben. Wenn, dann beziehen sich diese eher auf das Handlungsergebnis, weniger auf die Handlungsfolgen. Der Joghurt wird gekauft, weil er gerade günstig ist, weil die Verpackung schön ist, weil man ihn einfach haben möchte.

Benjamin Barber (2008) spricht hier in seiner aufschlussreichen Kritik der Konsumgesellschaft treffenderweise von „Infantilisierung" und meint damit, dass wir als Erwachsene zunehmend unmündig werden und uns angesichts der riesigen Produktauswahl eher wie kleine Kinder denn als Erwachsene benehmen. Wir haben uns eine „Das will ich jetzt sofort haben"-Mentalität angeeignet. Psychologisch können wir auch sagen, dass unser Konsumverhalten durch affektive Gründe geleitet wird. Die Handlungsfolgen, die sich erst nach einem kognitiv aufwendigen Abwägungsprozess abschätzen lassen, spielen meistens eine untergeordnete Rolle, sie tauchen höchstens als Hintergrund von Entscheidungs- und Verhaltensheuristiken auf. Das flüchtige Identifizieren des Bio-Siegels mag schon ausreichen, um uns bezüglich unserer gesunden Ernährung in Sicherheit zu wähnen und die Entscheidung zugunsten eines Produktes zu treffen. Solche Kaufhandlungen sind allerdings nur bedingt als zweckrational anzusehen, da sie nicht Folge von Abwägens- und Begründungsprozessen sind, sondern eher als Impulshandlungen (Kurzschlusshandlungen) mit keinen oder nur wenigen Instrumentalitäten anzusehen sind (vgl. Vroom 1964). Das ist aber das Gegenteil von dem, was man von einem Erwachsenen erwarten würde.

Aus Sicht der Hersteller und des Handels ist das allerdings geradezu erwünscht und wird durch zahlreiche Marketingmaßnahmen, die sich teilweise bewusst und geplant außerhalb unseres bewussten Entscheidungshorizonts befinden, aktiv unterstützt. So versucht man uns Konsumenten durch Erotik, Attraktivität, Musik, Licht, Farben oder andere Mittel der Verkaufsraumgestaltung zu bestimmten Verhaltensweisen zu verleiten, was besonders wirkungsvoll ist, wenn es von uns unbemerkt geschieht, wir also die Beeinflussungsabsicht erst gar nicht erkennen. Dieses „Wirken im Verborgenen" ist geradewegs das explizite Ziel vieler Werbe- und Marketingmaßnahmen. Dabei gilt etwas vereinfachend gesagt: Je weniger Kaufargumente genannt werden können, umso eher wird der Versuch unternommen, uns eben durch entsprechend attraktive Gestaltungs- und Stilmittel oder andere Beeinflussungstechniken für das Produkt einzunehmen (vgl. Bak 2019a). Darüber hinaus kennen wir aus der psychologischen Persuasionsforschung zahlreiche Arten und Weisen der kommunikativen Beeinflussung, die auch in Konsumzusammenhängen eingesetzt werden (ein Überblick dazu findet sich bei Cialdini 2009).

So können z. B. Berührung oder Komplimente in Verkaufssituationen die Produktpräferenz verändern. Gleiches gilt für das Auftreten von Autoritäten („Experten") oder die soziale Bewährtheit („Sieger im Kundenmonitor"). Konsumenten, so lässt sich daraus ableiten, sind keine *Homines oeconomici*, also an der reinen Zweckmäßigkeit orientierte Entscheider, im Gegenteil: Ein Großteil unserer Entscheidungen, auch unserer Konsumentscheidungen, sind das Ergebnis unbewusster mentaler Prozesse (vgl. z. B. Dijksterhuis et al. 2005) bei denen wir weder den Zweck noch die Handlungsfolgen im Blick haben, sondern eher auf unmittelbare (proximale) Bedürfnisbefriedigung aus sind. Kaufen und Konsumieren sind aus dieser Perspektive als Affekthandlungen zu verstehen, die durch kurzfristige, positiv konnotierte Ergebnisse motiviert sind. Handlungen allerdings, die sich maximal mit dem Erreichen des Handlungsergebnisses begründen lassen, sind wegen der Vernachlässigung der Ergebnisfolgen kaum dazu geeignet, Macht auszuüben. Macht als Ziel zweckrationalen Handelns bezieht sich ja nicht auf die Befriedigung unserer Bedürfnisse, sondern auf die Folgen unseres Tuns im Sinne unserer (distalen) Interessen.

Aber selbst wenn distale Handlungsfolgen als Begründung für das konkrete Konsumverhalten angegeben werden können – wir haben darauf eben schon kurz unter dem Stichpunkt „Heuristiken" hingewiesen – dann sind das häufig nur scheinbare, motivational beeinflusste und hoch erwünschte Folgen. Die Entscheidung wird dann nicht aufgrund einer eingehenden Analyse der Faktenlage getroffen, sondern ist eher Ergebnis eines Wunsches, dass es bitteschön so sein soll, wie wir das gerne hätten. Der Griff zum Bio-Hähnchen befreit uns dann vor den unschönen Bildern, die sich einstellen könnten, wenn wir an die Massentierhaltung denken, und lässt uns im Glauben verweilen, dieses Tier hätte ein angenehmes Leben geführt und ein ebensolches Ende genommen. Wir wollen es an dieser Stelle gar nicht so genau wissen, vielleicht auch, weil wir im Grunde die Befürchtung haben, dass unser Glaube auf wackeligem Boden steht.

Solches Handeln kann hier ganz im Sinne Kundas (1990) als Ergebnis motivierter Denkprozesse verstanden werden, indem wir selektiv jene Informationen bevorzugen, die unser erwünschtes Handlungsergebnis (Ich will das Produkt haben!) für uns gut begründbar erscheinen lassen. Werbung und Marketing setzen, wie eben bereits ausgeführt, genau an diesem Punkt an, indem uns hoch erwünschte Zustände präsentiert werden (gesund sein, attraktiv sein) und gleichzeitig der Weg dorthin aufgezeigt wird, nämlich über den Erwerb des Produkts (vgl. z. B. Bak 2019a). Werbung, so könnte man sagen, hat das Ziel, affektorientierte Handlungsergebniserwartungen zu evozieren: Wenn Du das tust (kaufst), dann wird es Dir gut gehen! Unerwünschte Nebenwirkungen und Folgen bleiben selbstredend unerwähnt.

Spätestens an dieser Stelle müssen wir uns dann angesichts der allgegenwärtigen Beeinflussungsversuche durch Werbung und Marketing die Frage stellen, wie wir denn als Individuen Einfluss nehmen wollen, wenn noch nicht einmal der Entscheidungsprozess selbst durch uns (allein) steuerbar ist. Wenn wir die Entscheidung aber gar nicht selbstständig treffen, wir uns vielmehr durch dies und jenes zu bestimmten Präferenzen verleiten lassen, wie können wir dann die daraus resultierenden Aktivitäten überhaupt noch als zweckrationale Handlungen adäquat beschreiben? Wenn wir hier Zweifel für angebracht halten, dann können wir doch nicht gleichzeitig die Meinung vertreten, durch unseren Konsum faktisch Macht auszuüben. Vielmehr lassen diese Überlegungen den Schluss zu, dass viele unserer Kaufhandlungen den Charakter von Affekthandlungen aufweisen. Affekthandlungen wiederum sind kaum als intentionale Handlungen zu beschreiben, weil es gar nicht erst zur (bewussten) Intentionsbildung kommt, kognitive und reflektierende Prozesse vorübergehend zurückgefahren bzw. unterdrückt werden und das Verhalten eher als Reaktion auf die vorgegebenen Bedingungen zu verstehen ist, etwa wenn wir durch (scheinbare) Sonderangebote zum Kauf veranlasst werden, als auf absichtsvolles Tun.

Halten wir also fest: Wir haben „Macht ausüben" als Folge zweckrationalen Handelns beschrieben. Was nun unsere konsumbezogenen Verhaltensweisen angeht, so lassen sich diese eher selten als solche beschreiben. Vielmehr lassen wir uns gerade in *Low-Involvement*-Situationen und auch als Folge entsprechender Beeinflussungsversuche durch Werbe- und Marketingmaßnahmen zu affektbetonten Impulshandlungen verleiten, denen der zweckrationale Charakter abzusprechen ist. Macht lässt sich damit wohl kaum ausüben. Wie aber sieht es mit extensiven Entscheidungsprozessen aus, Situationen also, in denen wir aufgrund der mit unseren Verhaltensweisen verbundenen langfristigen Folgen oder Risiken eher bereit sind, tatsächlich über die unmittelbare Befriedigung hinaus über die Handlungsfolgen nachzudenken? Können wir zumindest hier von zweckrationalen Handlungen sprechen, die dazu geeignet sind, unsere Macht geltend zu machen?

Konsumentscheidungen sind Pseudoentscheidungen und daher kein wirkungsvolles Instrument zur Zielerreichung

Wenn wir Einkaufen, Konsumieren oder Weiterempfehlen, dann können wir das als intentionales Verhalten, also als Handlungen, verstehen. Wir kaufen nicht zufällig Brot und wir werden durch keinen Determinismus zum Kauf eines Autos oder zur Abgabe einer Bewertung gezwungen, sondern wir tun das mit voller Absicht. Allerdings haben wir gerade auch gesehen, dass dies offensichtlich nicht in allen Fällen ohne Weiteres zutrifft, wir also durchaus das eine oder andere Produkt am Ende im Einkaufswagen liegen haben, bei dem man sich streiten kann, inwieweit der Kauf tatsächlich Ergebnis einer freien Wahl, also Ergebnis einer zweckrationalen Handlung war oder das einer affektorientierten Impulshandlung.

Wie aber sieht es mit tatsächlich überdachten Entscheidungen aus, die wir nach gründlichem Nachdenken und Abwägen getroffen haben und von denen jeder Beispiele nennen kann, etwa bei einer größeren Anschaffung oder wenn wir uns für ein nachhaltig produziertes T-Shirt entscheiden. Lassen sich also wenigstens solche Konsumhandlungen dann als „echte" zweckrationale Handlungen auffassen? Um diese Frage zu klären, ist es nötig, sich zunächst mit dem Handlungsbegriff näher zu beschäftigen. Was also ist eigentlich eine Handlung?

Gewöhnlich werden Handlungen als intentionales Tun bezeichnet: Handlung = Tun + Absicht (vgl. Harras 1983). Da die Absicht eines Tuns allerdings von außen nicht beobachtbar ist, sie ist ja nur aus der Innensicht zugänglich, lässt sich von außen auch nur interpretieren, welche Handlung eine Person getätigt hat. Die Interpretation kann selbstredend falsch sein. Wenn ich sehe, wie Hans die Hand hebt und hin und her bewegt, so kann ich diese Bewegung als Handlung verstehen, in dem Fall als Gruß, bei dem ich zurückgrüßen würde. Ob er mich aber gegrüßt hat, das kann ich nicht wissen. Womöglich hat er lediglich eine Fliege verscheucht. Ich hingegen habe absichtlich meinen Arm so bewegt, um ihn zu grüßen. Mein Grüßen war also eine Handlung, es war ein Tun (Arm bewegen) + Absicht (ich wollte ihn grüßen). Gleiches gilt auch für Handlungen in Konsumsituationen. Wenn ich sehe, wie Hans eine Tafel nachhaltig produzierte Schokolade in den Einkaufswagen legt, dann kann ich nicht wissen, was seine Absicht war. Hat er nur Schokolade kaufen wollen oder musste es die nachhaltige Schokolade sein? Ich kann die Handlung von Hans offensichtlich unterschiedlich beschreiben. Womöglich hat er die Schokolade sogar aus Versehen in den Wagen gelegt oder weil er dachte, es wären Kekse? Fragen wir also besser bei Hans nach. Hans könnte sagen, er hätte Schokolade gekauft. Er könnte auch sagen, er hätte die nachhaltige Schokolade kaufen wollen. Oder er hätte eigentlich nur ein Mitbringsel für seine Kinder gekauft.

Um Handlungen angemessen beschreiben zu können, müssen wir demnach wissen, mit welcher Intention etwas getan wurde. Was aber, wenn eine Person mit der Absicht handelt, X zu tun, dagegen jedoch Y macht, wenn das Handeln also gar nicht das bezweckte Ergebnis produziert. Oder allgemein formuliert: Lässt sich Handeln auch ohne Bezug auf das Handlungsergebnis adäquat beschreiben? Wenn ich z. B. Hans grüßen will und mich entsprechend so bewege, wie ich mich bewege, um das zu tun, Hans darin aber eine vulgäre Beleidigung sieht? Habe ich ihn dann beleidigt oder gegrüßt? Der Fall scheint klar. Ich habe ihn gegrüßt, Hans hat lediglich meine Handlung falsch interpretiert. Wie aber sieht es im folgenden Fall aus? Betrachten wir ein Beispiel von Davidson: „Angenommen, ein Offizier schießt einen Torpedo auf ein Schiff ab, das er für die ‚Tirpitz' hält, und versenkt tatsächlich die ‚Bismarck'?" (Davidson 1985, S. 287). Das, was der Offizier tat, ist als Handlung anzusehen, denn seine Handlung „ist mit seinem Versuch identisch,

Das getäuschte Selbst – Wie mächtig sind wir Konsumenten eigentlich?   19

das Schiff zu versenken, das er für die ,Tirpitz' hält, und der ist absichtlich" (Davidson 1985, S. 287). Wenn wir dagegen sagen würden, dass die Handlung des Offiziers darin bestand, die „Bismarck" zu versenken, würden wir die Handlung nicht richtig beschreiben (vgl. Welding 2008). Seine Handlung bestand darin, die Tirpitz zu versenken, allerdings handelte er aufgrund falscher Voraussetzungen. Die Handlung des Offiziers können wir daher mit Recht als *Fehlhandlung* ansehen (vgl. Welding 2008).

Diese Unterscheidung zwischen Handlung und Fehlhandlung ist nicht nur theoretisch bedeutsam, sondern auch im Alltag wichtig, denn es hat für den Handelnden Konsequenzen, ob ein Handlungsergebnis beabsichtigt war oder nicht. Vor Gericht etwa würde dies einen erheblichen Unterschied machen. Wie würden wir das Handeln eines Arztes bewerten, der absichtlich einen Eingriff unternimmt, mit der Absicht, das Leben zu retten, der Eingriff sich jedoch als fatal erweist? Einerseits können wir sagen, der Arzt hat sicherlich (absichtlich) gehandelt, als er seinen Eingriff unternommen hat. Er hat es nach bestem Wissen und Gewissen getan. Nur konnte er die Folge nicht absehen. Dass sein Patient gestorben ist, ist zwar die Folge seines Handels, aber nicht der Zweck seines Handelns gewesen. Aber: Wenn wir das Handeln des Arztes durch den Satz „Er hat den Patienten getötet" beschreiben, dann deckt sich das zwar mit dem, was faktisch der Fall ist, ist aber offenkundig eine unzureichende Handlungsbeschreibung des Arztes, denn seine Handlung bestand ja nicht darin, den Patienten zu töten, sondern dessen Leben zu retten. Leider hat er auf Basis falscher Annahmen über Handlungsergebnisse und Ergebnisfolgen gehandelt. Hätte er gewusst, dass sein Eingriff so verläuft, hätte er womöglich anders gehandelt. Um zwischen Handlungen und Fehlhandlungen zu unterscheiden, ist es demnach wichtig, zu wissen, was die handelnde Person wusste.

Ein Koch, der aus Versehen statt Zucker Salz in die Nachspeise rührt, handelt ganz sicherlich unabsichtlich. Würden wir ihn fragen, was er da gerade tut, würde er antworten, er zuckere die Nachspeise. Aber dennoch ist es eine Fehlhandlung, weil sie von falschen Prämissen und dadurch falschen Folgen ausgeht. Wir folgen damit Hampshire und Hart (1985) und wollen nur dann von einer absichtlichen Handlung sprechen, wenn zwei Bedingungen erfüllt sind: „Erstens, der Handelnde muß das normale empirische Wissen über bestimmte Eigenschaften seiner Umgebung sowie über das Wesen und die Merkmale bestimmter Dinge haben, die von seinen Bewegungen betroffen sind. […] Zweitens, und was noch wichtiger ist: Falls seine Handlung absichtlich ist […], muss er wissen, was er getan hat" (Hampshire und Hart, S. 178 f.).

Was eine Person tut, kann also einmal als Handlung und einmal als Fehlhandlung beschrieben werden, je nach Wissensstand des Beobachters. Was aber bedeutet diese Differenzierung für die in unserem Zusammenhang gestellte Frage nach der Macht der Konsumenten? Das Ausüben von Macht setzt voraus, dass sich unsere Handlungen tatsächlich auch als Handlungen darstellen lassen, also Handlungen, die Ergebnisse hervorbringen, die wir auch so beabsichtigt haben. Wenn wir jedoch aufgrund falscher Prämissen handeln, dann handeln wir gar nicht so wie beabsichtigt, sondern begehen womöglich (unwissentlich) Fehlhandlungen. Fehlhandlungen wiederum können kaum Grundlage unserer Macht sein, da die entsprechenden Handlungsergebnisse ja von uns gar nicht beabsichtigt waren. Macht ist Folge von Handlungen, nicht zufälliges Ergebnis von Fehlhandlungen. Um dementsprechend mächtig zu sein, bedarf es entsprechenden Wissens über den Zusammenhang von Handlungen und den Handlungsergebnissen und den Ergebnisfolgen. Wir müssen wissen, welche Handlung zu welchem Ergebnis führt und welches Ergebnis welche Handlung voraussetzt. Mit anderen Worten: Wir benötigen Wissen um Handlungs-Effekt-Relationen und Effekt-Handlungs-Relationen (vgl. Hoffmann et al. 2007).

Wie sähe dann also eine prototypische Kaufhandlung aus, mit der wir Macht ausüben könnten? Betrachten wir dazu nochmals Hans. Hans möchte sich gerne Bio-Kekse kaufen. Er nennt uns verschiedene Gründe dafür. Bio-Kekse sind gesünder als herkömmliche Kekse, sie sind unter fairen Bedingungen hergestellt worden und die Produktion ist nachhaltig. Wenn Hans also die Bio-Kekse kauft und dies mit der Absicht tut, etwas Gesundes, Faires und Nachhaltiges zu kaufen, dann ist – solange Hans mit seinen Vermutungen Recht hat – sein Einkauf als zweckrationale Handlung anzusehen. Was aber, wenn die Kekse diese Eigenschaften gar nicht aufweisen, von denen Hans glaubt, dass sie es täten? Wenn Hans zwar meint, sich zwischen Bio-Keksen und normalen Keksen zu entscheiden, sich die Kekse aber in Wirklichkeit gar nicht durch die von Hans unterstellten Merkmale unterscheiden? Was, wenn Bio gar nicht gesund, fair und nachhaltig bedeutet? Dann wäre die Handlung von Hans nicht als Handlung anzusehen, sondern doch eher als Fehlhandlung. Fehlhandlungen sind aber, so haben wir eben gesehen, kein geeignetes Mittel zur Machtausübung. Wenn Hans also durch seinen Einkauf den fairen Handel stärken möchte und meint, das durch den Kauf von Bio-Keksen zu tun, dann handelt er womöglich aufgrund falscher Prämissen und stärkt u. U. sogar einer Produktion den Rücken, die er eigentlich verhindern wollte.

In der Tat ist das Bio-Siegel eher ein Versprechen denn eine Garantie für all das, wofür wir es halten. „Bio" bedeutet z. B. nicht unbedingt nachhaltig, es lassen sich sogar Fälle zeigen, bei denen das Gegenteil der Fall ist. So ist eine Bio-Tomate aus wasserarmen Herkunftsländern wie Spanien oder Marokko aufgrund des hohen Wasserbedarfs kaum als nachhaltig zu bezeichnen (hierzu www.global2000.at o. J.). Aber verhält es sich nicht genauso bei vielen unserer Konsumhandlungen? Treffen wir nicht permanent Entscheidungen zwischen Produkten, die nur vorge-

Das getäuschte Selbst – Wie mächtig sind wir Konsumenten eigentlich? 21

ben, etwas zu sein, was sie faktisch gar nicht sind? Mehr noch: Finden wir nicht auch hier wieder, dass motivationale Faktoren, der Wunsch, dass es sich so verhalten muss, uns daran hindern, der Wahrheit ins Gesicht zu schauen, und wir nur allzu gerne dem Glauben nachhängen, dass bestimmte Produkte so sind, wie wir sie gerne hätten? Wie die Produkte tatsächlich sind, welche Folgen mit deren Konsum einhergehen, welche Merkmale sie aufweisen etc., das können und wollen wir nur in seltenen Fällen nachprüfen. Wenn wir beispielsweise einen Erdbeerjoghurt kaufen, dann tun wir das vielleicht, weil wir eine bestimmte Vorstellung dieses Produktes haben. Wir könnten z. B. die Vorstellung haben, dass dieses Produkt, auf dem „Erdbeerjoghurt" steht, ein durch Erdbeeren angereicherter Joghurt ist, der aufgrund der sonnengereiften Erdbeeren so lecker nach Erdbeeren schmeckt. Die wenigsten kaufen den Joghurt, weil sie ein Produkt haben möchten, in dem tatsächlich nur ganz wenige Erdbeeren enthalten sind und der zudem nach Erdbeeren schmeckt, weil bestimmte auf Pilzen kultivierte und nach Vanille schmeckende Aromen darin enthalten sind und uns den Eindruck von Erdbeeren vermitteln (vgl. www.daserste.de o. J.).

Viele Kaufsituationen sind aber genau so, also keine echten Wahlsituationen, sondern „Als-ob"-Wahlsituationen, in denen wir uns nicht zwischen Produkt A und Produkt B, sondern zwischen Produkt A, das in Wirklichkeit Produkt C ist, und Produkt B, das in Wirklichkeit Produkt D ist, entscheiden. Unser Wissen über die Alternativen ist schlicht und einfach nicht ausreichend, um bei Kaufentscheidungen dann von Wahlhandlungen im Sinne von absichtlichen Handlungen sprechen zu können. Es sind in den meisten Fällen Fehlhandlungen, aus denen sich keinerlei beabsichtigter Einfluss ergeben kann! Und auch hier darf der Hinweis nicht fehlen, dass es bei vielen Marketing- und Werbemaßnahmen ja nicht darum geht, den Verbraucher mit Informationen zu versorgen, anhand derer er seine Entscheidung treffen und danach seine Handlungen ausrichten könnte, sondern vielmehr darum, ihn gezielt durch bestimmte Informationen zu Fehlentscheidungen und Fehlhandlungen zu bewegen. Wir kaufen Bio-Joghurt in der Absicht, einen Beitrag zur Nachhaltigkeit zu leisen, und wir kaufen ein neues Auto oder ein E-Bike, um damit weniger Kohlendioxid auszustoßen. Am Ende mögen wir als Konsumenten zwar in bester Absicht handeln, jedoch sind unsere Prämissen häufig falsch, sodass wir am Ende wie der U-Boot Kapitän meinen, etwas getan zu haben, tatsächlich aber etwas anderes getan haben. Erneut können wir daher fragen, wie aus solchen Fehlhandlungen Macht resultieren soll.

Halten wir fest: Bisher habe ich zu zeigen versucht, dass viele Konsumhandlungen Impulshandlungen sind, die kaum als zweckrational angesehen werden können. Sie können demnach keine Grundlage für „unsere Macht" darstellen. Aber selbst überlegte Entscheidungen und Handlungen sind häufig zur machtvollen Einflussnahme ungeeignet, da die Handlungsergebnisse und Handlungsfolgen nicht dem Zweck entsprechen, den wir beabsichtigten. Wir handeln nicht, sondern begehen eben häufig Fehlhandlungen, die ebenfalls zur Machtausübung ungeeignet sind.

Unsere Konsumhandlungen sind keine Individualhandlungen

Bei den bisherigen Analysen sind wir stets von der Prämisse ausgegangen, dass sich Konsumhandlungen überhaupt als individuelle Wahlhandlungen darstellen lassen. Aber selbst das lässt sich hinterfragen. Ist nicht gerade unser Konsumverhalten im Gegenteil erst verstehbar, wenn wir es in den sozialen und kulturellen Kontext einbetten (vgl. Brand 2008)? Mehr noch: Ist unser Konsum vielleicht weniger die Folge von individuellen Entscheidungen und Handlungsweisen als vielmehr der Ursprung unserer sozialen Identität, aus der dann wiederum die erneute Absicht und ein wiederholter Konsum resultieren? Ist Konsum also vielleicht eine sich selbst immer wieder neu reproduzierende Ausgangsbedingung zur Erzeugung von weiterem Konsum? Sind wir also nur, was wir konsumieren (Baudrillard 1998/1970) und konsumieren wir nur, was wir auch sind (Bourdieu 1984)?

Konsum ist heute in erster Linie ein Mittel zur sozialen Selbstvergewisserung. Längst steht nicht mehr der instrumentelle Nutzen, der Grundnutzen eines Produktes im Vordergrund. Produkte sind als Symbole zu verstehen, die wir nutzen, um uns selbst und anderen zu zeigen, wer wir sind. Marken übernehmen dabei die Funktion einer globalen Sprache (Bak 2019b). Sie sind Symbole, die international mit der gleichen Bedeutung aufgeladen sind. Mit ihnen können wir in einer für andere verständlichen Art und Weise kommunizieren. Wir können noch weitergehen und sagen, dass alle konsumbezogenen Verhaltensweisen symbolhaften Charakter aufweisen. Ganz im Sinne der Theorie der symbolischen Selbstergänzung (Wicklund und Gollwitzer 1981) können wir also sagen, dass jede Konsumhandlung prinzipiell symbolhaften Charakter aufweist und mehr oder weniger absichtlich dazu dient, uns sozial zu positionieren. Jedes Mal, wenn wir uns demnach für oder gegen ein Produkt entscheiden, weisen wir uns zugleich auch als Mitglied einer sozialen Gruppierung aus (Bak 2019b) und entwickeln auf diese Weise unsere soziale Identität. Es reicht nicht aus, irgendwie zu sein, ich zeige das auch demonstrativ an (Veblen 2011/1899). Dieses Veräußern des Selbsts ist zunächst als ein grundlegender kommunikativer Prozess unseres sozialen Daseins anzusehen, der sich jedoch in qualitativer und quantitativer Hinsicht spätestens mit dem Wirtschaftswunder nach dem 2. Weltkrieg dramatisch verändert hat. Das Auftauchen

Das getäuschte Selbst – Wie mächtig sind wir Konsumenten eigentlich?

immer neuer Produkte und die rasante Verkürzung von Produktlebenszyklen führen zu einer ebenfalls rasanten Zunahme an Symbolen und einer Abnahme deren Halbwertzeit, infolgedessen wir permanent dazu gedrängt werden, uns immer wieder neu sozial zu positionieren und unsere Identität damit aufrechtzuerhalten oder anzupassen. Wer sich dem widersetzen würde, würde unmittelbar Gefahr laufen, seine Identität zu verlieren und wortwörtlich in der Bedeutungslosigkeit zu versinken. Identität ist aus dieser Perspektive kein Sichselbstfinden mehr, sondern Ergebnis sozialer Zuschreibungen. Bedürfnisse, die wir durch unseren Konsum zu stillen versuchen, beziehen sich daher weniger auf konkrete Produkte und deren instrumentellen Nutzen, sondern in erster Linie auf die damit für uns verbundenen sozialen Konsequenzen. Unser Konsumverhalten ähnelt dabei einem Perpetuum mobile. In einer Konsumgesellschaft, in der die Mitglieder die Aufgabe haben, wirtschaftliches Wachstum zu sichern und bestmöglich zu steigern, also zu konsumieren, folgt auf den Konsum ein neues Defizit, das durch erneuten Konsum behoben werden muss. Wir sind als *Homo consumens* (Fromm 1984) gar nicht mehr Urheber unserer Wünsche und Bedürfnisse, vielmehr wird diese Funktion durch markterhaltende Sachzwänge ausgefüllt. Wenn wir aber selber nicht mehr Urheber unseres Verhaltens sind, wie können wir dann meinen, etwas mit Absicht getan zu haben? Aus dieser Perspektive überrascht es dann auch wenig, wenn wir in den letzten Jahren mit der Kaufsucht ein ganz neues pathologisches Phänomen ausmachen können (Poppelreuter 2004; Maraz et al. 2016). Spätestens hier können wir dann nicht mehr von Handlungen, eher dagegen von *Scheinhandlungen* (Welding 2008) sprechen. Vor allem aber wird aus dieser Perspektive deutlich, dass unser individuelles Handeln wohl eine Selbsttäuschung zu sein scheint. Wir handeln nicht, um eigene Ziele zu erreichen, sondern aus der Notwendigkeit heraus, in einer Kultur, die auf Konsum basiert, überhaupt eine Person sein zu können. Wie aber soll sich daraus Macht ableiten lassen?

Machen wir uns frei!

Fassen wir zusammen. Die Frage, ob wir als Konsumenten Macht haben, ist weniger einfach zu beantworten, als es auf den ersten Blick scheint. Mein Einwand beschränkt sich dabei auf die Analyse unseres konsumbezogenen Handelns. Dabei wurde deutlich, dass wir hier in vielen Fällen kaum von zweckrationalen Handlungen sprechen können, die wir als Voraussetzung für die Machtausübung ansehen. Mehr noch, nicht nur sind viele Handlungen als Impulshandlungen oder Fehlhandlungen zu begreifen, sie sind häufig genug noch nicht einmal als Individualhandlungen anzusehen. Täuschen wir uns nicht: Macht lässt sich aus alledem nicht ableiten. Und nun? Ein einfaches und wirksames Gegenmittel gegen unsere Machtlosigkeit wird es nicht geben. Zumindest jedoch scheint angesichts der hier aufgeführten Argumente der Weg dorthin klar. Wenn wir Macht zur Gestaltung unseres individuellen, sozialen und wirtschaftlichen Lebens erlangen wollen, dann müssen wir uns in die Lage versetzen, zweckrational zu handeln. Dazu bedarf es allerhand. Zunächst konkreten Wissens, das uns Alternativen abwägen lässt. Als zweites Bildung, die uns befähigt, dort Wissen zu generieren, wo es noch fehlt. Drittens müssen wir uns aus einem Konsumsachzwang befreien, an dessen Ende nicht etwa Selbstkenntnis, sondern im Gegenteil Selbstaufgabe steht. Wenn uns das nicht gelingt, dann opfern wir nicht nur unsere Möglichkeiten zur Einflussnahme oder Macht, sondern uns selbst als autonome und freie Menschen. Wie aber können wir uns befreien? Solange wir konsumieren, weil wir konsumieren müssen, etwa weil wir damit die Konjunktur beleben wollen oder weil wir soziale Bedeutung generieren möchten, kann das nicht gelingen. Freier Konsum als Voraussetzung für Macht kann nur gelingen, wenn die Konsumentscheidung tatsächlich eine Wahlentscheidung ist. Und das bedeutet in erster Linie, „Wirtschaften wieder konsequent instrumentell verstehen" (Ulrich 2008, S. 8), d. h. Wirtschaften nicht zum Selbstzweck, sondern als Mittel zum guten Leben und Zusammenleben zu begreifen (Ulrich 2008). Das bedeutet allerdings auch, uns der Infantilisierung (Barber 2008) zu widersetzen und uns als mündige Konsumenten zu verstehen, die nicht alles haben müssen, nur weil es eben auch erreichbar und erhältlich ist. „Mehr Sein als Haben" mag man da in Anlehnung an Erich Fromms (1984) Klassiker ausrufen. Da einen Anfang zu machen, ist womöglich gar nicht so schwer, wir denken nur gar nicht daran. Benjamin Barber (2008) vergleicht uns in diesem Zusammenhang mit einem Affen, der in eine einfache Falle getappt ist: In einer verschlossenen Kiste liegt eine große Nuss. Durch ein Loch in der Kiste greift er hinein und packt die Nuss. Um die Nuss herauszuziehen, ballt er die Faust und stellt dabei entsetzt fest, dass er in der Falle sitzt und seine Hand nicht mehr herausbekommt (und es ihm übrigens auch nicht gelingt, an den Leckerbissen zu bekommen). Wie befreiend und machtvoll könnte es sein, die Nuss einfach liegen zu lassen?

Literatur

Bak, P. M. (2019a). *Werbe- und Konsumentenpsychologie*. Stuttgart: Schaeffer-Poeschel.
Bak, P. M. (2019b). Marken als Instrumente psychologischer Nivellierung und Diskriminierung. In J. D. Kemming & J. Rommerskirchen (Hrsg.), *Marken als politische Akteure* (S. 117–130). Wiesbaden: Springer Gabler.
Barber, B. R. (2008). *Consumed*. New York: Norton.

Das getäuschte Selbst – Wie mächtig sind wir Konsumenten eigentlich?   25

Baudrillard, J. (1998/1970). *The Consumer Society – Myths and structures*. London: Sage Publications.

Bourdieu, P. (1984). *Distinction – A social critique of the judgement of taste*. London: Routledge and Kegan Paul.

Brand, K. W. (2008). Konsum im Kontext. Der „verantwortliche Konsument" – ein Motor nachhaltigen Konsums? In H. Lange (Hrsg.), *Nachhaltigkeit als radikaler Wandel: Die Quadratur des Kreises?* (S. 71–93). Wiesbaden: VS.

Cialdini, R. C. (2009). *Die Psychologie des Überzeugens*. Bern: Huber.

Credit Suisse. (2013). Schweizer Uhrenindustrie. Perspektiven und Herausforderungen. *Credit Suisse*. https://www.credit-suisse.com/media/production/pb/docs/unternehmen/kmu-grossunternehmen/uhrenstudie-de.pdf. Zugegriffen am 30.04.2019.

Davidson, D. (1985). Handeln. In G. Meggle (Hrsg.), *Analytische Handlungstheorie, Band I: Handlungsbeschreibungen* (S. 282–307). Frankfurt: Suhrkamp.

Dijksterhuis, A., Smith, P. K., van Baaren, R. B., & Wigboldus, D. H. J. (2005). The unconscious consumer: Effects of environment on consumer behavior. *Journal of Consumer Psychology, 15*(3), 193–202.

Dörner, S. (2016). Warum weiße Eier in Deutschland Mangelware sind. *Die Welt*. https://www.welt.de/wirtschaft/article153676198/Warum-weisse-Eier-in-Deutschland-Mangelware-sind.html. Zugegriffen am 30.04.2019.

Fromm, E. (1984). *Haben oder Sein*. München: DTV.

Hampshire, S., & Hart, H. L. A. (1985). Entscheidung, Absicht und Gewißheit. In G. Meggle (Hrsg.), *Analytische Handlungstheorie, Band I: Handlungsbeschreibungen* (S. 169–185). Frankfurt: Suhrkamp.

Harras, G. (1983). *Handlungssprache und Sprechhandlung*. Berlin: de Gruyter.

Hoffmann, J., Berner, M., Butz, M. V., Herbort, O., Kiesel, A., Kunde, W., et al. (2007). Explorations of anticipatory behavioral control (ABC): A report from the cognitive psychology unit of the University of Würzburg. *Cognitive Processing, 8*(2), 133–142.

Knop, K. (2012). Die neue Macht des Verbrauchers. *FAZ*. https://www.faz.net/aktuell/wirtschaft/unternehmen/der-kunde-ist-ein-kaiser-die-neue-macht-des-verbrauchers-11997067.html. Zugegriffen am 30.04.2019.

Kunda, Z. (1990). The case for motivated reasoning. *Psychological Bulletin, 108*, 408–498.

Leubecher, M. (2014). Die Macht der Konsumenten kann die Welt verändern. *Die Welt*. https://www.welt.de/debatte/kommentare/article127076903/Die-Macht-der-Konsumenten-kann-die-Welt-veraendern.html. Zugegriffen am 30.04.2019.

Maraz, A., Griffiths, M. D., & Demetrovics, Z. (2016). The prevalence of compulsive buying: A meta-analysis. *Addiction, 111*(3), 408–419.

Poppelreuter, S. (2004). „Consumo ergo sum"? – Die Kaufsucht als Verhaltenspathologie. *Wiener Klinische Wochenschrift, 116*(5), 147–150.

Schmidt, B., & Troegel, T. (2017). Zur Eiererzeugung im Land Brandenburg und in Deutschland. *Zeitschrift für amtliche Statistik Berlin Brandenburg, 1*, 14–25.

Ulrich, P. (2008). Nachhaltigkeit – wirtschaftsethisch ernst genommen: „Vitalpolitik". *Management und Qualität. Das Magazin für integrierte Managementsysteme, 38*(12), 8–10.

Veblen, T. (2011/1899). *Theorie der feinen Leute*. Frankfurt a. M.: Fischer.

Vroom, V. H. (1964). *Work and motivation*. New York: Wiley.

Welding, S. O. (2008). Gibt es ein Argument für die Existenz von mentalen Phänomenen? *Abhandlungen der Braunschweigischen Wissenschaftlichen Gesellschaft, 55*, 281–295.

Wicklund, R. A., & Gollwitzer, P. M. (1981). Symbolic self-completion, attempted influence, and self-deprecation. *Basic and Applied Social Psychology, 2*(2), 89–114.
www.daserste.de. (o.J.). Stecken Holzspäne in Erdbeerjoghurt? *Das Erste*. https://www.daserste.de/information/wissen-kultur/wissen-vor-acht-werkstatt/sendung-werkstatt/2012/stecken-holzspaene-in-erdbeerjoghurt-100.html. Zugegriffen am 30.04.2019.
www.global2000.at. (o.J.). Tomaten im Öko-Check. *Global*. https://www.global2000.at/tomaten-oeko-check. Zugegriffen am 30.04.2019.
www.markenverband.de. (o.J.). Handelskonzentration und Nachfragermacht. *Markenverband*. http://www.markenverband.de/kompetenzen/wettbewerbspolitik/handelskonzentration-und-nachfragemacht. Zugegriffen am 30.04.2019.
www.morgenpost.de. (2019). So können Verbraucher beim Einkauf Plastik vermeiden. *Morgenpost*. https://www.morgenpost.de/ratgeber/article216669085/So-koennen-Verbraucher-beim-Einkauf-Plastik-vermeiden.html. Zugegriffen am 30.04.2019.
www.spiegel-online.de. (2014). Protest gegen Primark-Filiale in Berlin. *Der Spiegel*. http://www.spiegel.de/wirtschaft/unternehmen/primark-protest-gegen-filiale-in-berlin-a-979083.html. Zugegriffen am 30.04.2019.
www.stern.de. (2017). Haribo im Shitstorm: Goldbären-Fans wegen Produktionsbedingungen entsetzt. *Der Stern*. https://www.stern.de/genuss/essen/haribo-im-shitstorm%2D%2D-gummibaerchen-werden-unter-skandaloesen-bedingungen-hergestellt-7664764.html. Zugegriffen am 30.04.2019.

Prof. Dr. Peter Michael Bak ist promovierter Psychologe und Professor an der Hochschule Fresenius in Köln und Dozent an nationalen und internationalen Hochschulen. Seine Schwerpunkte liegen in den psychologischen Grundlagenfächern, der Kommunikationspsychologie, der Werbe- und Konsumentenpsychologie sowie der Wirtschafts- und Unternehmensethik. Darüber hinaus ist er als Speaker, Buchautor für Lehr- und Sachbücher und als Berater in Unternehmen und Organisationen tätig.

Konsumentenmacht – Freiheit, Souveränität oder ökonomische Funktionalisierung?

Lutz Becker, Christian Barbuia und Guido Scholl

„Als kritische Betriebswirtschaftslehre hat betriebswirtschaftliche Theorie immer wieder die Nichtidentität zwischen Theorie und Realität aufzuklären. […] Wer Kritik deshalb ablehnt, formuliert eine menschliche Überforderung." (Kappler 2008)

Was ist Macht? Dieser Frage nähert man sich gerne mit Max Weber an: „Macht bedeutet jede Chance, innerhalb einer sozialen Beziehung den eigenen Willen auch gegen Widerstreben durchzusetzen, gleichviel, worauf diese Chance beruht." (Weber 1922, S. 38). Seitdem Weber diese Zeilen schrieb, hat sich ein substanzieller Wandel in der Art und Weise sowie in der Diversität der sozialen Beziehungen entwickelt. Vor allem die Digitalisierung – von der Mobilkommunikation bis zu den sozialen Medien, wie Facebook, Twitter oder Tinder – drückt der sozialen Beziehung ihren Stempel auf. Auch Unternehmen – „Corporations as People" (Winkler 2018) – werden subjektiviert und die Beziehungen zu Marken auf ein quasi-soziales Niveau gehoben (vgl. Fetscherin und Heinrich 2014, 2015). Gleichzeitig kommt die Entwicklung eines ausdifferenzierten Instrumentariums von Seiten des Marketings, der Konsumforschung und dem, was wir Behavioral Economics oder Verhaltensökonomie (z. B. Beck 2014), Neuro-Ökonomie oder Neuro-Marketing nennen (z. B. Hain et al. 2007) zum Tragen, die durch immer

---

L. Becker (✉) · G. Scholl
Hochschule Fresenius, Köln, Deutschland
E-Mail: Lutz.Becker@hs-fresenius.de; Scholl@hs-fresenius.de

C. Barbuia
Stuttgart, Deutschland
E-Mail: christian.barbuia@gmail.com

© Springer Fachmedien Wiesbaden GmbH, ein Teil von Springer Nature 2020
J. Rommerskirchen (Hrsg.), *Die neue Macht der Konsumenten*,
https://doi.org/10.1007/978-3-658-28559-3_3

neue technologische Optionen weiter ausgereizt und ausdifferenziert werden. Das digitale Arsenal, das die Konsumenten im Netz der Customer Journey gefangen hält, reicht von Customer Targeting über Auto Suggestions, Touch Point Optimization, Dynamic Pricing und Digital Price Tags sowie Customer Re-Targeting, um nur einige Stichworte zu nennen, bis hin zu einseitig emulierten Kommunikationsbeziehungen zwischen Konsumenten und KI-gestützten Chat-Bots (vgl. Becker 1994; Sögüt et al. 2018).

Macht und deren Instrumente, so unsere Ausgangshypothese, ist nicht auf die unmittelbar zwischenmenschliche soziale Beziehung beschränkt, sondern basiert auf machtvollen Strukturen und Fiktionen, die dem Primat der ökonomischen Wertrationalisierung folgen (vgl. Becker 1994) und sich in ihrer ökonomischen bzw. betriebswirtschaftlich induzierten Anwendung immer weiter ausdifferenzieren.

Annäherung an einen schillernden Begriff

Der Begriff der Macht beschreibt eine Vielzahl von Facetten, die sich im Bewirken von Handeln, Nicht-Handeln oder Anders-Handeln des Konsumenten bzw. in Annahme oder Verwerfen alternativer Handlungsoptionen manifestieren können. Zudem erwächst daraus die Frage nach möglicher Gegenmacht seitens des individuellen oder möglicherweise auch organisierten Konsumenten. So bedeutet Macht auch, möglicherweise nicht legitime Einflussnahme auf das eigene Handeln und dessen Grenzen abwehren zu können.

Schon Max Weber (1922, S. 38) bezeichnete den Machtbegriff als soziologisch amorph: „Alle denkbaren Qualitäten eines Menschen und alle denkbaren Konstellationen können jemand in die Lage versetzen, seinen Willen in einer gegebenen Situation durchzusetzen", was Niklas Luhmann (1969, S. 147) wiederum zu der Bemerkung verleitete, dass man eigentlich gar nicht wisse, was Macht sei. Weber (1922, S. 38) setzt daher dem Machtbegriff methodisch den Herrschaftsbegriff entgegen: „Der soziologische Begriff der ‚Herrschaft' muß daher ein präziserer sein und kann nur die Chance bedeuten: für einen Befehl Fügsamkeit zu finden." Herrschaft ist somit eine gerichtete Ausübung von Macht zwischen Befehlendem und dem sich Fügenden.

In Bezug auf den Begriff der Macht stellen sich die möglichen Konstellationen, wie Weber bereits deutlich macht, facettenreicher und komplexer dar. Zunächst sollte deshalb die Frage gestellt werden, ob Macht grundsätzlich an ausübende Personen, Institutionen oder Regimes gebunden ist und ob es so etwas wie natürliche oder naturgesetzliche Macht oder Strukturen der Macht in gesellschaftlichen Organisationen und die sie manifestierenden Kommunikationen gibt.

Ferner geht es nicht nur darum, wie und mit welchen Mitteln Macht ausgeübt werden kann (in diesem Sinne ist Macht Praxis), sondern auch um die Frage, ob sich Macht nicht schon allein in der – zunächst einmal nichts mit Praxis zu tun habenden – Vermutung des Vorhandenseins von Macht sowie in der Art, wie über Macht gesprochen wird, determiniert. Die daraus resultierende Frage lautet dann, ob und wie Macht *before the fact* (antizipativ), als Beschränkungen zum Zeitpunkt der Handlung (unmittelbar auf die Handlung wirkend) und *after the fact* (nachgeschaltete Sanktionsmacht) manifest ist oder nur als Fiktion im Raum steht. Dabei betrifft die Machtfrage nicht nur den Raum möglicher Zustände – im möglicherweise dramatischsten Fall im Gefängnis zu sitzen (thematisiert von Foucault 1977) – und das Spektrum für Handlungen, nämlich Handlungsgrenzen, Handlungszwang und Handlungsmöglichkeiten. Macht wirkt offensichtlich auch prozessual oder algorithmisch, indem sie die Möglichkeit eröffnet, die Reihenfolge und Frequenz von Handlungen als solche festzulegen: wann, wie oft und wie lange etwas zu tun oder zu unterlassen sei (Stechuhr und Fließband hier als plakative Beispiele).

In Anlehnung an Susan Strange (1988, 1996) definiert Xuewu Gu (2012, S. 260) drei Machtquellen: „Mit anderen Worten handelt es sich bei Macht um ein Durchsetzungsvermögen, das sich aus Zwangskraft *(Hard Power)*, Anziehungskraft *(Soft Power)* und/oder Hebelkraft *(Structural Power)* konstituiert. Macht liegt vor, wenn Präferenzen durchgesetzt werden." Obwohl diese Trias ursprünglich aus einer politikwissenschaftlichen Perspektive heraus entwickelt wurde, scheint die Unterscheidung auch in diesem Kontext durchaus verfolgenswert.

Während es vordergründig wohl eher unwahrscheinlich erscheint, dass in der Beziehung zwischen Unternehmen und Konsumenten Zwangskraft angewendet wird, zeigen Beispiele wie die Dieselklagen der Deutschen Umwelthilfe, die Existenz von Inkasso-Büros oder die Praxis der Autoindustrie, bestimmte Ausstattungswünsche der Konsumenten an Pakete zu koppeln, durchaus, dass es auf beiden Seiten des Tisches ein gewisses Arsenal an möglichen Anwendungen von Zwang *(Hard Power)* gibt. *Soft Power* in Form von Anziehungskraft scheint allerdings spätestens seit Vance Packards geheimen Verführern (vgl. Packard 1983; Becker und Ray 2017) die präferierte Form der Machtausübung in der Beziehung zum Konsumenten zu sein. Ähnlich werden seit Abraham Maslow (1943) die Bedürfnisse des Konsumenten als Hebel zur Machtausübung in das Marketing-Einmaleins aufgenommen. Die Befriedigung, Weckung oder Produktion von Individuations-, Sozial- und damit einhergehenden Konsumbedürfnissen lassen das „Konsumäffchen" (Kroeber-Riel 1993, S. 126) tanzen.

Interessant scheint es vor allem, die strukturelle Macht als Wirkmechanismus in Bezug auf Institutionen des Konsums zu beschreiben. Können strukturelle Bedingungen a priori festlegen, welche Handlungen wie möglich sind? Es eröffnet sich so die Frage nach der machtvollen Wirksamkeit, aber auch der Gestaltbarkeit der Rahmenbedingungen des Konsumakts – oder kurz: die den Konsumakt flankierenden Regimes und Institutionen (vgl. Becker 2017, 2019b).

Schon die Einnahme einer solchen Perspektive macht deutlich, dass es in sozialen Strukturen so etwas wie absolute Macht und unbedingte Durchsetzung eines machtvollen Interesses kaum geben kann. Macht ist genauso von Bedingungen abhängig, wie sie Bedingungen prägt. Damit wäre Macht notwendigerweise eine Folge rekursiver Grenzziehungs-und Aushandlungsprozesse im Kontext von Interessen und Bedingungen, was nicht zuletzt auch die von Weber festgestellte Amorphie erklären würde.

Macht bedeutet, Einfluss auf Kontingenzspielräume (vgl. Becker 2017, 2019a) nehmen zu können, indem die Grenzen des „Nicht-Möglichen" oder „Notwendigerweise-so-Seienden", dem was möglich ist oder möglich erscheint, machtvoll neu und möglicherweise willkürlich gezogen werden können. Während es in der ökonomischen Theorie ab Mitte des 19. Jahrhundert vor allem um die Macht des Arbeiters unter den Bedingungen der sich entwickelnden industriellen Produktion ging (z. B. Marx und Engels 1848; Lange 1865), stellt sich mit dem Aufkommen des Marketings die Machtfrage in Bezug auf mögliche Einflussnahme auf Präferenzen und Verhalten von Konsumenten, ob und inwieweit der Konsument als Akteur auf den Märkten – wie der Arbeiter in der Fabrik – der Rationalität des industriellen Produktionssystems unterworfen oder ein eigenständiger und eigensinniger Akteur ist, der auf den Märkten vorrangig seine tatsächlichen und objektiven Bedürfnisse befriedigt. Inwieweit ist der Konsument in die Wertrationalität der betrieblichen Produktionszusammenhänge eingebunden – nicht nur, wenn er sein Bier und seine Pasta selbst am Tresen abholt, seine Bahn-Tickets selbst ausdruckt oder am Wochenende das Billy-Regal zusammenschraubt? Werden die Bedürfnisse extern induziert und durch die Produktionszusammenhänge überhaupt erst erzeugt?

In diesem Kontext ist die Machtfrage eng mit der Diskussion darüber, was Freiheit bedeutet, verflochten. Ist Freiheit Nichtvorhandensein bzw. Nichtwirksamkeit von Macht? Ist das Nichtvorhandensein von Macht Voraussetzung für Freiheit? Oder ist genau das Gegenteil der Fall, nämlich eine machtvolle Festlegung von Grenzen des individuellen Handelns die Voraussetzung für Freiheit auch abseits der Ellenbogen? Welche Einschränkungen durch Ausübung von Macht sind unter diesen Bedingungen legitim, oder werden sie bewusst oder unbewusst als legitim wahrgenommen?

Die ökonomische Genese manipulativer Macht

Stellt man sich die Frage nach dem Zweck der Ökonomie, kann man diese vordergründig mit Allokationsfunktionen, Preisbildung und Effizienzgewinnen beantworten. Anderseits steht spätestens seit Aristoteles die Ökonomie im Verdacht, mittels asymmetrischer Ausübung von Macht und Herrschaft (siehe den Beitrag von Jan Rommerskirchen in diesem Band), der primatisierten Bedürfnisbefriedigung der Mächtigen zu dienen: „Zwar ist der o i k o s ein ‚ganzes Haus', aber die Ganzheitlichkeit besteht nicht in einer unbezweckten Produktions- und Konsumtionsgemeinschaft. Der *oikos*, die antike Unternehmung und Wohngemeinschaft, steht unter dem Zweck der primatisierten Bedürfnisse des *despotes*. Ihnen hat er zu dienen. Der *oikos* ist eine auf den Herrn abgestellte Zweckgemeinschaft von ‚Herrn und Sklave', von ‚Freien und Unfreien'. Der Herr selbst produziert nicht, er konsumiert nur die ‚notwendigen Güter', geht ansonsten der Muße nach, er strebt nach den höheren Gütern des ‚edlen Lebens'." (Rock und Rosenthal 1986, S. 47). Produzent und Konsument ist nur der Sklave. Dem gegenüber steht Adam Smiths Narrativ von der Ökonomie als Ausgleich der Interessen: „It is not from the benevolence of the butcher, the brewer, or the baker that we expect our dinner, but from their regard to their own interest" (Smith 1776), das aber spätestens 1866 durch Friedrich Albert Lange ad absurdum geführt wurde (vgl. Lange 1886; Becker 2019b).

Während sich Soziologen wie Max Weber (1922) und Georg Simmel (2018, orig. 1903) in ihren kulturellen, sozioökonomischen, sozialhistorischen und institutionellen Analysen der Frage des Zusammenspiels von Ökonomie und Gesellschaft widmeten, z. B. inwieweit die Rationalisierung die gesellschaftliche Ordnung und damit Machtbeziehungen prägt, wie der Takt der Maschine Gesellschaft prägt, versucht die Anfang des 20. Jahrhunderts neu entstehende Betriebswirtschaftslehre, allen voran Erich Gutenberg als Spiritus Rector, die Quasi-Naturgesetzlichkeit betrieblichen Handelns zu manifestieren. Die Unternehmung wird definiert als ein „Komplex von Quantitäten, die in bestimmten Abhängigkeitsverhältnissen zueinanderstehen" (Gutenberg 1929, S. 47). Betriebswirtschaftliches Handeln wird als *Reaktion* auf Änderungen von Daten in den beiden Außensektoren, nämlich dem Beschaffungssektor und dem Absatzsektor, verstanden.

Die Gutenbergsche Betriebswirtschaft von 1929 zeichnet sich durch drei konstituierende Grundelemente aus, nämlich erstens das „Rationalprinzip", zweitens das „betriebswirtschaftliche Material", worunter Gutenberg vor allem Sachdinge, Forderungen und auch Arbeitsleistungen verstand, sowie drittens das „psycho-physische Subjekt", das sich in seinen Konturen dem Schumpeterschen Unternehmer (2006) annähert, dann aber bei Gutenberg doch nur zwischen dem Rationalen und seinem Inhalt steht und gegenüber dem Schumpeterschen Unternehmertypus auf das Ordnen der Sach- und Leistungsgüter auf den Unternehmenszweck hin (vgl. Gutenberg 1929, S. 39 f.) reduziert wird. Letzte Instanz der Unternehmung sind somit die Quanten, „um welche Betriebswirtschaftliches Denken im engsten Sinne kreist und die die eigentliche Domäne der Betriebswirtschaftslehre bilden" (Gutenberg 1929, S. 38). Die Frage von Macht wird somit quasi per Definition aus der Domäne der Betriebswirtschaft ausgeblendet und einer quantitativ geprägten Rationallogik untergeordnet. Dabei wird selbst der Verstoß des psycho-physischen Subjekts gegen die Regelmäßigkeiten und Gesetze von Gutenberg als Beleg für das Vorhandensein solcher Regeln bewertet (vgl. Gutenberg 1929, S. 41).

Mit der Institutionalisierung des Marketings als ureigenes Handlungsfeld der Betriebswirtschaft wird der Aktionsraum der Unternehmung und damit der Lehre der Betriebswirtschaft ausgeweitet. Während bei Gutenberg (1929, S. 29) noch die Reaktion der Unternehmung auf Daten im Mittelpunkt steht, verlässt die Betriebswirtschaft nun die Domäne des innerbetrieblichen Aktionsraums und weitet ihre Aktivitäten im Hinblick auf Märkte, das Verhalten von Konsumenten und letztlich damit der Gesellschaft aus. Die betriebliche (Macht- und Rational-)Logik mit all ihren Partialinteressen (vgl. Rock und Rosenthal 1986) wird externalisiert. Dabei rückt neben originären betriebswirtschaftlichen Größen die Frage nach der gesellschaftlichen Funktion und Wirkung des Marketings als betriebswirtschaftliche Funktion in den Mittelpunkt. Zudem wird der Aktionsraum des Marketings auf nicht originär ökonomische Bereiche ausgeweitet. Man denke hier etwa an Non-Profit-Marketing oder Marketing außerhalb des erwerbswirtschaftlichen Sektors, etwa für Politik, NGOs oder soziale oder ökologische Initiativen. Damit stellt sich historisch die Frage, ob und inwieweit ein Unternehmen (oder jeder andere Akteur, der auf Marketingstrategien und -instrumente zurückgreift) legitimiert ist, machtvollen Einfluss auf den Konsumenten auszuüben, und welche Möglichkeiten der Konsument hat, diese machtvollen Einflussnahmen zu relativieren bzw. seinerseits Macht auszuüben. Vor dem Hintergrund eines sich immer weiter ausdifferenzierenden Marketinginstrumentariums macht spätestens seit den 1970er-Jahren der Begriff Konsumentensouveränität die Runde (z. B. Fischer-Winkelmann 1973; Biervert et al. 1977, 1978).

Für Werner Kroeber-Riel dient die Verteidigung des Leitbildes, der Konsument sei souverän (von lat. „superanus": darüber befindlich, überlegen) ideologischen Zwecken, weil sie verhaltenswissenschaftlichen Erkenntnisse widerspräche: „Der Konsument wird dadurch zum unabhängigen Richter stilisiert, der darüber ent-

scheidet, welche Güter auf dem Markt angenommen und konsumiert werden."
(Kroeber-Riel 1984, S. 663). Problematisch wird es vor allem dann, wenn unter
dem Deckmäntelchen der Konsumentensouveränität das Unternehmen von möglichen negativen Folgen des durch das Unternehmen initiierten Konsums entlastet
wird. „Die moralische (gesellschaftliche) Verantwortung wird dem Verbraucher
mit dem scheinbar schlagenden Argumente aufgebürdet, daß er der wahre Souverän des Marktes sei und damit letztlich über die Produktions- und Absatzpläne der
Unternehmen entscheide und sie deshalb auch zu vertreten sowie zu verantworten
habe. Hinter einer solchen Argumentation versteckt sich die Fiktion des ‚mündigen
Konsumbürgers'. Der Unternehmer erscheint nur als Aufgabenvollstrecker, als
Vollstrecker des gesellschaftlichen Willens" (Biervert 1984, S. 299). „Der Kunde
will das so" wird so zur ideologisch aufgeladenen Scheinlegitimation (vgl. Becker
und Ray 2017). Konkret bedeutet dies, dass das Lenken kognitiver Programme,
wie schon in den 1970er- und 1980er-Jahren von Rock und Rosenthal (1986,
S. 210) oder von Kroeber-Riel (1984) diagnostiziert, zu einem zentralen Anliegen
des Marketings und der Marketingwissenschaft wird und damit die Türe öffnet,
aktiv in die Bewusstseinssphäre der Konsumenten zum Zweck von Bedürfnisproduktion und Verhaltenssteuerung zu intervenieren. „Der Spielraum für ein selb-
ständiges Entscheiden, das der Verwirklichung der eigenen Wertvorstellungen
dient, wird eingeengt oder die Wertvorstellungen werden kommerziell erfolgver-
sprechenden Wertvorstellungen angepaßt. Nun ist die Freiheit des Menschen stets
nur eine manipulierte Freiheit des durch seine Mitmenschen konditionierten (ab-
gerichteten) Menschen." (Kroeber-Riel 1972, S. 127)

Mit Digitalisierung und Vernetzung gehen seit den 1980er-Jahren Entwicklungen einher, die nicht nur die Individualisierung in Bezug auf die amorphen
Partialinteressen einzelner Unternehmungen ermöglichen. Man denke etwa an
Data-Base-Marketing, Cookies, die Präferenzen von Internetnutzern speichern,
bis hin zu manipulierten Produktempfehlungen (vgl. Verbraucherzentrale Bayern e. V. 2018) oder vielleicht an Apps, die vordergründig bei der richtigen Einnahme von Medikamenten unterstützen sollen, aber von der Pharmaindustrie
angeboten werden und über die Manipulierbarkeit der Bedürfnisse möglicherweise Interessenskonflikte produzieren, die mit dem Ziel Konsumentensouveränität nicht mehr in Einklang zu bringen sind. „Die Durchsetzung individueller
Verbraucherinteressen hängt nicht von den Durchsetzungsmöglichkeiten und
dem Durchsetzungswillen der Individuen ab, sondern auch von den jeweils vor-
findbaren Machtstrukturen in Wirtschaft und Gesellschaft." (Biervert 1984,
S. 289). Damit hebt sich der scheinbar heilende Ausgleich der Interessen im
Sinne von Adam Smith, d. h. der wirtschaftlichen Eigeninteressen der Unternehmung und der der Bedürfnisbefriedigung dienenden oder hedonistischen

Interessen der Konsumenten, auf. Nur wenn die Handlungsmöglichkeiten der Individuen in einem ökonomisch-gesellschaftlichen Kontext bestehender Anbieterstrukturen in ihrer Struktur, Anwendung und Wirkung für den Konsumenten transparent sind, kann von Souveränität gesprochen werden. Stattdessen werden nicht nur Smartphones zu „Weapons of Mass Manipulation" (Tristan Harris zitiert nach Metz 2017). Es wird aus immer mehr Daten aus sozialen Medien, Google-Suchen, Amazon-Käufen oder den vielen Kameras, Sensoren und Aktoren im Internet of Things ein „behavioral surplus" (vgl. Zuboff 2019) generiert, welches nicht nur Quelle für neue Angebote und Leistungen, Beeinflussungspotenziale und Konditionierungen ist, sondern, so konstatierten Reinhard Rock und Klaus Rosenthal bereits 1986, noch abseits der heutigen technologischen Bedingungen und Möglichkeiten der Bedürfnisproduktion dienen: „‚Künstliche Aufrechterhaltung von Bedürfnissen' und ‚Schaffung neuer Bedürfnisse' machen nun sehr deutlich, daß der Übergang vom produktionsbedingten Bedarf zur Bedürfnisproduktion seiner Vollendung zustrebt." (Rock und Rosenthal 1986, S. 181). Dabei verlagert sich die Kaufentscheidung „immer mehr zu einer subjektiven ‚Entscheidungssituation', deren objektiver Bedingungsrahmen dem ‚Entscheidungsträger' (Konsument) immer weniger transparent ist (…). Entscheidungen im klassischen Sinne, also Willensakte, in die Absichten und Prämissen als objektiv reflektierbar eingehen, verschwinden zugunsten ‚objektiv' suggerierter." (Rock und Rosenthal 1986, S. 215)

Während in sozialen Medien flächendeckende Versuche zur emotionalen Ansteckung durchgeführt werden (vgl. Becker und Ray 2017), beschreibt Google in der Patentschrift „Nervous system manipulation by electromagnetic fields from monitors" die physiologischen Effekte des sogenannten Pulsings von Monitoren: „It is therefore possible to manipulate the nervous system of a subject by pulsing images displayed on a nearby computer monitor or TV set. For the latter, the image pulsing may be imbedded in the program material, or it may be overlaid by modulating a video stream, either as an RF signal or as a video signal." (Patentschrift US6506148B2). Marc Zuckerbergs Facebook und Elon Musks Neuralink arbeiten mit verschiedenen Konzepten intensiv an Brain-Computer-Interfaces (vgl. Regalado 2019), die es ermöglichen sollen, Gehirndaten auszulesen. Der Weg zum Large Scale Social Engineering, um einen Begriff aus der Hackersprache zu verwenden, scheint kein weiter zu sein. Dies wird umso problematischer, wenn man in den Konsumenten nicht nur konsumierende Akteure, sondern durchaus soziale und ihren sozialen Kontext gestaltende und damit letztlich auch politische Akteure sieht. Spätestens mit Einzug der Digitalisierung werden die von Werner Kroeber-Riel bereits in den 1980er-Jahren als „weit verbreitete und alltägliche Erscheinung" (Kroeber-Riel 1984, S. 665) diagnostizierten Möglichkeiten zur Verhaltenssteuerung und Beschränkung der Konsumentensouveränität evident – die strukturell in der Digitalisierung angelegte Asymmetrie der ökonomisch induzierten Machtausübung wird unübersehbar. Die Instrumente, mit denen Macht über Konsumenten ausgeübt werden kann (und möglicherweise auch wird), sind hochgradig divers und verstärken die Amorphie von Macht und Machtanwendungen zu Lasten des Konsumenten. „Diese Macht (…) entbehrt jeglicher demokratischer oder moralischer Legitimation; insofern werden durch sie Entscheidungsrechte usurpiert und Prozesse individueller Autonomie untergraben, die für das Funktionieren einer demokratischen Gesellschaft unabdingbar sind. Die Message hier ist einfach: *Once I was mine. Now I am theirs*.“ (Zuboff 2019, S. 8)

Märkte und Machtverschiebungen

Die vorangegangenen Ausführungen zu Macht, Gegenmacht, Entscheidungsfreiheit und Manipulation spiegeln letztlich eine zentrale Frage wider, die Märkte als Orte sowohl ökonomischer Transaktionen als auch sozialer Interaktion betrifft: die Frage nach der Machtverteilung zwischen den auf Märkten agierenden Akteuren und Parteien. Löst man sich von der zweifellos idealistischen Idee einer das Gemeinwohl fördernden *Invisible Hand* als übergeordnetem, quasi paritätisch wirkendem Steuerungsmechanismus von Märkten, wird deutlich, dass das Verhältnis zwischen Anbietern und Nachfragern als zentralen Akteuren stets durch ein Ringen um Einfluss und Macht im Sinne der Erzielung einer Vormachtstellung gekennzeichnet ist. Zur Realisierung einer solchen Vormachtstellung bedarf es des Einsatzes latenter oder konkreter Werkzeuge im Sinne von Machtinstrumenten, auf die in den vorstehenden Erörterungen bereits Bezug genommen wurde. Die zunächst naheliegende Frage, auf welcher der drei von Xuewu Gu (2012) genannten Machtquellen (*Hard/Soft/Structural Power*) solche Instrumente basieren, führt bei genauerer Betrachtung jedoch rasch zu der Erkenntnis, dass eine Typologisierung und eindeutige Quellenzuordnung der Machtinstrumente oftmals durch Amorphie, Komplexität und die wechselseitige Vernetzung der Machtquellen behindert wird.

Als Beispiel mag u. a. die hochaktuelle Diskussion um Plattformökonomie dienen, die sich nicht nur mit Fragen der Anziehungskraft digitaler Plattformen (wie Amazon, Ebay, trivago etc.) im Sinne von *Soft Power* befasst, sondern zunehmend auch auf juristische und ordnungspolitisch-regulative Aspekte im Zusammenspiel zwischen den Marktakteuren untereinander, wie auch dem Verhältnis zwischen Marktakteuren und wirtschaftlicher Grundordnung erstreckt (vgl. Bundeskartellamt 2016; IFH Köln 2019). Vor diesem Hintergrund scheint es zielführender, eine tiefere Beleuchtung einzelner Machtinstrumente in den

Zusammenhang der marktlichen Rahmenbedingungen zu stellen, die zu ihrer Entwicklung geführt haben bzw. in deren Kontext diese eingesetzt werden oder werden können.

Ausgehend von dem originären Marktbegriff als physischem Ort, „an dem zu bestimmten Zeiten eine Vielzahl von Käufern und Verkäufern sich zu Erwerb und Absatz nachgefragter und angebotener Sachgüter trafen" (Eckelt 1982, S. 107), hat sich das Verständnis von Märkten von einer rein physisch orientierten, räumlich und zeitlich eng gefassten Ebene sukzessive auf eine abstrakte Ebene verlagert, wobei sich zugleich auch der Objektbezug marktlicher Tätigkeiten erweitert hat: nahezu losgelöst von räumlichen und zeitlichen Restriktionen und der Materialität gehandelter Güter sind Märkte heute in rein abstrakter Sicht als „Kette von Erwerbsvorgängen" (Eckelt 1982, S. 108) aufzufassen, deren Inhalte sich auf Sachgüter ebenso wie auf immaterielle Güter jeder Art, seien es Dienstleistungen, Geld, Arbeit oder Rechte, erstrecken.

Neben der faktischen Erweiterung und Abstraktion des Marktbegriffes haben sich dabei im Zuge der Industrialisierung und der durch sie induzierten Wohlstandsmehrung auch Veränderungen im Charakter der Märkte ergeben, die Konsequenzen für die Machtverteilung zwischen Anbietern und Nachfragern als Hauptakteuren haben. Lag der Schwerpunkt unternehmerischen Handelns zu Beginn der industriellen Massenproduktion im Europa des 19. Jahrhundert noch auf einer auf die Befriedigung weitgehend ungesättigter Märkte ausgerichteten Produktionsorientierung (im Sinne einer Knappheitswirtschaft), stellt sich die Situation in den meisten Industriestaaten, in generalisierter Betrachtung, heute nahezu umgekehrt dar. Unternehmerisches Primat ist nicht mehr eine möglichst standardisierte, rationelle Erweiterung der Beschaffungs- und Produktionskapazitäten, sondern die Überwindung von Absatzwiderständen, die heutige *Überflussgesellschaften* kennzeichnen (vgl. Wöhe et al. 2016; Meffert et al. 2019). Die zunehmende Aufspaltung und Ausdifferenzierung des Marktes in eine nahezu unüberschaubare Vielzahl von Teilmärkten, in denen Konsumenten mit einem (oft) erheblichen, frei verfügbaren Einkommen und hohem Freiheitsgrad aus einem breiten Güterangebot auswählen können, zwingt Unternehmen in einem meist hochkompetitiven Wettbewerbsumfeld zur proaktiven Nachfrageweckung und zur Schaffung von Kundenpräferenzen für das eigene Angebot (vgl. Kuß 2004). Die mit dieser Entwicklung von *Verkäufermärkten* zu *Käufermärkten* zunächst zu konstatierende Machtverschiebung zugunsten der Nachfragerseite hat jedoch ambivalente Wirkungen: Einerseits emanzipiert sie die Konsumenten durch Bildung einer nachfragebezogenen Gegenmacht zumindest partiell aus deren Rolle als Objekt unternehmerischer Machtausübung, andererseits war und ist sie Haupttreiber der Entwicklung des modernen Marketings als unternehmerischem Versuch, die ursprüngliche Anbietermacht, wenngleich mit anderen Mitteln, wiederherzustellen.

Macht und Gegenmacht – Einflüsse auf das Machtgefüge zwischen Unternehmen und Konsumenten

Zur dynamischen Genese von Macht und Gegenmacht im Verhältnis zwischen Unternehmen und Konsumenten tragen darüber hinaus in modernen, entwickelten Märkten weitere einschlägige Faktoren bei, deren Wirkungen teils die Anbieter-, teils die Nachfragerseite stärker bevorteilen und die im Folgenden, ohne Anspruch auf Vollständigkeit, skizzenhaft beleuchtet werden sollen.

Exemplarisch zu nennen ist hier zunächst die durch Bildung transnationaler Wirtschaftsräume und weitgehenden Freihandel getragene Globalisierung, die zu einer weiteren, geografisch entkoppelten Ausdehnung des Güterangebotes und damit sowohl zu einem unternehmensseitigen Machtgewinn durch Ausdehnung der Märkte und Absatzräume führt als auch, analog hierzu, die Machtposition der Nachfrager durch die Vergrößerung ihres Entscheidungsraumes bei der Produkt- und Leistungswahl stärkt. Den mit der Globalisierung entstehenden Wohlstandsgewinnen auf Unternehmens- und Nachfragerseite stehen die in Politik und Gesellschaft allseits diskutierten ökologischen, sozialen, aber auch ökonomischen Risiken und Gefahren gegenüber, welche, wie an anderer Stelle des vorliegenden Bandes von Jan Rommerskirchen angesprochen, einen verantwortungsvolle(re)n Umgang der Marktakteure mit ihren gewachsenen Machtpotenzialen erfordert.

Eng verbunden mit der Globalisierung sind die Auswirkungen der Digitalisierung, die über die Vereinfachung von Produkt- und Preisvergleichen erheblich zur Erhöhung von Markttransparenz beiträgt und Konsumenten damit (zumindest theoretisch) zu einem stärkeren Rationalverhalten im Sinne des Homo-oeconomicus-Gedankens ermächtigt. Zu denken ist hierbei beispielhaft an die von Handelsunternehmen allseits beklagte Kundentendenz, kostenlose Beratungsleistungen im lokal-stationären Handel zu nutzen, das gewünschte Produkt als Kern des betrieblichen Leistungsangebotes jedoch unter Verwendung digitaler Preissuchmaschinen bei onlinebasierten Verkaufsplattformen zu erwerben. Umgekehrt trägt Digitalisierung, und das mit ihrer Hilfe generierte Marketinginstrumentarium, aber auch zu einem erheblichen Machtgewinn der Anbieterseite bei. Mit der Erfassung virtueller und zunehmend auch physisch-realer Konsumentenbewegungen (von der Cookie-Platzierung auf dem heimischen PC bis zum RFID- oder kameragestützten Smart Tracking im Store; vgl. z. B. Wolfangel 2017; Umdasch o.J.), der individuellen Aussteuerung digitaler Werbebotschaften und der Sammlung, Verarbeitung und Speicherung von Kunden- und Kaufdaten in immer leistungsfähigeren CRM-Systemen, werden Konsumenten, unter dem Stichwort der Customer Journey, zunehmend transparenter und in der Konsequenz damit auch steuerbarer.

Im weiteren Kontext trägt die Digitalisierung ebenfalls zu der bereits angesprochenen, im abstrakten Marktbegriff beinhalteten weitgehenden Loslösung marktlicher Aktivitäten von räumlichen, zeitlichen, teils sogar personellen, Restriktionen bei. Als spezielles Beispiel für einen auf Algorithmisierung beruhenden konsumentenseitigen Machtgewinn kann der Einsatz sogenannter Sniper-Software auf internetgestützten Auktionsplattformen (wie z. B. Amazon, Ebay) dienen, der es den dort agierenden Nachfragern ermöglicht, Gebotspreisgrenzen zu hinterlegen und das Bieterverfahren danach ohne weiteres eigenes Zutun vollständig automatisiert durch den Bietagenten abwickeln zu lassen. Das alles mit der Intention und dem Fokus, den Auktionszuschlag in letzter Sekunde mit einem marginal über dem anbieterseitigen Mindestpreis bzw. den bisherigen Geboten liegenden Preisangebot zu erhalten. An diesem Beispiel ist zudem erkennbar, dass Nachfragermacht nicht nur das bipolare Verhältnis zwischen Angebot und Nachfrage, speziell zwischen Unternehmen und Konsumenten, betrifft, sondern auch den Wettbewerb innerhalb der Nachfragerseite einschließt. Zugleich tauchen in diesem Zusammenhang Fragen der Legitimität solcher Instrumente auf, die nicht nur die juristische (vgl. Goldmann 2005), sondern auch die ethische Seite im Sinne eines potenziellen Machtmissbrauchs durch die betreffenden Konsumenten berühren. Ohne die Diskussion um Inhalts- und Auslegungsbreite des Legitimitätsbegriffes im ökonomischen Kontext (vgl. hierzu beispielhaft Leisinger 2017) an dieser Stelle aufgreifen zu wollen, führt das gewählte Beispiel letztlich zu der Frage, ob das der Unternehmensseite in der marketingwissenschaftlichen Theorie unstrittig zuerkannte (im Grundsatz sogar als Notwendigkeit apostrophierte) Recht zur Generierung von Wettbewerbsvorteilen gegenüber Konkurrenten auch der Nachfrager- bzw. Konsumentenseite zuerkannt werden kann oder muss.

Gegenläufig zu den die Stärkung von Konsumentenmacht begünstigenden Faktoren sind andere zu beobachtende Entwicklungstendenzen: Da Wachstum, als ein ökonomisches Hauptziel der meisten Unternehmen, in weitgehend gesättigten Märkten kaum mehr in organischer Weise (also über eine Ausschöpfung von Marktpotenzialen), sondern primär über die Erhöhung von Marktanteilen zu realisieren ist, führen die hieraus resultierenden Konzentrationstendenzen letztlich zur Oligopolisierung der Angebotsseite; ein Prozess, der sich einerseits dank wachsender Unternehmensgewinne, andererseits aufgrund verschärften Anbieterwettbewerbs in den meisten westlichen Industrieländern in den letzten Jahren branchenübergreifend erheblich beschleunigt hat und im extremsten Fall in einer Monopolisierung von Märkten, d. h. der Herrschaft der Anbieterseite, enden kann. Die gesellschaftlich-ökonomische Bedeutung starker Konzentrationsprozesse und die daraus für das Funktionieren marktwirtschaftlicher Prozesse potenziell erwachsenden Gefahren sind in Deutschland bereits seit den 1950er-Jahren Gegenstand intensiver Diskussionen, die ihren Niederschlag nicht zuletzt auch in der Formulierung entsprechender gesetzlicher Regelwerke fanden. Als diesbezügliche Zentralnorm für staatlich-regulative Eingriffe kann in Deutschland das Gesetz gegen Wettbewerbsbeschränkungen (GWB) gelten, das dazu beitragen soll, „die ökonomischen Funktionen des Wettbewerbs zu stimulieren und gleichzeitig für die Aufrechterhaltung eines möglichst großen wirtschaftlichen Freiheitsbereiches als ökonomisches Gegenstück zur parlamentarischen Demokratie zu sorgen" (Jäckering 1977, S. 11). Die ungebrochene, durch Internationalisierung und Globalisierung eher sogar gestiegene Aktualität des Themas zeigt sich in zahlreichen prominenten Beispielen besonders konzentrationsgeprägter Branchen wie der Stahl-, Automobil- und Maschinenbauindustrie, dem Handels- und Bankensektor, der Verlagsbranche und nicht zuletzt der Lebensmittelindustrie, wobei der Konzentrationsprozess nicht auf Fusionen von Großkonzernen beschränkt ist, sondern auch mittelständische Unternehmen betrifft (vgl. beispielhaft Budzinski und Kerber 2003; Ginten und Ehrenstein 2017; Gerstenberger 2018). Unbeachtlich der konkreten Entstehungsgründe (vgl. hierzu Jäckering 1977, S. 55; Demary und Diermeier 2015, S. 5 f.) schränken Anbieteroligopole durch die Verringerung der Anbieterzahl die Wahlfreiheit der Konsumenten ein und prägen, vor allem bei abgestimmtem Verhalten der Unternehmensakteure, eine erhebliche Machtbasis derselben. Interessanterweise wird zur Legitimation dieser durch Konzentrationsprozesse herbeigeführten Machtbasis von den Initiatoren meist das bereits an anderer Stelle skizzierte Diktum einer (vermeintlichen) *Alternativlosigkeit* als Begründung angeführt, in dem Sinne, dass ein Unterlassen bzw. ein Verzicht auf den Zusammenschluss einen existenzgefährdenden Verlust von Wettbewerbsfähigkeit bedeute, der letztlich den Konsumenteninteressen schade. Damit wird die faktische Einschränkung von Konsumentensouveränität zur vermeintlichen Bewahrung derselben umgedeutet.

Eine weitere Einflussgröße, allerdings mit ambivalenter Wirkung auf das Machtgefüge zwischen Unternehmen und Konsumenten, resultiert aus dem angesprochenen Charakter der in Industrienationen vorherrschenden Käufermärkte: die Heterogenisierung und Individualisierung des Konsums. Die von König (2000, S. 434) formulierte Aussage „Individualisierung liegt im Interesse der Produzenten wie der Konsumenten" gibt indirekt wieder, dass die Kerntreiber dieser, in sozioökonomischer Perspektive nicht selten gleichermaßen als Errungenschaft wie auch als Problem gesehenen, Entwicklung weder dem Verantwortungsbereich der Unternehmens- noch dem der Konsumentenseite eindeutig zugeordnet werden können. Vielmehr erscheint sie als Ergebnis eines komplexen Wechselspiels vornehmlich aus technologischer Entwicklung, einer wohlstandsbedingten Ausdifferenzierung der Konsumentenbedürfnisse (einschließlich eines diese Ausdifferenzierung zulassenden Rechtsrahmens) in Verbindung mit einem gesellschaftlichen Wertewandel sowie der institutionellen Verankerung eines generisch entwickelten Marketingverständnisses auf Unternehmensseite. Daraus resultiert letztlich die (kaum zu beantwortende) Frage, ob der genannte Individualisierungstrend „dem ‚Diktat' der Markt- und Kundenanforderungen (Kundennutzen/ Kundenzufriedenheit)" (Becker 2013, S. 2), also der Reaktion auf vorhandene Kundenwünsche, oder vielmehr der von Wöhe et al. (2016, S. 365) pointiert formulierten Marketingmaxime „Warte nicht darauf, dass der Kunde seinen Bedarf anmeldet, sondern wecke Bedürfnisse, die der Kunde unbewusst in sich trägt" entspringt. Während die erstgenannte Auffassung primär die Konsumentenseite als Macht besitzend und ausübend ansieht, drückt sich in der zweiten Auffassung sehr deutlich ein dominantes Machtstreben der Unternehmensseite aus.

Die Diskussion um den Charakter des Marketings als unternehmerisches Aktions- oder Reaktionsprinzip, mithin der Frage nach dem mächtigeren Akteur in der Marktbeziehung, ließe sich anhand weiterer Marketingdefinitionen fortsetzen (vgl. beispielhaft Broda 2005; Bruhn 2016; Meffert et al. 2019) und gleicht letztlich der *Henne-Ei-Frage*. Es ist daher nachvollziehbar, dass auch der vorliegende Beitrag keine finale Beantwortung der *wahren* Kausalitätsrelation zwischen Unternehmens- und Konsumentenverhalten, mithin der Frage nach dem wirklichen Souverän in der Marktbeziehung zwischen Angebot und Nachfrage, leisten kann. Festzuhalten ist jedoch, dass der in der Marketingliteratur immer noch weit verbreitete Duktus eines auf die Analyse und Erfüllung bereits vorhandener Kundenwünsche abstellenden Selbstverständnisses in der Praxis zunehmend durch ein offensives Gestalten von Kundenbedürfnissen ersetzt wird, wie exemplarische Aussagen prominenter Konzernlenker belegen: „Es ist besser, den Kunden an unsere Produkte heranzuführen, als ihn nach seinen Wünschen zu fragen. Der Kunde weiß nicht, was möglich ist – wir schon!" (Akio Morita, Mitgründer des Elektronikkonzerns Sony; zitiert nach Broda 2005, S. 21).

Konzediert man aber die aus Konsumentensicht zweifellos nutzenstiftende Wirkung eines aufgefächerten, auf vielfältige (latente oder manifeste) individuelle Bedürfnisse abgestimmten Waren- und Leistungsangebotes, so ergeben sich indes hieraus auch potenzielle Einschränkungen der Konsumentenmacht. So führt eine weitgehende Ausdifferenzierung und Individualisierung des Angebotes im Rahmen unternehmerischer Produktpolitik tendenziell zu marktbezogener Intransparenz, da sie nachfragerseitige Vergleiche mit Wettbewerbsangeboten erschwert. Nicht selten *scheitern* daher nachfragerseitige Versuche von Angebotsbeurteilungen im Sinne einer individuellen Kosten-Nutzen-Abwägung, also der Preiswürdigkeitsbeurteilung, bereits an der Vorstufe einer Preisgünstigkeitsbeurteilung (vgl. zu den Konstrukten verhaltenswissenschaftlicher Preistheorie Scharf et al. 2015, S. 354 ff.). Wenn jedoch Angebotsinhalte nicht oder nur schwer vergleichbar sind, wird eine objektivierte Inhaltsbeurteilung als Grundlage des Kaufentscheidungsprozesses seitens der Konsumenten durch *Vertrauen* ersetzt – und der, dem vertraut wird, ist faktisch der Mächtigere.

Sicherlich kann diese Aussage keinen Allgemeingültigkeitsanspruch erheben, doch finden sich zahlreiche Beispiele für eine von Unternehmensseite durch *Nicht-vergleichbar-Machen* bewusst herbeigeführte Intransparenz, insbesondere bei Unternehmen des Dienstleistungssektors, die durch (im Kern) homogene Produkte und ein hochkompetitives Wettbewerbsumfeld gekennzeichnet sind, wie z. B. in der Telekommunikations-, Finanz-, Versicherungs- und Versorgerbranche (Strom- und Gasanbieter). Zwar dürfte unstrittig sein, dass Vertrauen einen wesentlichen Eckpfeiler nicht nur zwischenmenschlicher, sondern auch sozio-ökonomischer Beziehungen bildet (man denke an marketingrelevante Begriffe wie Kundenloyalität oder Markenvertrauen), doch kann es letztlich ein in ökonomischer Hinsicht irrationales Konsumentenverhalten fördern (vgl. Santos-Pinto 2016), indem es Unternehmen als Vertrauensempfängern zumindest temporär einen machtvollen Handlungsvorsprung gewährt; ein Aspekt, der in gewisser Hinsicht zur Generierung regulativer Gegenmacht im Sinne eines institutionalisierten Verbraucherschutzes beigetragen hat.

Zur Begünstigung eines (zumindest partiell) irrationalen Konsumentenverhaltens trägt in diesem Zusammenhang ebenfalls das bereits in den 1980er-Jahren u. a. von Kroeber-Riel (1993) durch Studien konstatierte und belegte Problem der *Informationsüberlastung* bei – ein Prozess, der nicht nur, aber doch in wesentlichem Umfang auf die mediale Informationsflut zurückzuführen ist, der sich Konsumenten, im Sinne von Rezipienten, täglich ausgesetzt sehen.

Paradoxerweise haben die im Ringen um die Gunst der Kunden agierenden Unternehmen, in ihrem Handlungsspielraum durch Angebotsüberhänge und intensiven Preiswettbewerb beengt, mit der (zunächst logischen) Forcierung ihrer kommunikationspolitischen Aktivitäten dabei selbst zur Verschärfung des *Information Overloads* beigetragen – und mit den negativen Konsequenzen eines konsumentenseitig wachsenden Vermeidungs- und Reaktanzverhaltens (zu denken ist hier an die Einrichtung von Spam-Filtern, AdBlockern oder die zunehmende Verbreitung der „*Bitte keine Werbung!*"-Aufkleber auf Briefkästen) im Prinzip letztlich die Effektivität ihrer eigenen Werbemaßnahmen konterkariert.

Aus Konsumentensicht bedeutet die wachsende Informationsüberlastung in rational-ökonomischer Hinsicht einen Informations- und Transparenzverlust, da die vorhandene Informationsmenge nur bruchstückhaft und selektiv aufgenommen und verarbeitet werden kann, mit der Folge, „dass die Entscheidungsqualität mit dem Ausmaß der Informationsüberlastung abnimmt" (Rinne und Rennhak 2006, S. 8). Zugleich resultiert aus besagtem *Information Overload* ein Anstieg der Reizschwelle bei den Rezipienten, der die werbenden Unternehmen im Sinne einer Aktivierungsspirale wiederum zu immer höheren Reizdosierungen, gleichzeitig aber auch zum Einsatz subtilerer Reizqualitäten zwingt, um das gewünschte Rezipientenverhalten zu bewirken (vgl. Rinne und Rennhak 2006; Kroeber-Riel und Gröppel-Klein 2013). Die Techniken hierzu liefert ein auf komplexen verhaltens- und neurowissenschaftlichen Analysen und Modellen basierendes, zunehmend ausgefeiltes kommunikationspolitisches Instrumentarium, mit dem die bewusste oder unbewusste Abschottung der Konsumenten unterlaufen wird. Charakteristisch für diese Art der Verhaltenssteuerung ist, dass „der Konsument die Wirkungen der Werbung nicht durchschaut, wenn er gar nicht bemerkt, was mit ihm geschieht [oder] die Werbung zwanghaft wirkt. Die Wirkung tritt dann automatisch ein. Der Konsument kann sich dem Einfluss der Werbung nicht oder nur schwer entziehen" (Kroeber-Riel und Gröppel-Klein 2013, S. 744). Als besonders wirksam haben sich in diesem Zusammenhang sowohl Methoden der Visualisierung und Emotionalisierung, mithin des Ansprechens angeborener menschlicher Wahrnehmungs- und Reaktionsmuster (vgl. Kroeber-Riel und Gröppel-Klein 2013; Homburg 2017), wie auch des *Versteckens* werblicher Botschaften erwiesen, die letztlich zur Entwicklung vergleichsweise neuer kommunikationspolitischer Instrumente, wie z. B. des Event- und Erlebnismarketings oder Product Placements, geführt haben.

Vor diesem Hintergrund stellt sich erneut die eingangs angesprochene Leitfrage nach der Ausgewogenheit der Machtverteilung zwischen Unternehmen und Konsumenten als primären Marktakteuren und führt zur Anschlussfrage, ob und auf welche Weise eine solche gewährleistet oder doch zumindest gefördert werden kann. Dabei ergeben sich in kategorialer Hinsicht zwei Möglichkeiten: der regulativ-normierende Eingriff institutioneller Akteure (seien sie hoheitlich oder anderweitig legitimiert) im Sinne eines aktiven Verbraucherschutzes ebenso wie auch die Befähigung der Konsumenten zur Ausübung individueller oder organisierter Gegenmacht. Bemerkenswert ist hierbei allerdings die aus marketingwissenschaftlicher Sicht, also quasi aus Verursacherperspektive, herrschende (jedoch selten offen formulierte) Skepsis hinsichtlich der konsumentenseitigen Möglichkeiten zu individueller Gegenmacht: „Das vorrangige Ziel, der Machtentfaltung des Marketing durch verhaltenssteuernde Techniken und sowie undurchsichtige und verbraucherschädliche Angebote vor allem dadurch entgegenzutreten, dass man den Verbraucher aufklärt und informiert und zu einer stets kritischen, rationalen Haltung erzieht, lässt sich kaum erreichen: Aufklärung und Information können die Steuerung des Konsumentenverhaltens durch beeinflussende Techniken des Marketing nicht verhindern […]. Insgesamt ist also zu fordern: Nicht nur rationale Aufklärung, sondern mehr Schutz für einen Verbraucher" (Kroeber-Riel und Gröppel-Klein 2013, S. 749).

Wenngleich über diese (die Chance einer kompetenzbasierten Autonomie und Selbstbestimmung der Konsumenten generell negierenden) Aussage sicherlich diskutiert werden kann, ist die Notwendigkeit zur Etablierung institutionalisierter Schutzmechanismen aufgrund wachsender Ungleichgewichte in der Machtverteilung staatlicherseits bereits früh erkannt und in vielen Ländern, teils auch supranational, durch Richtlinien und Gesetze zum Verbraucherschutz formal umgesetzt worden (vgl. Hippel 1986). So wurde in der Bundesrepublik Deutschland seitens der Bundesregierung schon im Jahr 1971 ein erster Bericht zur Verbraucherpolitik vorgelegt, der gleichermaßen als Anstoß für eine öffentliche Diskussion wie auch als Basis konkreter Gesetzesinitiativen zum Verbraucherschutz fungierte, deren Generalziel im Schutz der Konsumenten vor Gesundheitsschäden, unfairen Anbieterpraktiken und sonstigen einseitigen Benachteiligungen und somit in der Verbesserung ihrer Rechtsstellung besteht (vgl. Hippel 1986; Tamm 2011). Die Bandbreite der normativen Regelungen reicht dabei von Generalnormen, wie dem Bürgerlichen Gesetzbuch (z. B. dem dort enthaltenen Widerrufsrecht von Verbraucherverträgen), bis zu zahlreichen Spezialnormen, deren Aufzählung über den Rahmen des vorliegenden Beitrags hinausginge (beispielhaft genannt seien daher nur das Gesetz gegen unlauteren Wettbewerb, das Gesetz zur Regelung des Rechts der Allgemeinen Geschäftsbedingungen, die Preisangabenverordnung und das Produkthaftungsgesetz).

Die Generierung und Ausübung regulativer Macht vollzieht sich jedoch nicht nur in hoheitlicher Normengebung. Neben dem Gesetzgeber als *Wächter* eines fairen Macht- und Interessensausgleichs zwischen den Marktparteien existieren in Deutschland diverse Institutionen unterschiedlichen Strukturierungsgrades, deren Spektrum von den in staatlichem Auftrag agierenden Verbraucherzentralen über neutrale Testinstitute (z. B. die 1964 gegründete Stiftung Warentest) bis zu durch Privatpersonen organisierte Verbraucherinitiativen, wie beispielweise dem 1985 gegründeten gleichnamigen Bundesverband Die Verbraucher Initiative e. V., reicht. Dem Ziel der Verbraucheraufklärung verpflichtet, reichen ihre entsprechenden Aufgaben von der Verbraucherinformation, -beratung und rechtlichen Unterstützung bis zur Durchführung und Veröffentlichung vergleichender Tests von Produkten und Dienstleistungen (vgl. Verbraucherzentrale Bundesverband o.J.; Stiftung Warentest o.J.; Die Verbraucher Initiative 2019). Ziel dieser Institutionen ist damit vor allem die Strukturierung einer konsumenseitigen Gegenmacht, eines rational wirkenden Korrektivs zu den dargestellten, aus Marktintransparenz und Marketingeffektivität erwachsenden, Unwuchten.

Neben der solcherart institutionalisierten Konsumentenmacht existiert jedoch noch eine weitere, nicht oder nur wenig institutionalisierte und vielfach unstrukturierte Machtquelle, deren Wirksamkeit aber kaum zu unterschätzen ist: das Internet als digitale Plattform konsumentenseitigen Austauschs. Mit Facebook, WhatsApp, YouTube, Twitter & Co. verfügen Konsumenten über die Macht, ihre Meinung über Unternehmen und Produkte, sei sie gerechtfertigt oder nicht, in Sekundenschnelle an eine nahezu beliebig große Community zu verbreiten und damit eine Öffentlichkeit herzustellen, die vor dem Zeitalter der Digitalisierung für einzelne Personen kaum erzielbar gewesen ist. Diverse *Shitstorms*, denen sich viele Konsumgüterhersteller bei Werbekampagnen in jüngster Zeit ausgesetzt sahen (man denke z. B. an die auch in der Presse verbreiteten Vorfälle bei Nivea, H&M oder Lidl; vgl. Saal 2018), zeugen von der Wucht und Geschwindigkeit, mit der Unternehmen von einer aktiven,marketingbasierten Beeinflusser- in eine passive Verteidigungsrolle gedrängt werden. Ähnliche, wenngleich meist durch betreiberseitige Überwachung kontrollierte Macht entfalten Bewertungsportale wie Yelp, KennstDuEinen, tripadvisor oder ähnliche Plattformen, auf denen Kunden ihre Unternehmens- und Produkterfahrungen hinterlegen können. Aus diesem digitalisierungsgetriebenen Machtgewinn erwächst jedoch zugleich auch eine konsumentenseitige Verantwortung, nämlich die eines fairen und gerechtfertigten Umgangs mit solchen Machtinstrumenten.

Die sanfte Macht?

Spätestens seit der Bekanntgabe der Verleihung des Alfred-Nobel-Gedächtnispreises für Wirtschaftswissenschaften an Richard Thaler im Jahre 2017 wird der Begriff des Nudgings kontrovers diskutiert. Unter Nudge bzw. Nudging (dt. *anstupsen*) versteht man eine Maßnahme, mit der das Entscheidungsverhalten von Menschen in voraussagbarer Weise verändert werden kann, ohne dabei die Entscheidung durch Verbote, Gesetze oder ökonomische Anreize einzugrenzen. Dem von Thaler und Sunstein (2008) popularisierten und mittlerweile etablierten Begriff Nudge, als Instrument der Verhaltensökonomik, liegt eine bemerkenswerte Entwicklung zugrunde. Die Lager der Proponenten, die in Nudging eine legitime Einflussnahme sehen, und Opponenten, für die die Grenze der Manipulation überschritten ist, schienen dabei relativ ausgeglichen (vgl. Marteau et al. 2011, S. 264). Bis weit ins 20. Jahrhundert prägte das Modell des *Homo oeconomicus* das klassische ökonomische Gedankengut. In diesem Modell wird der Mensch als rational-eigennützig handelnder wirtschaftlicher Akteur dargestellt (vgl. Dietz 2005). Das Bild vom Konsumenten als *Homo oeconomicus* stellte den idealtypischen Gegenpol zum rational handelnden Gutenbergschen Unternehmen dar, womit quasi Waffengleichheit und ein Ausgleich der Interessen auf Augenhöhe suggeriert werden. Wenn beide das Spiel nach den gleichen Spielregeln spielen, dürfte keine Seite strukturell benachteiligt sein. Als Teil der Partialanalyse geriet dieses Modell insbesondere im letzten Viertel des 20. Jahrhunderts auch im angelsächsischen Raum zunehmend in die Kritik, da es, aufgrund der zunehmenden Komplexität der Wirtschaft sowie der Annahme, Menschen könnten nicht immer rational entscheiden, im Bereich der Verhaltensökonomik als unzureichend angesehen wurde. Herbert Simon (1997) prägte in diesem Kontext den Begriff *Bounded Rationality*, also einer beschränkten Rationalität, die auf äußere Umstände und (dadurch) limitierte kognitive Fähigkeiten des Menschen zurückzuführen ist bzw. daraus resultiert. Aufbauend auf den Erkenntnissen Simons veröffentlichten Kahneman und Tversky (1979) die sogenannte *Prospect Theory*. Diese Theorie erweitert den zu untersuchenden Entscheidungsprozess um die Variable Risiko und zeigt abermals, dass die klassische Annahme des rationalen Menschen in diesem Kontext ungenügend ist.

Trotz der berechtigten Kritik an der auf einer Ceteris-paribus-Klausel, also unter sonst gleichen Bedingungen, basierenden Idee des Homo oeconomicus dominiert sie auch die modernen ökonomischen Modelle (vgl. Rubinstein 1998, S. 10 ff.). Grund dafür ist der zugrunde liegende Untersuchungsgegenstand; während in der klassischen Ökonomik der rationale Mensch nur dazu dient, das Verhalten respektive das Resultat der Entscheidung eines Menschen zu untersuchen, spielt für die moderne Verhaltensökonomik der Entscheidungsprozess eine wesentliche Rolle. Als Resultat gilt ein Appell an die Wirtschaftswissenschaften, sich bei Entscheidungsprozessen weniger auf den Homo oeconomicus, sondern auf den Homo sapiens in einem ökonomischen Kontext zu beziehen. Thaler verband 1991, was die Konsumentenforschung und die kritische Ökonomie der 1970er- und 1980er-Jahre in Deutschland schon lange vor- und auch weitergedacht hatten, den Homo sapiens im ökonomischen Kontext mit verhaltensökonomischen Erkenntnissen und psychologischen Ansätzen. Seine Erkenntnisse in der Forschung der Entscheidungsprozesse bzw. der Beeinflussung solcher entscheidungsbezogenen Prozesse nutzte er, um anschließend in Zusammenarbeit mit Sunstein (Thaler und Sunstein 2008) aufzuzeigen, dass die selektionale Phase (Entscheidung) von Menschen gesteuert werden kann, ohne dabei durch Störfaktoren die präselektionalen Phasen (Problemformulierung, Informationsbeschaffung, Suche nach Alternativen, vergleichende Bewertung) zu sabotieren.

Politische wie ökonomische Akteure versuchen dabei im Sinne eines „libertären Paternalismus" andere Akteure dazu zu bewegen, „richtige" und „gute" Entscheidungen zu treffen, wobei die normative Basis dieser Einflussnahme nicht immer deutlich wird. Der von Thaler und Sunstein (2008) verwendete Begriff des libertären Paternalismus stellt sich in einer liberalen Gesellschaft als Paradoxon dar: insbesondere, weil die konstruierten Umstände bzw. die Absicht hinter einem Nudge für die damit konfrontierte Person nicht immer durchsichtig erscheinen.

Thaler und Sunstein begründen die Begrifflichkeit durch die uneingeschränkte Entscheidungsfreiheit, die das Nudging verspricht. Prominente Szenarien sind jedoch beispielsweise die gezielte Platzierung gesunder Lebensmittel im Vordergrund einer Kantine oder die Vormarkierung vernünftiger Vertragsoptionen. Grundsätzlich ist das Prinzip des Nudgings jedoch stets so aufgebaut, dass das als irrational empfundene Verhalten der Person durch den Nudge so beeinflusst wird, dass er letztendlich zu einer rationalen Entscheidung führt. Thaler und Sunstein zufolge sollte ein Entscheidungsarchitekt mit einem Nudge stets wohlwollende Absichten verfolgen und die Wahrscheinlichkeit, Schäden anzurichten, minimieren. Diese Absicht bzw. Motivation wird zusammengefasst als libertärer Paternalismus bezeichnet (Thaler und Sunstein 2008, S. 106). Der widersprüchliche Begriff wird hierbei dadurch begründet, dass bei einem Nudge der Aspekt der Entscheidungsfreiheit weder durch Verbote, Gesetze, eingeschränkte Wahlmöglichkeiten noch ökonomische Anreize eingeschränkt wird. So soll ein Nudge letztendlich eine Verbindung zwischen den Kernelementen der Libertät und einem sanften Paternalismus schaffen (Thaler und Sunstein 2008, S. 14 f.).

Die Verhaltensökonomik und Teilbereiche der Wirtschaftspsychologie erfreuen sich seit geraumer Zeit nicht nur zunehmender Beliebtheit in Politikgestaltung und -umsetzung (vgl. Madrian 2014). Insbesondere durch Einsatz der Nudging-Methode in diversen Szenarien erhoffen sich verschiedene Akteure eine Erhöhung des Grads der „Rationalität" in der Entscheidungsfindung eines Individuums, wobei die Grenzen zwischen ökonomischer, sozialer und politischer Einflussnahme im Diffusen bleiben. Aus ethischer Sicht müssen insofern Zweifel angemeldet werden, als jede Form des Paternalismus zur Bevormundung und somit Degradierung anderer führt, was unvermeidlich auch die Freiheit des Einzelnen einschränkt (vgl. Kant 1793, S. 290 f.), insbesondere wenn die Methoden und die Absicht dahinter für die Betroffenen intransparent bleiben, oder wie Kant es an anderer Stelle sehr eindeutig formulierte: „Alle auf das Recht anderer Menschen bezogene Handlungen, deren Maxime sich nicht mit der Publizität verträgt, sind unrecht." (Kant 1775, S. 381).

Es bleibt ungeklärt, ob bestimmte einzelne oder kollektive Akteure für sich in Anspruch nehmen können, in ihrer Denkweise rationaler zu sein als alle übrigen Teilnehmer der Gesellschaft, oder ob die Freiheit dem Menschen dadurch moraldiktatorisch auferlegt wird. Schicksalhaft relevant erscheint in diesem Zusammenhang der Aufruf Dierksmeiers, Freiheit qualitativ zu betrachten. Die in seinem Werk *Qualitative Freiheit: Selbstbestimmung in weltbürgerlicher Verantwortung* (Dierksmeier 2016) unterbreiteten Offerten sollen eine wertvolle, nachhaltige und kosmopolitische Idee der Freiheit ermöglichen, die einen vernünftigen Mittelweg zwischen nutzenmaximierender, quantitativer Freiheit und moraldiktatorischem

Paternalismus bildet. Freiheit wird durch die Leitbilder, die ihr zugrunde liegen, bestimmt. Bei der quantitativen Freiheit sehen diese in der Regel lediglich den rationalen Menschen und die ökonomische Maximierung des Einzelnen vor. Dabei werden ökonomische, soziale und ökologische Verantwortung und damit einhergehende normative Leitbilder außen vorgelassen. Ziel einer quantitativen Freiheit ist also die reine Erhöhung der Anzahl der individuellen Optionen und die Missachtung eigentlichen menschlichen Verhaltens und menschlicher Werte/Moralkompetenzen zugunsten der Quantifizierbarkeit. In Modelltheorien kann diese Ausklammerung durchaus sinnvoll sein; in der Realität lässt sich dies langfristig jedoch kaum durchsetzen, da Rationalität und Selbstinteresse zwangsläufig zu Spannungen zwischen einzelnen Homines oeconomici führen würde (vgl. Dietz 2005; Dierksmeier 2016).

Grundsätzlich gibt es nach Thaler und Sunstein (2008) drei verschiedene Rahmen, innerhalb welcher Nudging durchgeführt werden kann, die sich nur in ihrem zu verändernden Umstand unterscheiden. Für einen funktionierenden Nudge bedarf es erstens einer durchführenden Person mit Entscheidungsmacht, des sogenannten „Entscheidungsarchitekten", zweitens einer Rahmenbedingung, die es auf Basis heuristischer Daten zu verändern gilt, und drittens einer Person/Gruppe/Gesellschaft, die in ihrer Entscheidung beeinflusst werden soll. Das Instrumentarium nutzt die Annahme, dass Menschen überwiegend den Weg des geringsten Widerstands wählen. Dabei wird beispielsweise mithilfe vormarkierter Auswahlmöglichkeiten eine erwünschte Entscheidung hervorgerufen (vgl. Johnson et al. 2012, S. 491). Des Weiteren wird durch Vereinfachung und Strukturierung Nudging betrieben. Dabei werden Schlüsselinformationen und Kernelemente, die für das Resultat einer Entscheidungsfindung von Bedeutung sind, hervorgehoben. Auf diese Methode wird oft bei sehr komplexen Sachverhalten zurückgegriffen. Außerdem werden Aspekte der sozialen Normen für das Nudging verwendet. Unter sozialen Normen fasst man die in einer Gesellschaft gemeinschaftlich geteilten Werte und Erwartungen an ein gewisses Verhalten zusammen (Tutić et al. 2015, S. 627). So kann eine zielgerichtete Person durch Konfrontation mit den Entscheidungen bzw. Verhalten anderer Personen zu einer bestimmten Entscheidung geleitet werden (vgl. Thaler und Sunstein 2008, S. 79 ff.).

Nudges instrumentalisieren Erkenntnisse der Verhaltensökonomik respektive psychologische Mechanismen, um in verschiedenen Bereichen einen Mehrwert zu stiften, indem die Rationalität der Entscheidungsfinder erhöht werden soll (vgl. Thaler und Sunstein 2008, S. 331). Somit sind sie klar von verwandten Maßnahmen zur Beeinflussung von Entscheidungen, wie der Incentivierung (Anbieten von Anreizen) oder der Zwangsausübung, zu trennen. Damit Nudges besonders fruchtbar sind, setzen sie voraus, dass der zielgerichtete Mensch nicht völlig über die Absicht bzw. das Bestehen des Nudges informiert ist (vgl. Wells 2010, S. 114). Nudges werfen, insbesondere aus libertärer Sichtweise, nicht nur deshalb ethische Fragen auf und lassen am Nudging als Panacea zweifeln. Kritiker wie Waldron (2014) beispielsweise empfinden diese Form der Beeinflussung von Entscheidungen als Manipulation und Beleidigung der menschlichen Würde. Proponenten wiederum sprechen sich in der Regel für die Annahme einer begrenzten Rationalität des Menschen aus, auf die sich auch Thaler und Sunstein (2008, S. 17 f.) in ihrer Theorie stützen. Letztendlich spiegelt sich der Widerspruch, der dem Begriff des Libertären Paternalismus innewohnt, in der kontroversen Diskussion um die Methoden des Nudge und der jeweiligen empirischen Evidenz wider.

Sanft und legitim?

Im Rahmen einer begrenzten Untersuchung haben wir versucht, die Methoden des Nudgings an Kriterien qualitativer Freiheit zu messen. Dabei stellten sich folgenden Fragen: „Welche Aspekte der Freiheit werden durch Nudging berührt?", und: „Wie stark beeinflusst Nudging die Freiheit des Menschen?" Gegenstand der begrenzten Untersuchung[1] war es, die Akzeptanz der Befragten zur Beeinflussung von Entscheidungen in verschiedenen Szenarien zu erheben. Ausgehend von den zentralen Aspekten der qualitativen Freiheit nach Dierksmeier sollten Hinweise darauf gewonnen werden, welche Szenarien akzeptiert bzw. abgelehnt werden und ob Fragen zu Selbstbestimmung und Freiheit für die Befragten grundsätzlich Hemmnisse in der Akzeptanz von Nudges darstellen. Im nächsten Schritt wurden verschiedene Szenarien entwickelt und ausgewertet. Die in der folgenden Über-

---

[1] Die internetbasierte Befragung mit dem Titel „Beeinflussung von Entscheidungen" wurde 2017 an der Business School der Hochschule Fresenius in Köln unter fachlicher Betreuung von Prof. Dr. Ulrike Schuldenzucker durchgeführt. Die Autoren bedanken sich bei Frau Schuldenzucker für die hochkompetente und immer humorvolle Begleitung dieser Studie. Es war uns ein Vergnügen. Mit dem Fragebogen wurden insgesamt 106 Antworten erhoben, woraus insgesamt 105 verwertbare Datensätze entstanden sind. An der Befragung konnte online vom 13. Juni 2017–25. Juni 2017 teilgenommen werden. Bei der Auswertung des Fragebogens kamen vornehmlich Verfahren der deskriptiven Statistik zum Einsatz. Die erhobenen Daten werden also überwiegend zusammengefasst dargestellt, damit logische Zusammenhänge erkennbar werden. Verfahren der induktiven Statistik, durch die in der Regel allgemeingültige Aussagen getätigt werden können bzw. verallgemeinerbares Wissen vermittelt werden kann, erscheinen u. a. aufgrund der geringen Gesamtstichprobe von n < 150 und der Tatsache, dass der Fragebogen nicht hypothesengestützt konzipiert wurde, nicht erfolgversprechend.

sicht dargestellten Szenarien werden in gekürzter Form dargestellt, ohne dabei die ursprünglichen Inhalte und Kernaussagen zu verfälschen.

Szenarien (hier vereinfacht dargestellt)
1. [...] Schüler sollen sich besser ernähren. In der Kantine wird gesundes Essen in den Vordergrund und ungesundes Essen in den Hintergrund gestellt. [...]
2. Ihr Supermarkt möchte mehr gesunde Lebensmittel verkaufen, Dafür platziert er große grüne Pfeile auf dem Boden mit der Aufschrift „Folgen Sie für Ihre Gesundheit".
3. [...] Kleineres Geschirr führt zu weniger Essensresten. Hotels möchten weniger Essensreste und reduzieren deshalb die Größe des Geschirrs.
4. Ihr Arbeitgeber möchte, dass Sie statt dem Aufzug die Treppe nutzen. Dafür stellt er Schilder auf, die zur Treppe zeigen.
5. [...] Ihr Energieverbrauch soll abnehmen. Ihre Nebenkostenabrechnung soll deshalb [...] mit anderen Haushalten verglichen werden.
6. Ihr Staat möchte Messgeräte an Elektrogeräten anbringen lassen, die den aktuellen Energieverbrauch anzeigen. Damit möchte er, dass Sie Energie sparen.
7. [...] Die Markierung von wichtigen Informationen vereinfacht schwierige Aufgaben. Ihr Arbeitgeber möchte für Sie wichtige Informationen in Zukunft vormarkieren.
8. Ein Unternehmen möchte, dass Sie sein Produkt mit der höchsten Gewinnspanne kaufen. Dafür hebt er das Produkt im Produktvergleich besonders hervor.
9. [...] Der Mensch entscheidet sich gerne für vormarkierte Felder. [...] „Strom aus erneuerbaren Energien" soll zukünftig vormarkiert werden.
10. Um die Organspende-Quote zu erhöhen, erhält jeder einen Spenderausweis. Sie müssen den Ausweis ändern lassen, wenn Sie nicht spenden wollen.

Bei der Auswertung wurde nach signifikanten Unterschieden in der Akzeptanzrate für einzelne Szenarien bzw. Nudges gesucht. Tab. 1 stellt die Akzeptanz je Szenario in Prozenten dar und unterscheidet zwischen aktiven und passiven Nudges. Grundsätzlich kann festgehalten werden, dass die Befragten dem Einsatz von Nudging überwiegend positiv gegenüberstehen. In toto wurden die Nudges demnach häufiger akzeptiert (66 %) als abgelehnt (34 %). Die in Tab. 1 dargestellten Ergebnisse lassen vermuten, dass passive bzw. defensive Szenarien häufiger akzeptiert werden als aktive bzw. offensive Szenarien.

Abb. 1 veranschaulicht diese gruppierten Ergebnisse in einem Kreisdiagramm. Im direkten Vergleich zeigt sich, dass passive Szenarien (Nudges) verhältnismäßig

Tab. 1 Szenarien (Akzeptanz und Ablehnung)

Aktiv/Passiv	Szenarien	Akzeptanz	Ablehnung
P	Szenario 1	99 %	1 %
P	Szenario 2	80 %	20 %
P	Szenario 3	76 %	24 %
P	Szenario 4	79 %	21 %
A	Szenario 5	46 %	54 %
A	Szenario 6	65 %	35 %
A	Szenario 7	59 %	41 %
A	Szenario 8	37 %	63 %
P	Szenario 9	65 %	35 %
A	Szenario 10	50 %	50 %
Gesamt		**66 %**	**34 %**

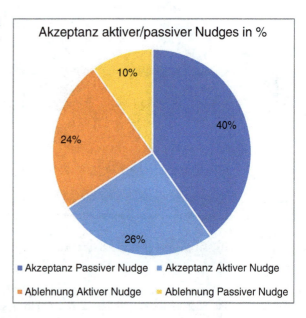

Abb. 1 Akzeptanz und Ablehnung aktiver bzw. passiver Szenarien

öfter akzeptiert werden (40 %) als aktive Nudges (26 %). Zusätzlich zeigt sich durch diese Darstellung auch, dass Szenarien, denen ein aktiver Nudge zugrunde liegt, grundsätzlich kontroversere Meinungen auslösen als Szenarien, denen ein passiver Nudge zugrunde liegt. So lehnen in der Summe (100 % aller passiven Nudges) nur 20 % der Befragten einen passiven Nudge ab, wohingegen aktive Nudges in der Summe (100 % aller aktiven Nudges) zu 48 % abgelehnt werden.

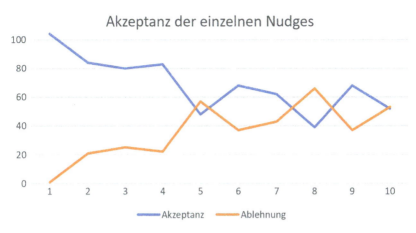

Abb. 2 Akzeptanz der einzelnen Szenarien

Welche Nudges nun besonders kontroverse Ergebnisse erzeugten und deshalb intensiver betrachtet werden sollen, erschließt sich aus Abb. 2. Sie zeigt den Verlauf der Grafen Akzeptanz (dunkle Linie) und Ablehnung (helle Linie) je Szenario/Nudge, gemessen an der Gesamtzahl (N = 105) der Stichprobe. Je weiter die Grafen auseinanderliegen, desto einheitlicher wurden sie beantwortet. Je enger die Grafen aneinander liegen, desto kontroverser wurde über sie abgestimmt. Aus der Abb. 2 heraus lassen sich insbesondere die Szenarien fünf und zehn als kontrovers betrachtete Nudges identifizieren. Außerdem fällt das achte Szenario in dieser Veranschaulichung besonders auf, da es insgesamt die höchste Ablehnungsrate aufweist. Die Szenarien fünf, acht, neun und zehn wurden deshalb unter Einbezug von im Fragebogen abgegebenen Kommentaren der Befragten nochmals detailliert analysiert. Es fällt dabei auf, dass den Befragten der Hintergrund bzw. das mit Nudges verbundene Ziel wichtig war.

Nudges, deren Absicht die Verbesserung des Gemeinwohles ist, werden grundsätzlich häufiger akzeptiert als solche, bei denen die Absichten entweder unklar sind, die nicht dem Gemeinwohl dienen oder die nicht mit den Werten der befragten Person übereinstimmen. Szenario acht wurde z. B. deshalb besonders kritisiert, weil die Absicht des Nudges lediglich als kommerziell wahrgenommen wird, also nur dem Unternehmen dient, das den Nudge durchgeführt hat. Für Außenstehende verfolgt das Unternehmen dadurch egoistische Absichten; einige Stimmen interpretierten dies sogar als Verbrauchertäuschung. Auch im Szenario fünf wurde sich nicht explizit auf die Methode des Nudge konzentriert, sondern vielmehr auf die Absichten und die Ziele, die dahinterstehen. So wurde dem Nudge beispielsweise unterstellt, er konstruiere Wettbewerbssituationen, die vom allgemeinen Ziel ablenken. Im zehnten Szenario bestätigte sich das Muster. Proponenten fokussierten sich auf das Gemeinwohl und akzeptierten deshalb den Nudge, während Opponenten deutlich selbstbezogener argumentierten und auf ihre privaten Sphären bedacht schienen.

Es zeichnete sich in der Gesamtbetrachtung besonders ab, dass der Eingriff in die Privatsphäre ein Grundhemmnis für die Akzeptanz von Nudges darstellt. Das Szenario neun, das bei der Konzeption des Fragebogens bewusst an genau dieser Stelle platziert wurde, unterstützt die Annahme, dass passive Nudges eine höhere Akzeptanz aufweisen, nur bedingt. Der Nudge wird zwar bei weitem nicht so kontrovers diskutiert wie beispielsweise der achte Nudge, jedoch ist insbesondere in der Abb. 2 zu erkennen, dass die Akzeptanzrate sich dort nicht wesentlich von den aktiven Nudges aus den Szenarien sechs und sieben unterscheidet.

Zuletzt sollte überprüft werden, ob ein Zusammenhang zwischen dem Drang nach Selbstbestimmtheit und der Einschränkung durch Nudges besteht. Gleiches soll für die Freiheitsliebe und die Einschränkung durch Nudges geschehen. Dafür wurden drei Fragen formuliert (1. „Wie wichtig ist für Sie Selbstbestimmtheit?", 2. „Wie wichtig ist für Sie Freiheit in der Entscheidungsfindung?", 3. „Wie sehr haben Sie sich bei den Szenarien in Ihrer Entscheidungsfreiheit eingeschränkt gefühlt?") Dafür werden erst die Häufigkeiten der durch die Likert-Skalen erhobenen Ausprägungen betrachtet. Abb. 3 und 4 stellen die Ergebnisse dar.

Grundsätzlich kann festgehalten werden, dass für fast alle Befragten Selbstbestimmtheit und Freiheit in der Entscheidungsfindung entweder wichtige oder sehr wichtige Werte darstellen, was zu erwarten war. Die Ergebnisse sind nahezu deckungsgleich.

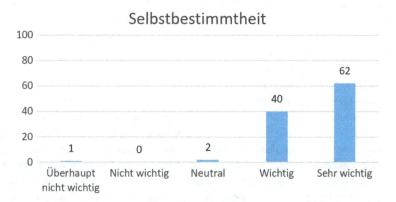

Abb. 3 Selbstbestimmtheit

Konsumentenmacht – Freiheit, Souveränität oder ökonomische ...

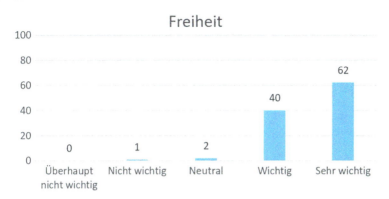

Abb. 4 Freiheit

Abb. 5 Wahrgenommene Einschränkungen

Dem gegenüber stehen die Ergebnisse der Frage nach dem persönlichen Einschränkungsempfinden durch die gesamten Szenarien. Die Ergebnisse werden in Abb. 5 dargestellt. Es wurde gefragt, wie sehr sich die Befragten bei den Szenarien in ihrer Entscheidungsfreiheit eingeschränkt fühlten. Ein Großteil der Stichprobe (47 Personen) empfand die Nudges als nicht bis überhaupt nicht einschränkend. 33 Personen empfanden die Einschränkung indifferent. Lediglich 25 Personen empfanden die Stupser als starke bis sehr starke Einschränkung.

Es ist zu vermuten, dass zwischen der Einschränkung durch Nudges und der Selbstbestimmtheit kein linearer Zusammenhang besteht. Abb. 3 und 4 zeigen, dass die Daten zu Selbstbestimmtheit und Freiheitsliebe fast deckungsgleich ausfielen. Auch hier deutet es sich an, dass zwischen der Einschränkung durch Nudges und der Freiheitsliebe kein linearer Zusammenhang besteht.

Der Tanz eines ungleichen Paars

„Gegen die Marktvergötzung quantitativer Liberaler […] ist als qualitatives Grundprinzip festzuhalten: Die Freiheit zur Selbstbestimmung soll durch Märkte realisiert, nicht unterminiert werden." (Dierksmeier 2016, S. 394)

Das von Dierksmeier (2016) erarbeitete Theorem der Qualitativen Freiheit stellt quantitativ gedachte Freiheit der qualitativ gedachten Freiheit gegenüber und resultiert dadurch in einer Idee der Freiheit, die im liberalen Grundverständnis begründet liegt (vgl. Dierksmeier 2016, S. 201 ff., 277 ff.).

Im Gegensatz zur Frage der Souveränität, die analog zu Max Weber dem bereits erläuterten Begriff der „Herrschaft" eher eine stratifizierte Zuordnung von Macht („oben" sticht „unten") suggeriert, ist der Begriff der Freiheit weit vielschichtiger, denn Freiheit wird durch die Leitbilder bestimmt, die ihr zugrunde liegen. Die Idee der quantitativen Freiheit basiert im Wesentlichen auf der Fiktion des rationalen Menschen und sieht die ökonomische Maximierung des Einzelnen vor. Ökonomische, soziale und ökologische Verantwortung und damit einhergehende normative Leitbilder werden dabei außen vor gelassen (vgl. Dierksmeier 2016, S. 204 ff.). Ziel einer quantitativen Freiheit ist also die reine Erhöhung der Anzahl der individuellen Optionen und die Missachtung eigentlichen menschlichen Verhaltens und menschlicher Werte/Moralkompetenzen zugunsten der Quantifizierbarkeit (vgl. Dierksmeier 2016, S. 372 ff.). In Modelltheorien kann diese Ausklammerung durchaus sinnvoll sein; in der Realität lässt sich dies langfristig jedoch kaum durchsetzen, da Rationalität und Selbstinteresse zwangsläufig zu Spannungen zwischen einzelnen Homines oeconomici führen würden.

Besonders in der Praxis hat in den Leitbildern zahlreicher Wirtschaftsakteure die Verantwortung, als wesentliches Motiv der Triple Bottom Line, an Prominenz gewonnen (vgl. Leisinger 2017, S. 115 ff.). Die erfolgreiche Implementierung einer sogenannten Corporate Social Responsibility sieht eine klare Abkehr von der Quantifizierbarkeit der Menschen im Sinne der Homo-oeconomicus-Anthropologie vor und forciert stattdessen den Einbezug von Werten in ihre Gestaltung (vgl. Pfriem 2011, S. 358 ff; Dierksmeier 2016, S. 374 ff.). Diese normative Ausrichtung findet sich auch in der qualitativen Freiheit wieder, die liberale Wege zu den nachhaltigen Leitbildern zukunftsfähiger Entwicklung eröffnen soll. Das Ziel einer qualitativen Freiheit auf individueller Ebene ist die Vervollkommnung der Selbstbestimmung bzw. Eigenverantwortlichkeit durch soziale Mündigkeit (vgl. Dierksmeier 2016, S. 337 f.). Auf universeller Ebene soll dadurch auf verantwortungsvolle Art und Weise eine qualitative Art der Freiheit entstehen, die die Vervielfältigung der Optionen aller Weltbürger als Ziel hat und nicht die Maximierung einzelner Optionen rationaler Agenten (vgl. Dierksmeier 2016).

Also und folglich ist qualitative Freiheit als kosmopolitische Idee zu verstehen, die im Sinne der Entgrenzung allen Weltbürgern auferlegt wurde, um sie zu kritischer Deliberation konkreter Optionen zu befähigen. Selbstbestimmung und Freiheit (in der Entscheidungsfindung) sind für die Realisierung dieser Idee von höchster Bedeutung. Ein Fremdeinwirken kann diese Idee der Freiheit vernichten (vgl. Dierksmeier 2016, S. 58).

Wir haben gesehen, dass Nudges überwiegend positiv gegenübergestanden wird. Dies ist in erster Linie kein verwunderliches Ergebnis, erfreuen sich diese Stupser doch gegenwärtig weitläufig großer Beliebtheit. Sogar politische Akteure verwenden das Instrument, um kluge Entscheidungen anzustoßen; einige sprechen dabei offener darüber als andere. En détail zeigt sich jedoch, dass die Befragten über ein gewisses Feingefühl verfügen, das sie dazu ermächtigt, paternalistische Strukturen bzw. Scheinfreiheiten zu entlarven und solchen folglich ablehnend zu begegnen. Nudging macht sich Erkenntnisse der Verhaltensökonomik zu eigen und versucht so, kluge Entscheidungen anzustoßen, ohne dabei die Entscheidungsfreiheit des Individuums einzuschränken. Dabei sollten idealerweise immer positive Absichten, die dem Gemeinwohl dienen, verfolgt werden. Nicht immer ist dies jedoch gewährleistet. Nudging entwickelt sich dadurch schnell zu einem Instrument, das in der Grauzone zwischen ethisch-moralischen Grundsätzen und dem Rationalisierungsdrang Anwendung findet. Die Methoden werden in der Öffentlichkeit sehr strittig diskutiert, denn offengelegt stellt Nudging eine halbierte respektive limitierte Scheinfreiheit dar, welche die Ursprungsidee des Liberalismus pervertiert, indem Teilbereiche dieser Weltanschauung für eigene Zwecke instrumentalisiert werden; die vermeintliche Freiheit dient dem Nudging in solchen Fällen nur als Feigenblatt. Kritisch wird Nudging vor allem deshalb, weil Interessen und Methoden für den Konsumenten in der Regel nicht transparent sind und weil damit möglicherweise der Verbrauchermanipulation weitere Türen geöffnet werden. Vor allem dann, wenn die Unternehmen in der Lage sind, dem Konsumenten gegenüber unterschiedliche Rollen zu spielen: „Es ist richtig, dass Unternehmen gewinnorientierte Akteure sind und in einer ökonomischen Logik agieren. Sie sind aber zugleich auch gesellschaftliche Akteure und verstehen es als solche in verschiedenen Logiken mit ihrer Umwelt zu interagieren." (Beschorner und Hayduk 2015, S. 223)

Dierksmeier (2016) hat mit seiner Abhandlung der Gesellschaft einen wichtigen Denkanstoß gegeben, der zu neugedachter Autonomie aufruft. Damit dieser neugedachte Zustand der Autonomie eines Subjekts gewährleistet werden kann, müssen Rahmenbedingungen gegeben sein, die den Menschen in seiner Entscheidung nicht durch fremde Einflüsse beeinträchtigen. Hierzu gehört sich auch, die strukturellen und instrumentellen Bedingungen, unter denen Konsum gestaltet wird, im Auge zu behalten. Lediglich die eigene Begrenzung der Freiheit ist in diesem Zusammenhang legitim, da sie aus eigener Überzeugung stattfindet. Unter Betrachtung der Dimensionen, die Nudging annehmen kann, könnte der Aufruf zu Selbstbestimmung in weltbürgerlicher Verantwortung kaum treffender sein, denn nur mündige Bürger bewahren demokratische Strukturen vor der Unverfrorenheit des Paternalismus, die Immanuel Kant schon zu Lebzeiten skizzierte.

Literatur

Beck, H. (2014). *Behavioral Economics: Eine Einführung*. Wiesbaden: Springer Gabler.
Becker, J. (2013). *Marketing-Konzeption. Grundlagen des ziel-strategischen und operativen Marketing-Managements*. München: Vahlen.
Becker, L. (1994). *Integrales Informationsmanagement als Funktion einer marktorientierten Unternehmensführung*. Bergisch Gladbach/Köln: Peter Lang.
Becker, L. (2017). Transformation, Kultur und das Digitale: Transformative Wissenschaft als Grenzgang. In R. Pfriem, U. Schneidewind, J. Barth, S. Graupe, & T. Korbun (Hrsg.), *Transformative Wirtschaftswissenschaft im Kontext nachhaltiger Entwicklung* (S. 463–485). Marburg: Metropolis.
Becker, L. (2019a). Schumpeters blinder Fleck. Das Spannungsfeld zwischen Markt und Unternehmer im Zeichen der Plattform-Ökonomie. In H. Frambach, N. Koubek, H. D. Kurz, & R. Pfriem (Hrsg.), *Schöpferische Zerstörung und der Wandel des Unternehmertums. Zur Aktualität von Joseph A. Schumpeter* (S. 387–410). Marburg: Metropolis.
Becker, L. (2019b). Kapitalismus macht Kultur. Zum 70. Geburtstag von Reinhard Pfriem. In L. Hochmann, S. Graupe, T. Korpus, S. Panther, & U. Schneidewind (Hrsg.), *Möglichkeitswissenschaften. Ökonomie mit Möglichkeitssinn* (S. 517–527). Marburg: Metropolis.
Becker, L., & Ray, A. (2017). Ehrbarer Kaufmann oder verantwortungsvoller Unternehmer? Mythen, Spannungen und Interessenskonflikte im Umgang mit Verantwortung im Marketing. In C. Stehr & F. Struve (Hrsg.), *CSR und Marketing. Nachhaltigkeit und Verantwortung richtig kommunizieren* (S. 41–57). Wiesbaden: Springer Gabler.
Beschorner, T., & Hayduk, T. (2015). Creating Shared Value: Eine Grundsatzkritik. *zfwu, 16*(2), 219–223.
Biervert, B. (1984). Marketing und Verbraucherpolitik. Ein Resümee. In A. Hermanns & A. Meyer (Hrsg.), *Zukunftsorientiertes Marketing für Theorie und Praxis. Festschrift zum sechzigsten Geburtstag von Paul W. Meyer*. Berlin: Duncker und Humblot.
Biervert, B., Fischer-Winkelmann, W. F., & Rock, R. (1977). *Grundlagen der Verbraucherpolitik. Eine gesamt- und einzelwirtschaftliche Analyse*. Reinbek: Rowohlt.

Biervert, B., Fischer-Winkelmann, W. F., & Rock, R. (Hrsg.). (1978). *Verbraucherpolitik in der Marktwirtschaft*. Reinbek: Rowohlt.

Broda, S. (2005). *Marketing-Praxis. Ziele, Strategien, Instrumentarien*. Wiesbaden: Gabler.

Bruhn, M. (2016). *Marketing. Grundlagen für Studium und Praxis*. Wiesbaden: Springer Gabler.

Budzinski, O., & Kerber, W. (2003). *Megafusionen, Wettbewerb und Globalisierung. Praxis und Perspektiven der Wettbewerbspolitik*. Stuttgart: Lucius & Lucius.

Bundeskartellamt. (2016). Arbeitspapier – Marktmacht von Plattformen und Netzwerken. *Bundeskartellamt*. https://www.bundeskartellamt.de/SharedDocs/Publikation/DE/Berichte/Think-Tank-Bericht.pdf?__blob=publicationFile&v=2. Zugegriffen am 02.09.2019.

Demary, V., & Diermeier, M. (2015). Fusionen und Übernahmen in der deutschen Industrie – Auf dem Weg zur Industrie 4.0? *IW-Trends*. https://www.iwkoeln.de/studien/iw-trends/beitrag/vera-demary-matthias-diermeier-fusionen-und-uebernahmen-in-der-deutschen-industrie-247559.html. Zugegriffen am 02.09.2019.

Dierksmeier, C. (2016). *Qualitative Freiheit: Selbstbestimmung in weltbürgerlicher Verantwortung*. Bielefeld: Transcript.

Dietz, A. (2005). *Der homo oeconomicus: Theologische und wirtschaftsethische Perspektiven auf ein ökonomisches Modell*. Gütersloh: Gütersloher Verlagshaus.

Die Verbraucher Initiative e.V. (2019). Leitbild und Profil. *Verbraucher Initiative*. https://verbraucher.org/ueber-uns/leitbild-und-profil/leitbild-profil. Zugegriffen am 05.09.2019.

Eckelt, E. (1982). *Die natürliche Wirtschaftsordnung der wirtschaftlichen Arbeitsdreiteilung*. Berlin: Duncker & Humblot.

Fetscherin, M., & Heinrich, D. (2014). Consumer brand relationships: A research landscape. *Journal of Brand Management, 21*, 366–371.

Fetscherin, M., & Heinrich, D. (2015). Consumer brand relationships research: A bibliometric citation meta-analysis. *Journal of Business Research, 68*(2), 380–390.

Fischer-Winkelmann, W. F. (1973). Marginalien zur Konsumentensouveränität als einem Axiom der Marketing-Theorie. *Zeitschrift für Betriebswirtschaftliche Forschung, 25*, 161–175.

Foucault, M. (1977). *Discipline and punish: The birth of the prison*. New York: Random House.

Gerstenberger, J. (2018). M&A-Deals im deutschen Mittelstand – Verarbeitendes Gewerbe besonders gefragt. *KFW*. https://www.kfw.de/PDF/Download-Center/Konzernthemen/Research/PDF-Dokumente-Fokus-Volkswirtschaft/Fokus-2018/Fokus-Nr.-228-Oktober-2018-M-A_Deals.pdf. Zugegriffen am 20.08.2019.

Ginten, E. A., & Ehrenstein, C. (2017). Die gefährliche Machtkonzentration im Ernährungssektor. Welt v. 10.01.2017. *Die Welt*. https://www.welt.de/wirtschaft/article161021610/Die-gefaehrliche-Machtkonzentration-im-Ernaehrungssektor.html. Zugegriffen am 25.08.2019.

Goldmann, E. (2005). *Rechtliche Rahmenbedingungen für Internet-Auktionen*. Berlin: TENEA.

Gu, X. (2012). Strukturelle Macht: Eine dritte Machtquelle? *Österreichische Zeitschrift für Politikwissenschaft (ÖPZ), 41*(3), 259–275.

Gutenberg, E. (1929). *Die Unternehmung als Gegenstand betriebswirtschaftlicher Theorie*. Berlin/Wien: Spaeth & Linde.

Hain, C., Kenning, P., & Lehmann-Waffenschmidt, M. (2007). Neuroökonomie und Neuromarketing. *Wist – Wirtschaftswissenschaftliches Studium, 10*, 498–505.

von Hippel, E. (1986). *Verbraucherschutz.* Tübingen: J.C.B. Mohr.

Homburg, C. (2017). *Marketingmanagement. Strategie – Instrumente – Umsetzung – Unternehmensführung.* Wiesbaden: Springer Gabler.

IFH Köln. (2019). Gamechanger Plattformökonomie – Verhaltensänderungen verstehen und Spielregeln bedienen. *IFH Köln.* https://www.ifhshop.de/studien/e-commerce/309/gamechanger-plattformoekonomie. Zugegriffen am 02.09.2019

Jäckering, W. (1977). *Die politischen Auseinandersetzungen um die Novellierung des Gesetzes gegen Wettbewerbsbeschränkungen (GWB).* Berlin: Duncker & Humblot.

Johnson, E. J., Shu, S. B., Dellaert, B. G., Fox, C., Goldstein, D. G., Häubl, G., et al. (2012). Beyond nudges: Tools of a choice architecture. *Marketing Letters, 23*(2), 487–504.

Kahnemann, D., & Tversky, A. (1979). Prospect theory: An analysis of decision under risk. *Econometrica, 47*(2), 263–291.

Kant, I. (1775). Zum ewigen Frieden. Ein philosophischer Entwurf. In *Kants Werke* (Bd. VIII, S. 341–385). Berlin: Akademie-Ausgabe.

Kant, I. (1793). Über den Gemeinspruch: Das mag in der Theorie richtig sein, taugt aber nicht für die Praxis. In *Kants Werke* (Bd. VIII, S. 273–313). Berlin: Akademie-Ausgabe.

Kappler, E. (2008). *Kritische Betriebswirtschaftslehre – eine Episode im letzten Drittel des 20. Jahrhunderts?* Universität Wuppertal. http://www.1968.uni-wuppertal.de/bilanz/kappler/kritische_bwl.pdf. Zugegriffen am 24.10.2019.

König, W. (2000). *Geschichte der Konsumgesellschaft.* Stuttgart: Franz Steiner.

Kroeber-Riel, W. (1972). Über die Schönfärberei in der Werbelehre – faktische und normative Aspekte der menschlichen Verhaltenssteuerung. *Wirtschaftswissenschaftliches Studium, 1*, 127–129.

Kroeber-Riel, W. (1984). *Konsumentenverhalten.* München: Vahlen.

Kroeber-Riel, W. (1993). *Strategie und Technik der Werbung.* Stuttgart: Kohlhammer.

Kroeber-Riel, W., & Gröppel-Klein, A. (2013). *Konsumentenverhalten.* München: Vahlen.

Kuß, A. (2004). Marketing. In L. Irgel (Hrsg.), *Gablers Wirtschaftswissen für Praktiker. Zuverlässige Orientierung in kaufmännischen Fragen* (S. 391–450). Wiesbaden: Gabler.

Lange, F. A. (1865). *Die Arbeiterfrage in ihrer Bedeutung für Gegenwart und Zukunft.* Hildesheim/New York: Olms.

Lange, F. A. (1886). *Geschichte des Materialismus und Kritik seiner Bedeutung in der Gegenwart.* Norderstedt: BoD.

Leisinger, K. M. (2017). Legalität oder Legitimität im Kontext internationalen Wirtschaftens. *Forum Wirtschaftsethik.* https://www.forum-wirtschaftsethik.de/legalitaet-oder-legitimitaet-im-kontext-internationalen-wirtschaftens. Zugegriffen am 28.08.2019.

Luhmann, N. (1969). Klassische Theorie der Macht: Kritik ihrer Prämissen. *Zeitschrift für Politik, 16*, 149–170.

Madrian, B. C. (2014). Applying insights from behavioral economics to policy design. *Annual Review of Economics, 6*, 663–688.

Marteau, T. M., Ogilivie, D., Roland, M., Suhrcke, M., & Kelly, M. P. (2011). Judging and nudging: Can nudging improve population health? *British Medical Journal, 342*(3), 263–265.

Marx, K., & Engels, F. (1848). Manifest der Kommunistischen Partei. In K. Marx & F. Engels (Hrsg.), *Karl Marx – Friedrich Engels – Werke* (Bd. 4, S. 459–493). Berlin: Dietz.

Maslow, A. (1943). A theory of human motivation. *Psychological Review, 50*(4), 370–396.

Meffert, H., Burmann, C., Kirchgeorg, M., & Eisenbeiß, M. (2019). *Marketing. Grundlagen marktorientierter Unternehmensführung. Konzepte – Instrumente – Praxisbeispiele.* Wiesbaden: Springer.

Metz, R. (2017). Smartphones are weapons of mass manipulation, and this guy is declaring war on them – Tristan Harris thinks big tech is taking advantage of us all. Can its power be used for good? *MIT TechnologyReview.* https://www.technologyreview.com/s/609104/smartphones-are-weapons-of-mass-manipulation-and-this-guy-is-declaring-war-on-them/. Zugegriffen am 01.07.2019.

Packard, V. (1983). *Die geheimen Verführer.* Düsseldorf: Ullstein.

Pfriem, R. (2011). *Unternehmensstrategien: Ein kulturalistischer Zugang zum Strategischen Management.* Marburg: Metropolis.

Regalado, A. (2019). Facebook is funding brain experiments to create a device that reads your mind. *MIT TechnologyReview.* https://www.technologyreview.com/s/614034/facebook-is-funding-brain-experiments-to-create-a-device-that-reads-your-mind/. Zugegriffen am 01.08.2019.

Rinne, S., & Rennhak, C. (2006). Information Overload – warum wir in der Kommunikation neue Wege gehen müssen. *Munich Business School.* https://www.munich-business-school.de/fileadmin/mbs_daten/dateien/working_papers/mbs-wp-2006-05.pdf. Zugegriffen am 10.08.2019.

Rock, R., & Rosenthal, K. (1986). *Marketing=Philosophie.* Frankfurt/Bern/New York: Peter Lang.

Rubinstein, A. (1998). *Modeling bounded rationality.* Cambridge: MIT Press.

Saal, M. (2018). H&M, Lidl & Co. im Shitstorm. Warum die Kultur des Machenlassens abgeschafft gehört. *Horizont.* https://www.horizont.net/marketing/kommentare/HM-Lidl%2D%2DCo-im-Shitstorm-Warum-die-Kultur-des-Machenlassens-abgeschafft-gehoert-164010. Zugegriffen am 05.09.2019.

Santos-Pinto, L. (2016). Rationales und irrationales Konsumverhalten. *Die Volkswirtschaft.* https://dievolkswirtschaft.ch/content/uploads/2016/06/2016_4-D.pdf. Zugegriffen am 27.08.2019.

Scharf, A., Schubert, B., & Hehn, P. (2015). *Marketing. Eine Einführung in Theorie und Praxis.* Stuttgart: Schäffer-Poeschel.

Simmel, G. (1903:2018). *Das Abenteuer des Lebens. Philosophische Versuche.* Berlin: Wagenbach.

Simon, H. A. (1997). *Models of bounded rationality: Empirically grounded economic reason* (3. Aufl.). Cambridge: MIT Press.

Smith, A. (1776). *Wohlstand der Nationen.* München: dtv.

Sögüt, M., Sohn, G., & Becker, L. (2018). Wie Chatbots die Kommunikation verändern. *Lehre und Forschung.* https://lehreundforschung.hs-fresenius.info/nexteconomyopen-die-online-konferenz. Zugegriffen am 01.07.2019.

Stiftung Warentest. (o.J.). Über uns. *Stiftung Warentest.* https://www.test.de/unternehmen/. Zugegriffen am 05.09.2019.

Strange, S. (1988). *States and markets.* London: Bloomsbury Academic.

Strange, S. (1996). *The retreat of the state. The diffusion of power in the world economy.* Cambridge: Cambridge University Press.

Tamm, M. (2011). *Verbraucherschutzrecht. Europäisierung und Materialisierung des deutschen Zivilrechts und die Herausbildung eines Verbraucherschutzprinzips.* Tübingen: Mohr Siebeck.

Thaler, R. H., & Sunstein, C. R. (2008). *Nudge. Improving decisions about health, wealth, and happiness.* New Haven/London: Yale University Press.

Tutíc, A., Zschache, J., & Voss, T. (2015). Soziale Normen. In N. Braun & N. J. Saam (Hrsg.), *Handbuch Modellbildung und Simulation in den Sozialwissenschaften* (S. 627–662). Wiesbaden: Springer VS.

Umdasch (o.J.). Smart tracking. Digital retail product guide. *Umdasch.* https://www.umdasch.com. Zugegriffen am 30.08.2019.

Verbraucherzentrale Bayern e. V. (2018). Fälschungen bei Bewertungen – Bekämpfen Online-Portale sie wirksam? *Marktwächter.* https://www.verbraucherzentrale.nrw/sites/default/files/2018-12/Bewertungen_Untersuchung_Marktwaechter.pdf. Zugegriffen am 30.08.2019.

Verbraucherzentrale Bundesverband (o.J.). Über uns. *Verbraucherzentrale.* https://www.verbraucherzentrale.de/ueber-uns. Zugegriffen am 05.09.2019.

Waldron, J. (2014). It's all for your own good. *NY Books.* http://www.nybooks.com/articles/2014/10/09/cass-sunstein-its-all-your-own-good. Zugegriffen am 21.07.2017.

Weber, M. (1922). *Wirtschaft und Gesellschaft. Grundriss der verstehenden Soziologie.* Frankfurt a. M.: Zweitausendeins.

Wells, P. (2010). A nudge one way, a nudge the other: Libertarian paternalism as political strategy. *People, Place & Policy Online, 4*(3), 111–118.

Winkler, A. (2018). „Corporations are people" is built on an incredible 19th-century lie. *The Atlantic.* https://www.theatlantic.com/business/archive/2018/03/corporations-people-adam-winkler/554852/. Zugegriffen am 01.07.2019.

Wöhe, G., Döring, U., & Brösel, G. (2016). *Einführung in die Allgemeine Betriebswirtschaftslehre.* München: Vahlen.

Wolfangel, E. (2017). Ein Königreich für deine Konsumwünsche. *Zeit Online.* https://www.zeit.de/digital/datenschutz/2017-04/konsum-zukunft-tracking-google-beacons-einzelhandel. Zugegriffen am 30.08.2019.

Zuboff, S. (2019). Surveillance Capitalism – Überwachungskapitalismus. *APuZ, 24–26,* 4–9.

Prof. Dr. rer oec. Lutz Becker leitet die Business School und als Studiendekan den Masterstudiengang „Sustainable Marketing und Leadership" an der Hochschule Fresenius im Fachbereich Wirtschaft und Medien in Köln. Seine Forschungsschwerpunkte sind digitale und gesellschaftliche Transformation, Strategie und Führung, Sustainable Business Development, Narrative und Innovation.

Ausgewählte Veröffentlichungen

- Becker, L. (2019): Schumpeters blinder Fleck. Das Spannungsfeld zwischen Markt und Unternehmer im Zeichen der Plattform-Ökonomie. In: Hans Frambach,

Norbert Koubek, Heinz D. Kurz und Reinhard Pfriem (Hrsg.): Schöpferische Zerstörung und der Wandel des Unternehmertums. Zur Aktualität von Joseph A. Schumpeter. Marburg: Metropolis, S. 387–410
- Becker, L. (2018): Nachhaltiges Business Development Management. Strategien für die Transformation. Wiesbaden: Springer Gabler
- Hurrelmann, K., Becker, L., Fichter, K., Mahammadzadeh, M. & Seela, A. (Hrsg.) (2018). Klima-LO: Klimaanpassungsmanagement in Lernenden Organisationen. Oldenburg, Köln. Unter https://uol.de/innovation/forschung/klima-lo
- Scherf, J./Becker, L. (2018): Nachhaltigkeitsstrategie auf kommunaler Ebene unter Einbeziehung von Multi-Stakeholder-Diskursen. In: Ökologisches Wirtschaften 2/2018, S. 35–40
- Becker, L. (2017): Transformation, Kultur und das Digitale: Transformative Wissenschaft als Grenzgang. In: R. Pfriem, U. Schneidewind, J. Barth, S. Graupe, Th. Korbun (Hrsg.): Transformative Wirtschaftswissenschaft im Kontext nachhaltiger Entwicklung. Marburg: Metropolis, S. 463–485

Christian Barbuia ist Consultant bei Deloitte Digital und beschäftigt sich mit der Verknüpfung von strategischen und technologischen Ansätzen. Er ist Absolvent des Masterstudiengangs „Sustainable Marketing & Leadership" der Business School der Hochschule Fresenius in Köln und hat einen Bachelor in „Automotive Business" der Hochschule Nürtingen-Geislingen. Seine Themenschwerpunkte liegen u. a. in den Bereichen Nudge Theory, Zukunftsszenarien, Sustainability und Wirtschaftspolitik.

Dr. rer. pol. Guido Scholl ist seit 2017 Dozent für Betriebswirtschaftslehre mit den Schwerpunkten Marketing, Vertriebsmanagement und Handel an der Hochschule Fresenius, Fachbereich Wirtschaft und Medien, in Köln. Zuvor war er als selbstständiger Unternehmensberater in der betriebswirtschaftlichen Managementberatung sowie in Leitungsfunktionen verschiedener Konzernunternehmen des Konsumgüterbereiches tätig.

Ausgewählte Veröffentlichungen

- Rafflenbeul-Schaub, C./Scholl, G./Müller-Hagedorn, L. (2018). Die Folgen der Dynamik im Einzelhandel für die Beschäftigung. Eine Analyse für die Zeit von 1960–2017. Explorationen (Fachbeiträge für Handel und Logistik), Nr. 01/2018, Suderburg. (DOI: https://doi.org/10.26271/opus-1017).
- Nentwig, H./Obermeier, T./Scholl, G. (2012). Ökonomische Fitness. Arbeitspapiere der FOM, Nr. 29, Essen. (ISSN 1865-5610).
- Scholl, G./Rehfisch, F.-J. (2009). Öffentliche Fördermittel – Konkrete Finanzierungshilfen für kleine und mittelständische Unternehmen, in: Handel im Fokus, Mitteilungen des Instituts für Handelsforschung an der Universität zu Köln, 61. Jg., Heft IV, November 2009, S. 242–247. (ISSN 0531-030X).
- Scholl, G. (1996). Die Faktoren Raum und Einrichtungsmittel im Ladenfacheinzelhandel des mittelfristigen Bedarfs unter besonderer Berücksichtigung des Textil- und Schuhfacheinzelhandels. Frankfurt am Main: Peter Lang. (ISBN 9783631301081).

Die Illusion der Konsumentenmacht

Thomas Levermann

Machtansprüche

Wenn sich auf einem Markt Produzenten und Konsumenten treffen, dann werden Informationen über Angebot und Nachfrage, Waren und Wünsche ausgetauscht. Dabei sind Märkte öffentlich – nicht nur, um zu kaufen, sondern auch und gerade, um sich zu informieren. Inwiefern Informationsaustauschprozesse letztlich zu einem Tausch von Ware gegen Geld oder wieder Ware führen, regelt die „unsichtbare Hand", die faktisch den Preis des Tausches koordiniert. Dieser Preis kann dadurch als Kompromiss aus funktionalen und kausalen Abhängigkeiten von Angebot und Nachfrage verstanden werden. Ob der Preis den inneren Wert des Produktes ausdrückt oder das, was es dem Käufer subjektiv wert ist, darüber herrscht bis heute keine Klarheit. So bleibt der Preis letztlich der Versuch, die verschiedenen Ansichten darüber auf einen Nenner zu bringen. Dabei herrschen unterschiedliche Interessen vor: Der Anbieter will den Preis maximieren, der Konsument will ihn minimieren. Für Adam Smith, den Begründer der klassischen Nationalökonomie, ist Konsum der einzige Sinn und Zweck der Produktion und den Interessen der Produzenten solle man nur insoweit Beachtung schenken als nötig ist, die Interessen der Verbraucher zu fördern (vgl. Smith 2018). Für ihn hat sich die Machtfrage gar nicht erst gestellt.

T. Levermann (✉)
Hochschule Fresenius, Düsseldorf, Deutschland
E-Mail: Levermann@hs-fresenius.de

© Springer Fachmedien Wiesbaden GmbH, ein Teil von Springer Nature 2020
J. Rommerskirchen (Hrsg.), *Die neue Macht der Konsumenten*,
https://doi.org/10.1007/978-3-658-28559-3_4

Die Wahrheit aber ist: Auf beiden Seiten wird gelogen und getrickst, erpresst und gedroht. Und wer auf einen Markt geht, der weiß das im Grunde auch (vgl. Metz und Seeßlen 2019). Da bestellen Kunden Lebensmittel bei Amazon Pantry, reklamieren die Ware im Rahmen des gesetzlichen Rückgaberechts und bekommen das Geld zurückerstattet. Das alles aber in dem Wissen, dass auf die faktische Rücksendungsforderung der Ware verzichtet wird, und so nutzen sie das System aus (vgl. Tagesspiegel 2018). Da sperrt die kalifornische und international erfolgreiche Shopping-App „Wish" Nutzerkonten unangekündigt mit dem Vorwurf, die Rückgabe- und Rückerstattungsrichtlinien auszunutzen, mit der Folge, dass diese Kunden vom Kundenservice ausgeschlossen werden, um offene Bestellungen zurückzusenden, Mängel zu reklamieren oder verloren gegangene Lieferungen zu klären (vgl. Verbraucherzentrale Bundesverband 2019). Insofern werden auf Märkten nicht nur Informationen getauscht, sondern auch Machtansprüche, um Hoheit über das Verhalten des Geschäftspartners zu erlangen.

Souveränität

Die rechtliche Selbstbestimmung und die willentliche, freie Entscheidung zum Kauf einer Ware nach Maßgabe der Konsumpräferenzen ist das Primat in Ökonomien demokratischer Gesellschaften. Das Konzept der Konsumentensouveränität ist deshalb rückblickend zum bedeutendsten Leitbild der Marktwirtschaft geworden, demzufolge die Nachfrage der Konsumenten produktionslenkende Wirkung hat (vgl. Smith 2018; Srnka und Schweitzer 2000). Dieses Bild vom souveränen Konsumenten kann auf Märkten gelten, deren Strukturen als Käufermärkte beschrieben werden können. Hier ist das Angebot größer als die Nachfrage und die Dominanz liegt auf Seiten der Nachfrager. Diese Marktstrukturen weisen inzwischen nahezu alle Branchen auf (vgl. Becker 2019). Demgegenüber lässt sich auch ein Bild der Produzentensouveränität zeichnen. Danach hat das Angebot der Produzenten eine nachfragelenkende Wirkung, die durch das Marketing gesteuert wird. Diese Auffassung, nach der wenige große Unternehmen multinational über die Werbung Verbraucherbedürfnisse schaffen und die Nachfrage steuern, vertritt John Kenneth Galbraith (2007). Die gegenseitigen Wünsche und Ansprüche zweier souveräner Akteure sind demnach Gegenstand von Aushandlungsprozessen und Verhandlungen.

Weil Macht ein zentrales menschliches Anliegen ist, war sie auch immer schon Gegenstand intensiver Forschungen der Soziologie und Psychologie (siehe den Überblick bei Magee und Galinsky 2008). Von besonderem Interesse sind aktuell die Machtverschiebungen in Internet- und Social-Media-Kontexten bedingt durch die Entwicklungen des digitalen Zeitalters (vgl. Labrecque et al. 2013). Dieser Beitrag will die Bedingungen der Möglichkeit von Macht und Ohnmacht auf Konsummärkten beschreiben und darstellen, wie bisher bestehende Asymmetrien in digitalen Kontexten verschwinden und zugleich neu entstehen.

Konsumentenforschung

Geht es um das Verhalten der Letztverbraucher beim Kauf und Konsum, dann interessiert sich insbesondere die Konsumentenforschung für deren Analyse und Erklärung. Damit verbunden ist die Frage nach der Reaktion der (potenziellen) Käufer auf die Stimulation durch Marketinginstrumente. Als Werner Kroeber-Riel in den 1970er-Jahren die Konsumentenverhaltensforschung in Deutschland einführte und auch international maßgeblich mitentwickelte, formulierte er zwei Anwendungsgebiete: das kommerzielle Marketing und die Verbraucherpolitik (vgl. Kroeber-Riel 1992, S. 4). Ziel einer Realwissenschaft wäre es demnach, wissenschaftliche Aussagen zu formulieren, zu begründen, zu rechtfertigen und schließlich im Rahmen des Forschungstransfers als Verhaltenstechniken zur Beeinflussung der sozialen Wirklichkeit anzuwenden (Kroeber-Riel 1992, S. 33):

> Der Fortschritt der Verhaltenswissenschaften wird das Repertoire an Sozialtechniken (Verhaltenstechniken) vergrößern, auf das die Funktionäre gesellschaftlicher Macht – die Marketingleute, Public-Relations-Strategen, Medienmanager, Verbraucherpolitiker usw. – zurückgreifen können, um das Publikum aufzuklären, zu beeinflussen und ihren Zwecken dienstbar zu machen.

Oder, um es kurz zu formulieren: um den Funktionären Machtinstrumente an die Hand zu geben. Aber das ist nur die eine Seite. Die Chance, den verhaltensorientierten Marketingstrategien etwas entgegenzusetzen, sah man mit der Verbreitung digitaler Technologien durch das Internet gekommen. Als US-Amerikaner 1999 das Cluetrain Manifesto (vgl. Weinberger et al. 2000) in Form von lutherischen 95 Thesen veröffentlichten, waren sie – noch vor dem Platzen der sogenannten ersten Dotcom-Blase 2001 – voller Optimismus und Naivität über die Optionen „dieses neuen Internets", des Web 2.0, das alle Distanzen zwischen den Menschen auf null reduzierte und neue Many-to-Many-Vernetzungen ermöglichte. Die zentrale These lautete: „Wir sind keine Zuschauer oder Empfänger oder Endverbraucher oder Konsumenten. Wir sind Menschen – und unser Einfluss entzieht sich eurem Zugriff." Mit dem Manifest wurde letztlich eine neue Macht der Konsumenten verkündet, mit der Händler und Verkäufer klarkommen sollten.

Zwei der damaligen Autoren, Doc Searls und David Weinberger (2015), veröffentlichten 2015 dann 121 neue Thesen, die „New Clues", die ernüchtert festhalten, dass die Kommerzialisierung das Internet in die falsche Richtung gelenkt hat (vgl. Kuhn 2015).

Ziel des Beitrags

Ich werde in diesem Beitrag versuchen zu erläutern, ob und worin aus einer psychologischen und verhaltensökonomischen Perspektive Informations- und damit Machtasymmetrien im Sinne ungleichmäßiger Verteilungsverhältnisse bestehen. Denn Machtasymmetrien sind Folge von Informationsasymmetrien. Zugleich werde ich darlegen, welche technologischen, kommunikativen und medialen Machtmittel und welche intelligiblen Machtstrukturen sowohl den Konsumenten als auch den Produzenten im Spiel um die Verhaltenskontrolle gegeben sind. Unter den Bedingungen einer digitalen Gesellschaft und Ökonomie ist Konsumentenmacht, so lautet meine These, eine Illusion. Dabei bildet der Kapitalismus als Grundphänomen, das an allen Phänomenen beteiligt ist, die Hintergrundfolie, ohne die Machtkonstellationen nicht zu verstehen sind.

Nach einer begrifflichen Klärung (Abschn. „Der psychologische Machtbegriff, seine Erscheinungsformen und die Übertragbarkeit auf Konsummärkte") werde ich die Machtkonstellationen auf Konsumgütermärkten diskutieren (Abschn. „Machtkonstellationen auf Konsumgütermärkten") und im Anschluss daran unter Zuhilfenahme der Neuen Institutionenökonomik zeigen, worin Informationsasymmetrien bestehen, welche Lösungen für unvollkommene Märkte entwickelt worden sind und welche Relevanz ihnen in der sogenannten Infosphäre zukommt (Abschn. „Asymmetrische Informationsverteilung, Informationsökonomik und die Digitalisierung der Konsummärkte"). Abschließend soll die Illusion einer Macht der Konsumenten beschrieben werden und die Rolle, die der Verbraucherschutz zum Interessenausgleich einnimmt (Abschn. „Die Illusion der Konsumentenmacht, der Verbraucherschutz und ein Fazit").

Der psychologische Machtbegriff, seine Erscheinungsformen und die Übertragbarkeit auf Konsummärkte

Der Machtbegriff

Geht es um den Machtbegriff, dann geht es auch um damit zusammenhängende Synonyme, die zum größten Teil negativ konnotiert sind: Einfluss, Durchsetzungsfähigkeit, Power, Stärke, Dominanz, Zwang, Herrschaft, Unterdrückung, Gewalt, Ein- und Beschränkung, Behinderung, Manipulation, Verhaltensteuerung und -modifikation etc. Aber es geht zugleich um positiv konnotierte Phänomene der Macht, z. B. Freiheit, Autonomie, subjektive Befähigung, legitime Herrschaft, Autorität, anerkannte Führung, Erziehung, Interessenausgleich, Delegation oder Gruppenzusammenhalt. Die Listen ließen sich fortsetzen. Mit Macht muss demnach auch Ohnmacht mitgedacht werden: Handlungsunfähigkeit, Unfreiheit, Machtlosigkeit,

Unterordnung, Unterwerfung, Rückzug, Beklemmung, Beeinträchtigung, Schwäche, Einflusslosigkeit oder Submission.

Für Bertrand Russell (2010) ist *Macht* daher der Fundamentalbegriff der Gesellschafts- und Sozialwissenschaften in dem Sinne, wie Energie der Fundamentalbegriff in der Physik ist. Die Gesetze von sozialer Dynamik sind Gesetze, die nur in Form von Macht ausgedrückt werden können. Um die vielfältigen Nuancen des Machtphänomens, die sich an der sprachlichen Vielfalt zeigt, zu ordnen, können zwei Bedeutungsrichtungen von „Macht haben" unterschieden werden: Zum einen die „Macht über", die die Herrschaft betrachtet, zum anderen die „Macht zu", die eine subjektive Handlungsfähigkeit beschreibt (vgl. dazu den Beitrag von Jan Rommerskirchen in diesem Band). Ohnmacht bedeutet dann einerseits Unterwerfung unter eine Macht, andererseits das Fehlen von subjektiver Handlungsmacht. Beide Deutungsrichtungen werden im weiteren Verlauf zu betrachten sein, weil im sozialen Kontext die „Macht zu" zu einer „Macht über" führen kann und Machtkompetenzen in Machtstrukturen übergehen. Für Hannah Arendt (2002, S. 253) kann die Macht jedoch nur dann entstehen, und das wäre die einzige unerlässliche Vorbedingung, wenn Menschen zusammenkommen und in einem nahen Miteinander die Möglichkeit des Handelns ständig offenhalten. Macht charakterisiert somit den relativen Zustand von Abhängigkeit in sozialen Beziehungen: Die Partei mit geringer Macht ist abhängig von der Partei mit hoher Macht, um Belohnungen zu erhalten und Bestrafungen oder Nachteile zu vermeiden (vgl. Rucker et al. 2012).

Das Bewusstsein von Macht und Ohnmacht

Im Moment des Bewusstseins von „Macht haben" stellt sich zugleich die Angst ein, diese wieder zu verlieren; und umgekehrt, wer sich in einem Moment ohnmächtig fühlt, der imaginiert und fantasiert Machtgefühle. Wobei sich beide Zustände nicht miteinander zu einer Nullsumme verrechnen lassen, vielmehr nimmt die mentale Wahrnehmung wechselnde Zustände auf einem Kontinuum innerhalb des Gesamtspektrums an. Die Gefühlsintensität ist eine stetige Größe, aber zwischen beiden Qualitäten kann es nur Sprünge geben, man kann nicht *zugleich* beide mentale Zustände einnehmen. Macht und Ohnmacht lassen sich als komplementäre Phänomene begreifen, die einen ausgeprägten Bezug zueinander haben, sich jedoch gegenseitig ausschließen. Macht wird als eine befreiende Weitung gegenüber vorhergehenden Erfahrungen der Ohnmacht erlebt, Ohnmacht dagegen als beängstigende Reduzierung zuvor erfahrener Machtgefühle. Macht und Ohnmacht können schließlich objektiv gegeben sein, man denke an Richter und ihre Vollzugsbeamten, oder nur subjektiv eingebildet werden. Gerne wird die Macht, die andere haben, kritisch betrachtet, zugleich aber wünscht man sich selber mehr davon. Wolfgang Scholl (2007) spricht von der janusköpfigkeit, den zwei Gesichtern der Macht.

Die Gründe für ein Macht-/Ohnmacht-Erleben lassen sich auf natürliche Ursachen (Naturgewalten, Leiblichkeit), soziokulturelle (Technologie, Kommunikation, Medien), politische (Gewaltenteilung), wirtschaftliche (Finanzen) oder strukturelle Realisationen (soziale Tatsachen, Status) zurückführen, die mehr oder weniger sichtbar und bewusst erfahrbar sind. Oder, um es einfach zu sagen: Die Menschheitsgeschichte ist auch eine Geschichte der Macht- und Ohnmachtserfahrung, weil Macht ein zentrales menschliches Anliegen und Grundkomponente sozialer Systeme und Hierarchien ist – Macht prägt das menschliche Verhalten in fast jeder Situation (vgl. Rucker et al. 2011; Giddens 1982).

Phänomen der Macht

Der Dualismus von Macht und Ohnmacht beschreibt zuvorderst soziale Verhältnisse als Asymmetrie zwischen einem Machthaber M und einem Beherrschten B als Personen. Dabei geht es um die Einflussnahme des Machtinhabers auf das Verhalten des Beherrschten in einem bestimmten Bereich oder situativen Kontext Z. Dazu werden von M Machtmittel Q angewendet, die das Verhalten von B mit einer Wahrscheinlichkeit Y in einem Ausmaß X bei einem Widerstand W verändern. Entsprechend muss M sich in einem Ausmaß A anstrengen und zugleich Ressourcen R in Machtmittel Q einsetzen, wobei M über Ressourcen von Machtgrundlagen in der Höhe von H verfügt. Erich Witte (2006) formuliert hier eine recht umfangreiche Formel, die die volle Komplexität des psychologischen Machtbegriffs verdeutlicht.

Vereinfacht beschreiben Schmalt und Heckhausen (2010, S. 8) Macht mit dem Vermögen „(...) dass jemand in der Lage ist, einen anderen zu veranlassen, etwas zu tun, was er sonst nicht tun würde". Im Sinne einer naiven Handlungstheorie werden dafür Motive und Kompetenzen benötigt. Sie definieren Macht letztlich als eine bereichsspezifische asymmetrische dyadische Beziehung. Diese ist durch eine Gefällestruktur auf den Dimensionen „soziale Kompetenz", „Zugang zu Ressourcen" und „Statusposition" charakterisiert. Macht manifestiert sich letztlich in einer einseitig verlaufenden Verhaltenskontrolle. Damit ist noch keine Aussage darüber getroffen, ob es sich um eine Machtausübung im Interesse oder gegen das Interesse des Beherrschten handelt. „Macht über" und „Macht zu" erfordern somit eine weitere Unterscheidung bei der Machtausübung und Einflussnahme. Denn im Machtbegriff ist das Potenzial des „Könnens" enthalten, beim anderen etwas zu bewirken, was man bewirken will, ohne dass man das „Können" umsetzt. Das Potenzial zur sozialen Einwirkung und Modifikation auf das Verhalten lässt sich somit stufenweise differenzieren (vgl. Scholl 2007):

Die Illusion der Konsumentenmacht

- Einflussnahme: A wirkt auf B im Interesse von B ein, der sich darüber bewusst ist,
- Machtausübung: A wirkt auf B gegen die Interessen von B ein und dieser realisiert das,
- Manipulation: A übt Macht auf B gegen dessen Interessen aus, ohne dass dieser es bemerkt oder A zuschreibt.

Macht als Möglichkeit, Wirkungen hervorzubringen

Macht ist das Potenzial, auf das Erleben, die Intentionen und das Verhalten anderer modifizierend einzuwirken, um sie dazu zu veranlassen, etwas zu tun, was sie sonst nicht tun würden („Macht zu"). Das kann sich in einzelnen Transaktionen und Episoden zeigen oder in dauerhaften Beziehungen manifestieren („Macht über").

Verhaltenskontrolle

Machttheoretische Ansätze unterscheiden sich nach Witte (2006) in Inhalt und Umfang. Sie zielen inhaltlich auf die Subkonstrukte der Einstellung, also die Affekte und Kognitionen sowie Konationen als das verfügbare Handlungspotenzial des zu Beherrschenden. Nach ihrem Umfang kann man die Zielpersonen differenzieren in Individual-(Einzelperson) und Mikrosystem (Machtinhaber in Kleingruppen) sowie Meso-(in mittleren Institutionen, z. B. Familie, Arbeitsteams) und Makrosystem (in gesamtgesellschaftlichen Institutionen). Explizit ausgeklammert werden von Witte strukturelle Machtsysteme, da diese unabhängig vom Handeln einzelner Personen existieren. Im Sinne der hier einzunehmenden Perspektive muss dies revidiert werden. Denn wenn an Unternehmen zu denken ist, dann handeln auch arbeits- und organisationspsychologisch Personen in ihrer jeweiligen Rolle als Stakeholder und sind in unterschiedliche Machtkonfigurationen eingebunden. So übt der Unternehmer Macht auf sein Management aus, dieses auf seine Teams und diese über einzelne Mitarbeiter direkt oder indirekt (z. B. über Software) auf den Endverbraucher.

Machtmittel

Das Machthandeln selbst unterliegt einem wechselseitigen Verhältnis (vgl. Witte 2002; Schmalt und Heckhausen 2010). Danach kann ein Bedürfnis nur durch ein entsprechendes Verhalten anderer bedient werden und setzt Kontaktaufnahme voraus. Die Einflussnahme kann auf die affektiven Zustände, die kognitiven Strukturen oder die Handlungsspielräume erfolgen und führt ggf. zu Widerstand beim Zielsystem, z. B. sichtbar in einem Reaktanzverhalten. Die Verhaltensänderungen werden auf Basis spezifischer Machtquellen persönlicher (Intelligenz, körperliche Kraft, Charisma etc.) oder institutioneller Art (Wirtschaft, Recht, Legitimität der

Rolle) durch die Anwendung von Machtmitteln bewirkt, soweit keine Hemmungen aufkommen. Hemmungen können sich in der Furcht vor Gegenmacht, Kosten, mangelndem Selbstvertrauen oder institutionellen und kulturellen Normen und Werten ausdrücken. Als Mittel sozialer Machtanwendung nennen French und Raven (1968) sowie Raven (1992, 1993):

- Macht durch Belohnung bzw. das Fernhalten von Bestrafung,
- Macht durch Zwang, d. h. das Aussprechen von Sanktionen,
- Identifikationsmacht, also die Wertschätzung und Stellung eines Machtinhabers und seiner Eigenschaften,
- Legale und legitime Macht, also auf Normen und Werten beruhend,
- Expertenmacht, wenn die Kenntnisse einem anderen überlegen sind, und
- Informationsmacht, dabei verfügt man über einen Informationsvorsprung oder kann Informationen zurückhalten, gezielt auswählen oder gar fälschen.

Die Verhaltenseinwirkung in sozialen Beziehungen kann als Einflussnahme dementsprechend von freundlicher Art (interessierend, beratend) oder eher von feindlicher Art als Machtausübung sein (rücksichtslos und verletzend) (vgl. Scholl 2014). Die Wahl des effektivsten Machtmittels orientiert sich dabei bewusst oder implizit nicht nur an den eigenen Stärken, sondern auch an den Schwächen des zu Beherrschenden, die ich im weiteren Verlauf als *Weak Points* bezeichne, weil sie einer Achillesverse entsprechen, die nicht geschützt ist. Wer bedürftig ist, den kann ich besser mit Belohnung in seinem Verhalten modifizieren, wer nach Identifikation sucht, der reagiert auf den Zuspruch von Wertschätzung, wer keinen Zugang zu Expertenwissen und Informationsquellen hat, dessen Handeln leite ich durch gezielt eingesetzte Informationen und deren Zusammenhänge, und schließlich wer kein authentisches Selbst- und Fremdbild von sich anfertigt, der muss damit rechnen, dass diese Persona demaskiert wird.

Auf die Anwendung derartiger Machtmittel, je nachdem, auf welche psychophysischen Größen sie abzielen, kann das Zielsystem bzw. die Zielperson reagieren: Nachgeben, Gefügig-Sein, Einstellungen ändern oder auch die Selbstachtung verlieren. Auch aufseiten des zur Macht motivierten Systems kommt es zu Folgen. So kann sich dessen Bedürfniszustand verändern, es kann sich noch mächtiger fühlen, sein Bild und seine Einstellung zur Zielperson verändern oder am Ende möglicherweise seine eigenen Wertvorstellungen.

Unverkennbar sind Rückkopplungseffekte: Einerseits verlangt der Einsatz von Machtmitteln durch den Machtausübenden Anpassungsaufwand. Der Einsatz von Machtmitteln einem Subjekt gegenüber einem Objekt kehrt sich andererseits in dem Moment um, in dem das Objekt als Subjekt handelt und den Machtmotivierten zum Beherrschten und damit vom Subjekt zum Objekt des anderen macht.

Die Illusion der Konsumentenmacht 71

Zwischenfazit: Macht als Verhaltenskontrolle

Wir können als erstes Zwischenfazit hervorheben, dass Macht ein Vermögen darstellt, einen anderen zu veranlassen, etwas zu tun, was er sonst nicht tun würde, um auf diese Art und Weise eine Verhaltenskontrolle auszuüben. Diese Praktiken der Verhaltenskontrolle lassen sich auch auf geschäftliche Episoden übertragen: Hier wird jemand – eine Person oder Unternehmung – zu einer oder mehreren Transaktionen veranlasst, die er sonst nicht vornehmen würde, d. h. das Kauf- bzw. Verkaufsverhalten wird kontrolliert. Eine der wesentlichen Machtquellen ist dabei die Informationsasymmetrie.

Übertragen wir nun das psychologisch ausgerichtete Machtverständnis auf Konsumbeziehungen innerhalb des Marktgeschehens, dann kann Macht sowohl aufseiten der Konsumenten als auch auf Seiten der Produzenten entstehen.

Machtkonstellationen auf Konsumgütermärkten

Kollektive Kumulationseffekte

Märkte können entsprechend den auf ihnen herrschenden Machtverhältnissen charakterisiert werden. Ist die Nachfrage nach Produkten größer als das Angebot, sind die Verkäufer in einer besseren Position. Wir sprechen dann von einem Verkäufermarkt. Umgekehrt bezeichnen wir einen Markt als Käufermarkt, wenn das Angebot die Nachfrage übersteigt. Das gilt heute als Standardsituation für die allermeisten Konsumgütermärkte, weil Wettbewerbsvorteile auf der Grundlage funktionaler oder monetärer Faktoren und Leistungseigenschaften kaum durchsetzbar sind. Konsumenten können aus einer Vielzahl austauschbarer Produkte und Dienstleistungen jeglicher Qualitätsstufen und Preisniveaus auswählen. Eben aufgrund dieser Konstellation wird von der Macht der Konsumenten gesprochen, soweit sie in der Lage sind, ihre Konsumentscheidungen zu koordinieren. Es ist klar, dass die Einflussmöglichkeit bei der Konsumentenmacht nicht in der unmittelbaren Konsumentscheidung des Einzelnen liegt, sondern idealtypisch in der Summe der Konsumentscheidungen, die langfristig marktrelevante Wirkungen nach sich ziehen. Es kann dann von *kollektiven Kumulationseffekten* gesprochen werden (vgl. Srnka und Schweitzer 2000; Hellmann 2019, S. 160).

Machtkonstellationen auf Konsumgütermärkten sind durch reziproke Verhältnisse konstituiert. Die Machtquelle des einen definiert zugleich als Achillesferse den Weak Point des anderen. Einerseits bestimmt der affektiv geäußerte Wunsch des unbedingten „Haben-Wollens" eines knappen Gutes zugleich die Schwachstelle des Konsumenten, weil er mehr zu zahlen bereit ist, als eigentlich kalkuliert (Konsumentenrente) – denken Sie an begehrte Eventtickets auf sogenannten Ticketbörsen wie Viagogo; andererseits definiert der ökonomisch erforderliche Zwang des unbedingten „Verkaufen müssens" eines überzähligen Produktes die Schwachstelle des Produzenten, Bedingungen des Konsumenten akzeptieren zu müssen, z. B. die Preisvorstellungen des Kunden auf einem Wochenmarkt für Schnittblumen kurz vor Marktschluss.

Die prinzipiellen Machtkonstellationen lassen sich in einer ersten Übersicht wie in Tab. 1 gezeigt strukturieren.

Labrecque et al. (2013) analysieren nun im digitalen Zeitalter zentrale Machtquellen, weil sich die Stärken und Schwächen der beiden Machthaber „Konsument" und „Produzent" mit der Entwicklung netzbasierter Sozio-Technologien und daraus entstandener neuer Geschäftsmodelle verschoben haben. Zum einen nutzen Produzenten im Rahmen ihrer Marketingaktivitäten in großem Ausmaß

Tab. 1 Machtkonstellationen auf Konsumgütermärkten

Machthaber	Konsumenten	Produzenten
Beherrschte („Macht über")	Produzenten	Konsumenten
Machtbereich	Nachfrage	Angebot
Machtquelle	- Nachfrage: Kollektive Kumulationseffekte der Wünsche, Bedarfe, Einstellungen, Kaufabsichten und Nachfrage - Informationssuche und -produktion - Netzwerkeffekte - Crowd-basiert über Plattformen	- Informationsasymmetrien - Güterknappheit - Daten und Metadaten zur Identifizierung und zum Profiling von (potenziellen) Nachfragern
Machtmittel („Macht zu")	- Monetäre Belohnung, d. h. kumulierte Kaufkraft - Zwang, der auf negativen Sanktionen durch kollektiv kumulierte Kommunikation beruht und auf die Reputation zielt - Zwang auf Basis von Rechtsnormen	- Monetäre Belohnungen, d. h. Preishoheit - Vertragsgestaltung - Kommunikation, die auf affektive, kognitive und/oder konative psychische Größen zur Verhaltenskontrolle einwirkt
Ziel	Angebots-, Kommunikations-, Preis-, Distributions- oder Service-Modifikationen und Verhaltensbeeinflussung der Anbieter	Beeinflussung des Kaufentscheidungsprozesses sowie des wahrgenommenen Markenimages der Nachfrager
Voraussetzung des Machthabers	Ausreichende Größe der kollektiv kumulierten Kaufkraft und der Kommunikationsbotschaften	Glaubwürdigkeit, Attraktivität und medialer Zugang zu den Beherrschten

soziale Medien, zum anderen bewerten Konsumenten und Opinion Leader über soziale Medien Produkte. Hier bestimmen Scores, Ratings und Rankings den Online-Status (Anzahl Follower, Likes, Engagement Rate, Badges) und damit relationale Abhängigkeiten den Impact von Informationsasymmetrien und Netzwerken auf die Macht zur Verhaltenskontrolle. Hinzu kommt eine Ebene der Informationsverarbeitung durch Datenanalyse und Algorithmen, die den Wahrnehmungssinnen nicht zugänglich sind und entsprechend manipulativ wirken.

Vier Machtquellen der Konsumenten werden von Labrecque et al. (2013) unterschieden, die sich sukzessive entwickelt haben und nebeneinander existieren:

- **Nachfragebasierte Macht**: aggregierte Auswirkungen des Kauf- und Konsumverhaltens durch verbesserten Zugang zum Sortiment der Produzenten und größere Auswahl.
- **Informationsbasierte Macht**: Reduktion der Informationsasymmetrie durch einfachen Zugang zu Produkt- und Dienstleistungsinformationen sowie Empowerment der Verbraucher durch nutzergenerierten Content, der die individuelle Reichweite erhöht und ein Ventil bietet, mit dem Märkte beeinflusst werden können.
- **Netzwerkbasierte Macht**: durch Netzwerkeffekte können Informationen ergänzt, erweitert, kommentiert, wiederverwendet oder neu zusammengesetzt werden (Remixing). Das führt zu einer anderen Organisation von Wissen, ermöglicht den Aufbau persönlicher Reputation und beeinflusst die Märkte durch sich selbst verstärkende Verbreitung.
- **Crowd-basierte Macht**: Fähigkeit, Ressourcen zu bündeln, zu mobilisieren und über Plattformen zu strukturieren. Dazu zählen bspw. Crowdcreation (Wikipedia), Crowdfunding (Kickstarter), Crowdsourcing (Amazon Mechanical Turk) oder auch Crowdselling (Etsy).

Inwieweit die Konsumenten sich selbst ermächtigen können, hängt von ihren spezifischen technologischen Kenntnissen ab, z. B. Programmieren, Betreiben von Websites. Aber auch davon, ob sie davon durch die Website-Betreiber selbstermächtigt werden, je nachdem, wie die Infrastrukturmerkmale und Interaktionsformate designt werden. Dazu zählen z. B. vorhandene und frei gegebene Kommentarfelder oder Ratingfunktionen. Unabhängig davon besteht die Informationsmacht der Konsumenten aus zwei Facetten: Informationen und Inhalte abzurufen und zugleich zu produzieren, der sogenannte User-Generated Content (UGC). Beide Facetten sind in Kombination mit den netz- und crowd-basierten Machtquellen zu denken.

Weak Points

Die Konsumenten zielen bei der Produktion von kritischen Inhalten im Kontext von Transaktionen auf die Weak Points der Produzenten, nämlich deren Reputation und Markenstatus. Das können sie über persönliche Websites, Blogs, Podcasts, Social Media oder Online-Videos durch das Aussprechen von Lob und Tadel oder Anerkennung und Missachtung tun, bis hin zu einer Kaufempfehlung (Buykott) oder zu einem Boykott. Den damit verbundenen Kontrollverlust versuchen die Produzenten wiederum durch Kommunikation und Markenführung zu kompensieren. Oder, wie aktuell in der Dieselaffäre des Volkswagen-Konzerns, mit der Auslegung der Verträge und unter Ausschöpfung sämtlicher juristischer Optionen lässt man die Kunden abblitzen (vgl. Handelsblatt 2019).

Beim Abruf von Inhalten, die über Paid, Owned, Earned und Social Media zur Verfügung gestellt werden, zielen die Produzenten auf den Weak Point der Konsumenten: die psychischen Prozesse, die mehr oder weniger bewusst ablaufen und Verzerrungen unterliegen (vgl. etwa Kahneman 2012; Ariely 2012; Thaler 2018; Gigerenzer 2008; Kroeber-Riel und Gröppel-Klein 2019). Die Kognitionspsychologie hat dabei zwei Systeme der mentalen Prozesse herausgearbeitet. Einerseits das System 1, das weitgehend automatisch, unreflektiert und implizit arbeitet. Es elaboriert Informationen mit hoher Kapazität schnell auf der Basis diverser Heuristiken – quick and dirty sozusagen. Das System 2 wird bei komplexen und mit Risiken behafteten Entscheidungen hinzugezogen, z. B. einem Haus- oder Autokauf. Es arbeitet reflektiert mit hohem kognitivem Aufwand, die Verarbeitungsprozesse laufen bewusst, jedoch langsam ab. Beide Systeme interagieren ständig, sodass der Mensch auch in komplexen Situationen Entscheidungen treffen kann. Diese müssen jedoch nicht rational und optimal sein, denn es kommt zu diversen Verzerrungen, Denkfehlern und Fehlentscheidungen. Wir sind kognitiv nicht in der Lage, sämtliche Informationen nach den Regeln eines Homo oeconomicus aufzunehmen und auszuwerten. Der Einfluss des Unbewussten auf das Konsumentenverhalten ist entsprechend groß und mit den Methoden der Gehirnforschung nähert man sich der zielgerichteten Verhaltenssteuerung immer weiter an (vgl. Behrens und Neumaier 2004). Daniel Kahneman 2002 und Richard Thaler 2017 bekamen für ihre Forschungen zur kognitiven Psychologie den Nobelpreis verliehen. Welche Problemkreise die begrenzte Rationalität umfasst und welche Einflussmöglichkeiten die Marktakteure nutzen, haben u. a. die Behavioral Economics, insbesondere die Neue Institutionenökonomik sowie die Konsumentenforschung herausgearbeitet. Beispielhaft und stellvertretend sei auf die Sozialtechniken des Nudgings (vgl. Thaler und Sunstein 2012), des Framings und Primings (vgl. Kahneman 2012) oder der operanten Konditionierung verwiesen, die der Behaviorist B. F. Skinner (1973) entwickelte. In allen Fällen geht es darum, mithilfe des „Behavioral Engineerings" das System 1 ausnutzen und das System 2 zu unterlaufen.

Asymmetrische Informationsverteilung, Informationsökonomik und die Digitalisierung der Konsummärkte

Neue Institutionenökonomik
Im Gegensatz zur neoklassischen mikroökonomischen Theorie beschäftigt sich die Neue Institutionenökonomik mit den Unvollkommenheiten der Märkte. Dazu gehören die begrenzte Rationalität der Akteure, die Unsicherheit über die Zukunft und das opportunistische Verhalten von Menschen, das von einer legitimen bis zur betrügerischen Ausnutzung von Informationsvorsprüngen reicht (Moral Hazard). Diese Unvollkommenheiten führen zu Problemen bei der Koordination von Handlungen und Entscheidungen, die auf Märkten vorgenommen werden. Der erhöhe Koordinationsaufwand drückt sich ökonomisch in Mehrkosten (Transaktions- und Organisationskosten) aus, die durch Institutionen – diese setzen Verhaltensanreize und reduzieren Unsicherheiten – verursacht oder reduziert werden. Zu solchen Institutionen zählen Verträge, Gesetze, Marken oder Verbraucherschutz. Zur Neuen Institutionenökonomik werden verschiedene theoretische Ansätze gerechnet, so auch die *Principal-Agent-Theorie.* sie beschäftigt sich mit der Kooperation zweier Akteure bei Informationsasymmetrie und Opportunismus, oder die *Informationsökonomik,* deren Thema das Funktionieren der Märkte bei Informationsasymmetrie ist. Die Neue Institutionenökonomik ist kein Theoriengebäude, das der Konsumentenforschung zuzurechnen ist, aber sie kann diese bereichern, weil sie die menschlichen Unzulänglichkeiten in den Vordergrund stellt. Ihr Beitrag besteht in der Beschreibung der Marktbedingungen, unter denen die Informationslage der Konsumenten zustande kommt (vgl. Kaas 1994, 1995).

Konsumentscheidungen werden heute unter komplexen Bedingungen einer unübersehbaren Produktvielfalt, diversen Handelsmittlern, verschiedenster Qualitäten und Preisen und einem hohen Informationsüberfluss getroffen, die Menschen weder rational verarbeiten wollen noch können. Zwei Kriterien sind unter den gegebenen Markt- und Kommunikationsbedingungen interessant: Welche Möglichkeiten haben Konsumenten, um die Qualität eines Produktes zu überprüfen, und um welchen Transaktionstyp handelt es sich (vgl. dazu im Folgenden Kaas 1994, 1995)?

Gütereigenschaften und Transaktionstypen
Die Merkmale von Gütern werden klassischerweise nach Such-, Erfahrungs- und Vertrauenseigenschaften unterschieden. Bei *Sucheigenschaften* können die äußere Beschaffenheit, der Preis und die Bezugsquellen der Produkte vor dem Kauf geprüft werden, z. B. bei Hosen oder Schuhen. Der Konsument geht kaum Risiken ein, Informationsdefizite bestehen kaum und Opportunismus muss er kaum fürchten. So kann er auch bei einem Fern- oder Onlinekauf nicht geeignete Ware

zurückgeben oder digitale Güter, z. B. Software, in der Regel vorab testen. Entsprechend unterliegen die Anbieter einem Qualitäts- und Preisdruck, während Distributions- und Kommunikationsaspekte in den Hintergrund treten, weil die Produkte mit ihrer Präsentation für sich sprechen.

Erfahrungseigenschaften erschließen sich dem Kunden erst nach dem Konsum, z. B. der Geschmack von Nahrungsmitteln oder der Hotelbesuch. Hier ist die Produktqualität entscheidend, denn zumindest langfristig lassen sich die Konsumenten kein X für ein U vormachen, eine entsprechende Kommunikationspolitik würde ins Leere laufen. Durch Serviceangebote und Kundenberatung kann den Kunden das wahrgenommene Risiko finanzieller, physischer, zeitlicher, sozialer und emotionaler Art in Teilen genommen werden. Der Preis, die Marke oder auch die Werbung über Testimonials, heute Influencer genannt, dient in diesen Fällen den potenziellen Käufern heuristisch als Qualitätsindikator. Dem durchschnittlich erfahrenen Konsumenten ist dabei auch bewusst, dass der Anbieter seine Waren von ihrer besten Seite präsentiert, Schwächen kaschiert oder Informationen zurückbehält. Hier, bei Produkten und Leistungen mit Erfahrungseigenschaften, ist Vertrauen auf Basis der gelieferten Informationen erforderlich, weil prinzipiell eine Informationsasymmetrie zugunsten des *Agents* und zu Lasten des *Principals* vorliegt (Principal-Agent-Theorie) und somit Opportunitätsrisiken existieren. Denken Sie an die täglich durch die Nachrichten verbreiteten Fälle von VW, Monsanto, Deutsche Bahn oder Voice-Speaker von Amazon (Alexa), Google (Home) und Apple (Siri) usw.

Bei *Vertrauenseigenschaften* kann sich der Verbraucher keine Gewissheit über die zugesagten Produktqualitäten machen und sie weder vor noch während oder nach dem Ver- oder Gebrauch, oder zumindest nicht mit vertretbarem Aufwand und Kosten, prüfen. Das gilt bspw. für Bio-Brot, Medikamente oder Anti-Aging-Hautcreme. Eine an der Qualität der Produkte ausgerichtete Marketingpolitik der Anbieter spielt eigentlich nur eine untergeordnete Rolle. Wer kann schon prüfen, ob eine Hautcreme den Alterungsprozess tatsächlich signifikant aufschiebt? Wichtiger sind dagegen die Produktgestaltung, sachkundige und vertrauenswürdige Händler und die Ausgestaltung der Marke und ihre Markenkommunikation. Der Preis als Indikator kommt hier weniger zum Tragen. Nur Dritte als Kontrollinstitutionen können hier Wächterfunktionen einnehmen, wie es Stiftung Warentest, die Deutsche Umwelthilfe oder auch Foodwatch tun, soweit die Konsumenten diesen wiederum vertrauen, was deren Transparenz und Unabhängigkeit erfordert.

Austauschgüter werden prinzipiell standardisiert und für einen zunächst anonymen Markt vorproduziert. *Kontraktgüter*, also vornehmlich Dienstleistungen und hochwertige Sachgüter, werden demgegenüber auf die spezifischen Bedürfnisse der Nachfrager und zum Teil unter deren Mithilfe zugeschnitten. Es handelt sich dann um individuelle Leistungsversprechen, denen vertraut werden muss, z. B. die

Finanzberatung oder die Nachhilfe. Während Austauschgüter beim Transaktionsabschluss vorliegen und inspizierbar sind, können Kontraktgüter nur über Vertrauen in die fachliche Qualifikation und die Anstrengungsversprechungen die Ungewissheit reduzieren.

Verbrauchertypen

Für Konsumenten sind aus nachvollziehbaren Gründen die Erfahrungs- und Vertrauensgüter riskant. Neben den Anschaffungskosten müssen sie einen nicht unerheblichen Aufwand betreiben, um die Informationsasymmetrie durch zusätzliche Informationsbeschaffung auszugleichen. Konsumenten sind jedoch keine homogene Masse und Klasse, die sich nur durch ihre Kaufkraft oder Konsumwünsche unterscheidet, sondern auch heterogen in Bezug auf die Bereitschaft und Fähigkeit, Informationen zu sammeln und auszuwerten. Das Involvement, d. h. das innere Engagement, mit dem Konsumenten sich einer Sache zuwenden, ist dazu in der Regel jedoch zu gering. Peter Kenning und Inga Wobker (2013) unterschieden nach einer Studie drei Kategorien von Verbrauchern. Danach sind 32 % „verantwortungsvolle Verbraucher", die sich für die Umwelt und sich selbst verantwortlich fühlen und damit sich selbstverpflichtet sind, relevante Informationen einzuholen, auch wenn dies Kosten verursacht. Aber 63 % der sogenannten „vertrauenden Verbraucher" möchten den Marken und der Politik vertrauen und sie sind auch nicht bereit, für jede Konsumentscheidung Zeit und Geld aufzuwenden. Die restlichen 5 % verfügen über geringe Problemlösungskompetenzen, kaum Produktkenntnisse und kennen als „verletzliche Verbraucher" auch ihre Rechte nicht. Darauf richten sich dann insbesondere die verbraucherpolitischen Schutzmaßnahmen.

Screening und Signaling

Die Informationsökonomik bietet mit dem *Screening* und *Signaling* genau die Lösungen an, die die 32 % der verantwortungsvollen Verbraucher wählen: Informationen recherchieren und Informationen bereitstellen. Dazu dienen die Informationen der Anbieter selbst, die anderer Kunden (als selbsternannte oder bestätigte Experten) vor allem auf Bewertungsplattformen oder in (Watch-)Blogs und Foren sozialer Netzwerke – die eine höhere Glaubwürdigkeit gegenüber der Unternehmenskommunikation besitzen –, sowie dritter Institutionen des Verbraucherschutzes von TÜV, Stiftung Warentest, Lebensmittelüberwachung bis hin zu Instituten der Arzneimittelzulassung. Durch das Internet und die Vernetzung über soziale Netzwerke bestehen hier nun völlig neue Wege, eine ausreichend kritische Menge kollektiver Kumulationen zu erreichen, um das *Signaling* der Anbieter zu stören. Um es mit den Worten des italienischen Schriftstellers und Politikers Alberto Moravia zu sagen: „Die Macht der kleinen Leute liegt in ihrer großen Zahl."

Mit der Streuung von Informationssignalen zur proaktiven Risikoreduktion seitens der Anbieter an die Konsumenten versuchen diese wiederum, Verhaltenskontrolle über den Bekanntheitsgrad des Anbieters bzw. des Produktes, der Marke und ihre symbolische Interaktionen selbst, Alter und Herkunft, Image und Reputation zu erzielen. Genau gegen diese Signale richten sich die Verbraucher, indem sie die Glaubwürdigkeit der Signale anzweifeln. Die digitalisierten Machtmittel und Kommunikationswege der Konsumenten, die sich untereinander solidarisieren und informieren, sind hier deutlich schneller und durchschlagskräftiger geworden bei zugleich geringerem Ressourceneinsatz (vgl. Hennig-Thurau et al. 2004). Es sei hier an die erfolgreichen Beispiele von Kritikstürmen („Shitstorms"; vgl. Prinzing 2015) von Dave Caroll 2009 gegen United Airlines aufgrund einer mutwillig zerstörten Gitarre[1] oder Corinna Justus 2012 gegen Vodafone wegen einer zu hohen Rechnung erinnert.[2] Gemessen werden derartige Stürme mittels Shitstormskalen (vgl. Graf und Schwede 2012).

Erfolgreich in ihren Machtwirkungen sind zudem mit der Digitalisierung aufgekommene *Engagement Tools* und *Customer Reviews* für ein Like, Rating mittels Herzchen oder Sternchen, wie z. B. bei Amazon, Kommentarfunktionen auf Handelsplattformen oder die inzwischen kaum noch zählbaren Bewertungsplattformen für fast alles und nicht nur für die letzte Urlaubsreise (vgl. Mau 2017). Dass Negativkommentare wirksam sind und dieses Instrument den Konsumenten bewusst ist, zeigt auch, warum Unternehmen Kontrollverluste beklagen. Diese wiederum versuchen ihrerseits mit dem Einsammeln positiver Bewertungen, der Bereitstellung von journalistisch anmutenden Informationen im Rahmen des Content-Marketings (vgl. Frühbrodt 2016) oder koordinierter Unternehmenskommunikation informatorisch und publizistisch dagegenzuhalten.

Infosphäre

Wir haben festgestellt: Mit der Entstehung der Informationsgesellschaft sind die Optionen der Akteure auf den Konsummärkten erheblich gestiegen. Das reicht von zunehmender Transparenz durch unbegrenzte Möglichkeiten der Informationsdarbietung und -suche über quasi-ubiquitäre Allverfügbarkeit von Produkten und Dienstleistungen bis hin zu 1:1-Beziehungen über informationstechnische Geräte und deren Vernetzbarkeit. Dabei ist die Trennung zwischen online und offline zunehmend verschwunden und ohne smarte, responsive technische Begleiter lässt

---

[1] United Breaks Guitars – YouTube: https://www.youtube.com/watch?v=5YGc4zOqozo (Zugegriffen: 07.08.2019).

[2] Corinna Justus an Vodafone Deutschland – Facebook: https://www.facebook.com/vodafoneDE/posts/ 10150952976257724/ (Abgerufen am 07.08.2019).

sich der Konsumalltag kaum noch bewältigen. Auf diese Art und Weise hat sich der Mensch eine neue Umwelt geschaffen – die Infosphäre (vgl. Floridi 2015). Darin gelten die Regeln der Aufmerksamkeitsökonomie. Mit diesem Begriff beschreibt Georg Franck (1993) die Märkte, die nicht mehr um das knappe Geld der Konsumente buhlen, sondern um die knappe Ressource Aufmerksamkeit. Wer nicht mehr wahrgenommen wird und nicht ständig aktualisiert, der verschwindet vom Radar des *Sets of Alternatives*. Dieser Herausforderung sind nicht mehr alle Marken gewachsen, im Gegenteil, der Wert der Marken erodiert zunehmend und plakativ sprechen Experten vom Marken-Burnout (vgl. Haller und Twardawa 2014, S. 93).

In der Infosphäre hat sich dementsprechend das Verhältnis von Screening und Signaling zwischen den Konsumenten und Produzenten verschoben. Sie ermöglicht nicht nur ein Screening von Informationen über jeden einzelnen Konsumenten, sondern auch ein Profiling durch die Sammlung riesiger Datenmengen und deren Weiterverarbeitung über Algorithmen, vor allem auch die Künstliche Intelligenz. An die Stelle von Produktinformationen und Marken als Signale der Verkäuferseite treten *Information Cues* (Auslösereize), die zum richtigen Zeitpunkt und im richtigen Kontext an den Touchpoints der sogenannten Customer Journey ein Verhalten einzelner Verbraucher gezielt triggern und modifizieren – ermöglicht durch die Techniken des *Targetings*. Sie machen sich durch die Macht zur Belohnung die daraus entstehenden Dopamin-Ausschüttungen zunutze, die eine Verhaltenskontrolle durch den Konsumenten unterlaufen und bei Verstetigung in ein Gewohnheitsverhalten übergehen (vgl. Hofmann 2019; Eyal 2014; Mühlhoff 2018; Harris 2019). Damit aber werden die Möglichkeiten des Konsumenten zur Selbstbestimmung eliminiert, weil das Design der User Experience darüber nicht aufklärt. In Zeiten der Massenkommunikation war die Markierung eines Produktes, also die Marke, ein entscheidender Anker im Gehirn der potenziellen Konsumenten, jedoch verbunden mit Streuverlusten. Heutzutage, in Zeiten des Internets, kann ein User als potenzieller Konsument direkt über ein Profiling durch das Tracken von Nutzerdaten identifiziert und via Targeting gezielt kontaktiert werden. Diese direkte Kontaktmöglichkeit ersetzt zunehmend die Bedeutung der Marke, weil nun auch direkte Belohnungsmöglichkeiten in die personalisierte Werbebotschaft inkludiert werden, z. B. ein individueller Rabatt. Die Markenstärke ist dementsprechend als notwendige, aber nicht mehr hinreichende Bedingung zu betrachten.

Die Verteidigungsstrategien der Konsumenten gegenüber den digitalen Machtansprüchen der Produzenten beschränken sich technisch zumeist auf das Blocken von Werbung (AdBlocker) und Anti-Tracking-Software. Nach einer Befragung von YouGov (2019) geben 38 % der Befragten ab 18 Jahren an, einen AdBlocker und/oder eine Anti-Tracking-Software auf ihren Devices installiert zu haben. Laut

Bundesverband Digitale Wirtschaft (BVDW 2019) wurden zwischen 2015 und 2018 allerdings weniger als 25 % der Online-Display-Werbung blockiert. Das sind also Verteidigungsstrategien, die lediglich auf der Benutzeroberfläche digitaltechnischer Geräte stattfinden und das Screening und Signaling der Verkäuferseite nicht nachhaltig erschweren.

Überwachungskapitalismus

Der Soziologe Armin Nassehi zeichnet eine Metapher von der Benutzeroberfläche und der Maschinerie dahinter. Er beschreibt damit die These von einer „Illusion der Chancengleichheit" (Nassehi 2019, S. 44 ff., 48): Die Selbstbeschreibungen und bewussten Vollzüge der Lebensführung, sogar die Einstellungen und Überzeugungen, mit der wir unsere zunehmend digitale Umwelt gestalten, all das ist eine Benutzeroberfläche. Die Sozialwissenschaften bedienen mit neuen digitalen Technologien die sich dahinter befindende „Maschine" mit Sozialtechniken, die den Akteuren – und ich meine vor allem die konsumptiven Akteure – nicht transparent und bewusst zugänglich sind, denn sie sind intelligibel. Über Datenpunkte und Datenrelationen wird das Verhalten zählbar, berechenbar und prognostizierbar. Zum einen, weil der Mensch individuelle Fußabdrücke in der Infosphäre hinterlässt, und zum anderen, weil er ein Gewohnheitstier ist (vgl. Kahneman 2013). Mit anderen Worten: Soziale Techniken in Verbindung mit digitalen Technologien ermöglichen eine Verhaltenskontrolle. Die Konsumenten können auf der Benutzeroberfläche, dem User Interface, Informationen recherchieren und mit User-Generated Content meinungsbildende Informationen hinterlassen, die Einfluss auf das Markenimage und die Reputation für Konsumprodukte und -leistungen haben (können). Im Gegensatz zu den Produzenten und Intermediären stehen aber den wenigsten Konsumenten Algorithmen und Big-Data-Technologien zur Verfügung, die sie selbstbestimmt einsetzen können, um im Umkehrschluss den verfügbaren Informationsüberschuss im Netz zu analysieren. Sie müssen sich der Suchmaschinen, der Publisher und der sozialen Medien bedienen, die auf zweiseitigen Märkten (Plattformen) jedoch Absatzmittler und -helfer der Produzenten sind und von diesen über Provisionen und Werbeeinnahmen finanziert werden. Sie stellen für die Werbeindustrie Vorhersageprodukte zur Verfügung, die auf Behavioral Future Markets (Verhaltensterminkontraktmärkte) in Echtzeit (Programmatic Advertising) gehandelt werden (vgl. Zuboff 2019). Die Daten und Informationen, die von diesen gesammelt werden, gehen dabei über das hinaus, was zur Verbesserung ihres Angebotes nötig ist. Dieser Überschuss wird von Shoshana Zuboff als *Verhaltensüberschuss* bezeichnet. Mit diesem Rohstoff werden die Nutzerprofile aufbereitet, damit Werbekunden auf dieser Basis eine Verhaltensmodifikation

Die Illusion der Konsumentenmacht 81

planen und vornehmen können (vgl. Zuboff 2018, S. 96 ff.). Schärfer als Nassehi spricht Zuboff vom *Überwachungskapitalismus*, der sich eine instrumentelle Macht der „Computational Social Sciences" zunutze macht, für die mobile Computer (Smartphones, Wearables etc.) die Soziometer sind, mit den die Menschen ausgelesen werden. Statt lediglich diesen Ausleseprozess zu automatisieren, besteht das Ziel darin, den Konsumenten zu automatisieren. Das erfolgt nicht mehr ausschließlich über die Einflussnahme auf kognitive Prozesse, sondern dazu werden zunehmend auch emotionale Zustände digital erfasst, codiert und korrelativ ausgewertet. Mit Affective Computing stehen dafür entsprechende Techniken zur Verfügung (vgl. Zuboff 2019; Picard 2000; D'Mello et al. 2018).

Instrumentelle Macht
Den anthropologischen Machtquellen und Machtmitteln, die über Jahrhunderte die Transaktionen auf den Märkten vor dem Hintergrund von Informationsasymmetrien begleitet haben, steht beginnend mit dem elektronischen Zeitalter ein *Informationalismus* in einer *Netzwerkgesellschaft* entgegen (vgl. Castells 2001), eine neue Art von Macht, die Shoshana Zuboff (2018, S. 437 f.) als „instrumentäre Macht" bezeichnet:

> „[Diese reduziert] die menschliche Erfahrung auf beobachtbares und messbares Verhalten, dessen Sinn und Bedeutung ihr dabei jedoch völlig gleichgültig bleibt. Ich bezeichne die neue Art des Wissens als radikale Gleichgültigkeit. (...) [E]ine Art der Beobachtung ohne Zeugen. (...) Operationalisiert wird die radikale Gleichgültigkeit des Instrumentarismus durch die entmenschlichten Auswertungsmethoden, die Gleichwertigkeit ohne Gleichberechtigung produzieren."

Danach wird das, was als soziale Beziehung und ökonomischer Austausch betrachtet wird, durch einen „robotisierten Schleier der Abstraktion" vermittelt (Zuboff 2018, S. 437).

Um es zusammenzufassen: Das, was nach Nassehi die Benutzeroberfläche ist, sind nach Zuboff die beobachtbaren Verhaltensweisen ökonomischer Transaktionen zwischen Produzenten, Intermediären und Konsumenten. Auf diese Oberfläche wird Einfluss genommen und Macht ausgeübt. Die instrumentäre Macht ist die Maschine, die außerhalb der Wahrnehmbarkeit das Verhalten der Konsumenten behavioristisch verstärkt und konditionierte Reaktionen hervorruft (Zuboff 2018, S. 440). Diese Maschine ist intelligibel und offenbart, dass Machtausübung und Einflussnahme an der Oberfläche nur die Illusion einer Macht der Konsumenten darstellen. Die Maschine dagegen manipuliert, weil die Beherrschten diese Macht nicht bemerken und zuschreiben können.

Die Illusion der Konsumentenmacht, der Verbraucher-schutz und ein Fazit

Ich habe gezeigt, dass Macht die Fähigkeit beschreibt, Einfluss auf das Verhalten beim Kauf und Verkauf sowie Gebrauch von Konsumgütern zu nehmen. Alle Akteure auf Konsumgütermärkten suchen nach Quellen und Mitteln der Ermächtigung, um ökonomische Vorteile zu erzielen. Insbesondere bei Gütern mit Erfahrungs- und Vertrauenseigenschaften besteht die Notwendigkeit, Informationsasymmetrien, die den Machtasymmetrien vorausgehen, gering zu halten. Durch die technischen Digitalisierungsprozesse sind seit Mitte der 1990er-Jahre die bestehenden Machtbalancen zwischen Produzenten- und Konsumentensouveränität neu ausgehandelt worden. Durch die medialen Vernetzungsmöglichkeiten des Web 2.0 konnten sich Konsumenten von nun an direkt über Konsumerfahrungen austauschen und Informationsasymmetrien abbauen. Sie haben seitdem prinzipiell die Möglichkeit, die Reputation von Marken und Unternehmen effektiv und effizient zu beeinflussen.

Zugleich aber können auf dieser technologischen Basis hundert Jahre Erkenntnisse der Konsumentenforschung mit dem Sammeln von Verhaltensdaten und fortschrittlichen Algorithmen automatisiert verarbeitet werden. Etwas, das die klassische Markt- und Sozialforschung mit ihren limitierten Methoden des Experiments, der Befragung und der Beobachtung sowie statistischen Operationen in Verbindung mit dem Instrumentarium des klassischen Marketings nicht möglich machte. In großem Stil können heute sehr große Datenmengen in Echtzeit gesammelt, auf Korrelationen und Regressionen hin analysiert, zuvor verborgene Muster von Verhaltensweisen mit Wahrscheinlichkeiten versehen und Handeln prognostiziert werden. Da Algorithmen auch praktisch handeln können und selbstständig Kommunikation initiieren (vgl. Levermann 2018), werden sie zunehmend dazu verwendet, auf Kaufentscheidungsprozesse automatisiert Einfluss zu nehmen. Dabei unterlaufen sie mit ihren entsprechend ausgespielten Darstellungen von Text, Bild, Ton oder Video die menschlichen Wahrnehmungsschwellen und docken an den Weak Points des Menschen an. Der Mensch als Mängelwesen, anthropologisch betrachtet, erfreut sich zugleich an einer Illusion der Chancengleichheit, die auf einem Geschäft der Gegenseitigkeit beruht. Für Ubiqität, Bequemlichkeit, unterhaltsame Erlebnisse und kommunikative Vernetzung stellt er die Daten zur Verfügung, mit denen die Produzenten Gewinne generieren oder, wie Zuboff es ausdrückt, Bedürfnisse ausbeuten (vgl. Zuboff 2018, S. 438).

Seit einigen Jahren macht sich jedoch in Politik und Gesellschaft ein Unbehagen breit, weil die Datenökonomie und damit digitale Märkte annähernd rechtsfreie

Räume sind. Rechtsfrei, weil die rechtsstaatlichen Ordnungsverfahren den technologischen Entwicklungen zeitlich hinterherlaufen und weil die Datenökonomie keine nationalstaatlichen Grenzen kennt. Gerade deshalb haben Verbraucherforschung und Verbraucherschutz in den letzten Jahren einen Aufschwung erfahren, weil auch seitens der Politik die Notwendigkeit zum Verbraucherschutz unter den veränderten ökonomischen Bedingungen erkannt wurde (vgl. Grugel 2014). Die Verbraucherpolitik hat zur Aufgabe, Ungleichgewichte zwischen Produzenten und Konsumenten zu verringern und den Interessen der Konsumenten zur Durchsetzung zu verhelfen. Neben der Legislative bedient sie sich auf der praktischen Ebene verschiedener staatlicher und freiwilliger Schutzeinrichtungen, so z. B. der Verbraucherzentralen oder der Stiftung Warentest (vgl. Verbraucherzentrale Bundesverband 2019). Transparenz und das Menschenbild des selbstbestimmten Verbrauchers reichen aber nicht mehr aus, um in der Infosphäre dessen Souveränität aufrechtzuerhalten. Ziel ist es seitdem, dem Verbraucher wieder das Treffen bewusster Entscheidungen zu ermöglichen. So, wie es auch in der EU-weit gültigen Datenschutzgrundverordnung bereits realisiert wurde. Grugel plädiert dafür, dass der Verbraucherschutz über sein bisheriges Selbstverständnis als „Reparaturbetrieb der sozialen Marktwirtschaft" hinausgehen muss (Grugel 2014, S. 211). Es bleibt abzuwarten, ob der „David" Verbraucherschutz gegen den „Goliath" der Internetkonzerne bestehen kann. Allein die sogenannten GAFAM – Google bzw. Alphabet, Apple, Facebook, Amazon und Microsoft – kamen 2018 auf einen Gesamtumsatz von über 800 Milliarden US-Dollar (vgl. Statista 2018). Diese Märkte werden nicht freiwillig und ohne massive Widerstände reguliert werden können.

Kulturelle und wirtschaftspolitische Aushandlungsprozesse werden zeigen, wie Konsumenten zukünftig wieder ermächtigt werden, als freie und selbstbestimmte Akteure am Fortschritt auf digitalisierten Konsummärkten teilhaben zu können. Möglicherweise bedarf es einer *Aufklärung 4.0* im Sinne Kants, deren Errungenschaft die Autonomie des Individuums war und die heute durch Erkenntnisse der Psychologie und der Inkorporierung in Mensch-Maschine-Beziehungen unterlaufen wird. Damit dies auch praktisch gelingt, empfiehlt der Tech-Guru und Vordenker des Internets, Jaron Lanier (2018, S. 201), sich eine Weile – er schlägt ein halbes Jahr vor – zugunsten der Selbstverwirklichung von den Verhaltensmodifikationsimperien zu befreien. Er beschreibt zehn Gründe, warum man seine Social-Media-Accounts löschen muss: „Wenn du eine Zeit lang etwas anderes gemacht hast, wirst du selbst am besten wissen, ob du zurückkehren willst. Dann entscheide dich." Vernünftig entscheiden, mag man ergänzen.

Literatur

Arendt, H. (2002). *Vita activa oder Vom tätigen Leben* (Erstveröffentlichung 1958). München: Piper.

Ariely, D. (2012). *Wer denken will, muss fühlen: die heimliche Macht der Unvernunft.* München: Droemer.

Becker, J. (2019). *Marketing-Konzeption: Grundlagen des zielstrategischen und operativen Marketing-Managements* (11. Aufl.). München: Vahlen.

Behrens, G., & Neumaier, M. (2004). Der Einfluss des Unbewussten auf das Konsumentenverhalten. In A. Gröppel-Klein (Hrsg.), *Konsumentenverhaltensforschung im 21. Jahrhundert: Gewidmet Peter Weinberg zum 65. Geburtstag* (S. 3–27). Wiesbaden: Deutscher Universitätsverlag.

BVDW. (2019). Anteil der auf dem Desktop geblockten Online-Display-Werbung in Deutschland vom 2. Quartal 2015 bis zum 4. Quartal 2018. *Statista*. https://de.statista.com/statistik/daten/studie/537062/umfrage/adblocker-rate-in-deutschland. Zugegriffen am 07.08.2019.

Castells, M. (2001). *Das Informationszeitalter. Wirtschaft – Gesellschaft – Kultur. Teil 1: Der Aufstieg der Netzwerkgesellschaft.* Opladen: Leske + Budrich.

D'Mello, S., Kappas, A., & Gratch, J. (2018). The affective computing approach to affect measurement. *Emotion Review, 10*(2), 174–183.

Eyal, N. (2014). *Hooked: wie Sie Produkte erschaffen, die süchtig machen.* München: Redline Wirtschaft.

Floridi, L. (2015). *Die 4. Revolution. Wie die Infosphäre unser Leben verändert.* Berlin: Suhrkamp.

Franck, G. (1993). Ökonomie der Aufmerksamkeit. *Merkur, 47*(534/535), 748–761.

French, J. R. P., Jr., & Raven, B. (1968). The bases of social power. In D. Cartwright & A. Zander (Hrsg.), *Group dynamics: Research and theory* (S. 259–270). New York: Harper & Row.

Frühbrodt, L. (2016). *Content Marketing. Wie „Unternehmensjournalisten" die öffentliche Meinung beeinflussen* (OBS-Arbeitsheft, Bd. 86). Frankfurt: Otto-Brenner-Stiftung.

Galbraith, J. K. (2007). *The new industrial state.* Boston: Princeton University Press.

Giddens, A. (1982). *Profiles and critiques in social theory.* Berkeley/Los Angeles: University of California Press.

Gigerenzer, G. (2008). *Bauchentscheidungen. Die Intelligenz des Unbewussten und die Macht der Intuition.* München: Goldmann.

Graf, D., & Schwede, B. (2012). Shitstormskala: Wetterbericht für Social Media. *Feinheit*. http://www.feinheit.ch/media/medialibrary/2012/04/shitstorm-skala_2.pdf. Zugegriffen am 07.08.2019.

Grugel, C. (2014). Verbraucherforschung besitzt Rahmen und Ziele. *Journal für Verbraucherschutz und Lebensmittelsicherheit, 9,* 209–211.

Haller, P., & Twardawa, W. (2014). *Die Zukunft der Marke.* Wiesbaden: Springer Gabler.

Handelsblatt. (2019). VW lässt Kunden abblitzen. *Handelsblatt* Ausgabe 27, S. 1–7 vom 07.02.2019.

Harris, T. (2019). Tech ist ‚Downgrading humans.' It's time to fight back. *Wired*. https://www.wired.com/story/tristan-harris-tech-is-downgrading-humans-time-to-fight-back. Zugegriffen am 07.08.2019.

Hellmann, K.-U. (2019). *Der Konsum der Gesellschaft* (2. Aufl.). Wiesbaden: Springer Gabler.

Hennig-Thurau, T., Gwinner, K. P., Walsh, G., & Gremler, D. D. (2004). Electronic word-of-mouth via consumer-opinion platforms: What motivates consumers to articulate themselves on the internet? *Journal of Interactive Marketing, 18*(1), 38–52.

Hofmann, M. L. (2019). *Neuro-Design. Was Design und Marketing von Neurowissenschaft und Psychologie lernen können.* Paderborn: Wilhelm Fink.

Kaas, K. P. (1994). Ansätze einer institutionenökonomischen Theorie des Konsumentenverhaltens. In Forschungsgruppe Konsum und Verhalten (Hrsg.), *Konsumentenforschung* (S. 245–260). München: Vahlen.

Kaas, K. P. (1995). Marketing und neue Institutionenökonomik. *Zeitschrift für Betriebswirtschaftliche Forschung, 47*(35), 1–18.

Kahneman, D. (2012). *Schnelles Denken, langsames Denken.* München: Siedler.

Kahneman, D. (2013). Gewohnheitstiere. Im Gespräch mit Daniel Kahneman. *Organisations-Entwicklung – Zeitschrift für Unternehmensentwicklung und Change Management, 1*, 4–9.

Kenning, P., & Wobker, I. (2013). Ist der „mündige Verbraucher" eine Fiktion? Ein kritischer Beitrag zum aktuellen Stand der Diskussion um das Verbraucherleitbild in den Wirtschaftswissenschaften und der Wirtschaftspolitik. *ZfWU Zeitschrift für Wirtschafts- und Unternehmensethik, 14*(2), 282–300.

Kroeber-Riel, W. (1992). *Konsumentenverhalten* (5. Aufl.). München: Vahlen.

Kroeber-Riel, W., & Gröppel-Klein, A. (2019). *Konsumentenverhalten* (11. Aufl.). München: Vahlen.

Kuhn, J. (2015). Internet-Denker Doc Searls: „Im Netz sind wir nackt und Firmen nutzen das aus". *sueddeutsche.de*, erschienen am 10.01.2015. https://www.sueddeutsche.de/digital/internet-denker-doc-searls-im-netz-sind-wir-nackt-und-firmen-nutzen-das-aus-1.2298409-2. Zugegriffen am 04.08.2019.

Labrecque, L. I., vor dem Esche, J., Mathwick, C., Novak, T. P., & Hofacker, C. F. (2013). Consumer power: Evolution in the digital age. *Journal of Interactive Marketing, 27*(4), 257–269.

Lanier, J. (2018). *Zehn Gründe, warum du deine Social Media Accounts sofort löschen musst.* Hamburg: Hoffmann und Campe.

Levermann, T. (2018). Wie Algorithmen eine Kultur der Digitalität konstituieren: Über die kulturelle Wirkmacht automatisierter Handlungsanweisungen in der Infosphäre. *Journal für korporative Kommunikation, 2*, 31–42. PID: https://nbn-resolving.org/urn:nbn:de:0168-ssoar-62401-9.

Magee, J. C., & Galinsky, A. D. (2008). *The self-reinforcing nature of social hierarchy: Origins and consequences of power and status.* IACM 21st annual conference paper. PID: https://doi.org/10.2139/ssrn.1298493.

Mau, S. (2017). *Das metrische Wir: über die Quantifizierung des Sozialen.* Berlin: Suhrkamp.

Metz, M., & Seeßlen, G. (2019). Sonderangebote: „Kreative" Preisgestaltung soll Kaufimpulse auslösen. *Deutschlandfunk Essay und Diskurs* vom 19.05.2019. https://www.deutschlandfunk.de/sonderangebote-kreative-preisgestaltung-soll-kauf-impulse.1184.de.html?dram:article_id=444842. Zugegriffen am 04.08.2019.

Mühlhoff, R. (2018). Digitale Entmündigung und User Experience Design. Wie digitale Geräte uns nudgen, tracken und zur Unwissenheit erziehen. *Leviathan, 46*(4), 551–574.

Nassehi, A. (2019). *Muster. Theorie der digitalen Gesellschaft.* München: C. H. Beck.

Picard, R. W. (2000). *Affective computing.* Boston: MIT Press.

Prinzing, M. (2015). Shitstorms. In K. Imhof, R. Blum, H. Bonfadelli, O. Jarren, & V. Wyss (Hrsg.), *Demokratisierung durch Social Media? Mediensymposium* (S. 153–176). Wiesbaden: Springer VS.

Raven, B. H. (1992). A power/interaction model of interpersonal influence: French and Raven thirty years later. *Journal of Social Behavior and Personality, 7*(2), 217–244.

Raven, B. H. (1993). The bases of power: Origins and recent developments. *Journal of Social Issues, 49*(4), 227–251.

Rucker, D. K., Galinsky, A. D., & Dubois, D. (2011). Generous paupers and stingy princes: Power drives consumer spending on self versus others. *Journal of Consumer Research, 37*(6), 1015–1029.

Rucker, D. K., Galinsky, A. D., & Dubois, D. (2012). Power and consumer behavior: How power shapes who and what consumers value. *Journal of Consumer Psychology, 22*(3), 352–368.

Russell, B. (2010). *Macht*. Zürich: Europa.

Schmalt, H.-D., & Heckhausen, H. (2010). Machtmotivation. In J. Heckhausen & H. Heckhausen (Hrsg.), *Motivation und Handeln* (Bd. 4, S. 211–236). Berlin/Heidelberg: Springer.

Scholl, W. (2007). Das Janus-Gesicht der Macht. Persönliche und gesellschaftliche Konsequenzen Rücksicht nehmender versus rücksichtsloser Einwirkung auf andere. In B. Simon (Hrsg.), *Macht: Zwischen aktiver Gestaltung und Missbrauch* (S. 27–46). Göttingen: Hogrefe.

Scholl, W. (2014). Führung und Macht: Warum Einflussnahme erfolgreicher ist. *Wirtschaftspsychologie aktuell, 13*(1), 28–32.

Searls, D., & Weinberger, D. (2015). New clues. *Cluetrain*. https://newclues.cluetrain.com. Zugegriffen am 04.08.2019.

Skinner, B. F. (1973). *Wissenschaft und menschliches Verhalten*. München: Kindler.

Smith, A. (2018). *Der Wohlstand der Nationen* (Erstveröffentlichung 1789). München: dtv.

Srnka, K. J., & Schweitzer, F. M. (2000). Macht, Verantwortung und Information: der Konsument als Souverän? – Theoretische Reflexion und praktische Ansätze am Beispiel ökologisch verantwortlichen Kaufverhaltens. *Zeitschrift für Wirtschafts- und Unternehmensethik, 1*(2), 192–205.

Statista. (2018). Umsatz von ausgewählten Internet- und Tech-Unternehmen weltweit im Jahr 2018 (in Milliarden US-Dollar). *Statista*. https://de.statista.com/statistik/daten/studie/187086/umfrage/internetunternehmen-nach-ihrem-umsatz-weltweit. Zugegriffen am 30.08.2019.

Tagesspiegel. (2018). Die Alltagstricks der Betrüger: Wie man Amazon oder Zalando prellt. *Tagesspiegel*. https://www.tagesspiegel.de/wirtschaft/die-alltagstricks-der-betrueger-wie-man-amazon-oder-zalando-prellt/21030412.html. Zugegriffen am 16.08.2019.

Thaler, R. (2018). *Missbehaving: Was uns die Verhaltensökonomik über unsere Entscheidungen verrät*. München: Siedler.

Thaler, R., & Sunstein, C. (2012). *Nudging: Wie man kluge Entscheidungen anstößt* (2. Aufl.). Berlin: Ullstein.

Verbraucherzentrale Bundesverband e. V. (2019). Marktwächterwarnung: Kontaktsperre für Wish-Kunden. *Marktwächter*. https://www.marktwaechter.de/pressemeldung/marktwaechterwarnung-kontaktsperre-fuer-wish-kunden. Zugegriffen am 16.08.2019.

Weinberger, D., Locke, C., Levine, R., & McKee, J. (2000). *The Cluetrain Manifesto*. Harlow: Pearson.

Witte, E. H. (2002). Theorien zur sozialen Macht. In D. Frey & M. Irle (Hrsg.), *Theorien der Sozialpsychologie* (Bd. 2, S. 217–246). Bern: Hans Huber.

Witte, E. H. (2006). Macht. In H.-W. Bierhoff & D. Frey (Hrsg.), *Handbuch der Psychologie Band 3, Handbuch der Sozialpsychologie und Kommunikationspsychologie* (S. 629–637). Göttingen: Hogrefe.

YouGov. (2019). *AdBlocker-Nutzer: anspruchsvoll, nicht verloren. Eine Studie auf Basis der YouGov Profiles*. Köln: YouGov.
Zuboff, S. (2018). *Das Zeitalter des Überwachungskapitalismus*. Frankfurt a. M.: Campus.
Zuboff, S. (2019). Surveillance Capitalism – Überwachungskapitalismus. Essay. *Aus Politik und Zeitgeschichte*, 69(24–26), 4–9.

Prof. Dr. Thomas Levermann ist Professor für Digital Management und Studiendekan für Medien- und Kommunikationsmanagement an der Hochschule Fresenius. Er studierte und promovierte bei Prof. Dr. Werner Kroeber-Riel in Saarbrücken Betriebswirtschaft und Konsumentenverhalten. Anschließend arbeitete er viele Jahre bei führenden deutschen Medienhäusern im Management und begleitete als selbstständiger Berater die digitale Transformation.

Ausgewählte Veröffentlichungen

- Levermann, T. (2019): Customer Relationship Marketing. Grundwissen Kundenbeziehungsmanagement. Norderstedt: BoD.
- Levermann, T. (2018): Wie Algorithmen eine Kultur der Digitalität konstituieren: Über die kulturelle Wirkmacht automatisierter Handlungsanweisungen in der Infosphäre. In: Journal für korporative Kommunikation 1/2018, S. 31–42. Unter: http://journal-kk.de/wpcontent/uploads/2018/09/Jkk 201802.pdf.
- Levermann, T. (2017): Medienkompetenz neu lernen. In: C. Kappes, J. Krone & L. Novy (Hrsg.): Medienwandel kompakt 2014–2016. Wiesbaden: Springer VS, S. 421–424.
- Levermann T. (1998): Markt- und Kommunikationsbedingungen für den Einsatz innovativer Marketingmaßnahmen. In: O. Nickel (Hrsg.): Eventmarketing – Grundlagen und Erfolgsbeispiele. Vahlen: München, S. 15–24.
- Levermann, T. (1995): Entwicklung eines Expertensystems zur Beurteilung von Werbestrategien. Wiesbaden: Gabler 1995.
- Esch, F.-R. & Levermann, T. (1995): Positionierung als Grundlage des strategischen Kundenmanagements. In: Thexis, 12. Jg., Heft 4, S. 8–16.
- Esch, F.-R./Levermann, T. (1994): Handelsunternehmen als Marken. Messung, Aufbau und Stärkung des Markenwertes – ein verhaltenswissenschaftlicher Ansatz. In: V. Trommsdorff, V. (Hrsg.): Handelsforschung 1994. Systeme im Handel, Jahrbuch der Forschungsstelle für den Handel Berlin (FfH) e. V. Wiesbaden: Gabler, S. 79–102.

Symmetrische und asymmetrische Macht

Jan Rommerskirchen

Die sich so stark geben, sind in Wahrheit schwächer als sie auftreten, und diejenigen, die meinen, sie seien zur Ohnmacht verurteilt, sind stärker als sie vermuten. Die Mächtigen von heute sind geplagt von inneren Widersprüchen, verwirrt durch Irrtümer, tief verunsichert von nagenden Zweifeln. Sie können keine anziehenden, glaubhaften Zukunftsbilder mehr entwerfen, weil sie nur noch so tun, als glaubten sie an ihre Schlagworte vom unversiegbaren Reichtum, an ihre Versprechung demokratischer Freiheit, die sie selber ständig verletzen. (Robert Jungk 1983, S. 12)

Macht steht unter Verdacht. Wer Macht besitzt und ausübt, wird schnell verdächtigt, andere Menschen zu unterdrücken und ihnen Gewalt anzutun. Erratische Präsidenten und Politik, hedonistische Musiker und Schauspieler oder eigensinnige Manager und Professoren werden zunehmend öfter beschuldigt, unangemessen zu reden und zu handeln. Der Vorwurf lautet dann, dass sie mit ihrer Macht die Würde, die Freiheit, die Gleichheit oder das Recht auf Selbstbestimmung über den eigenen Körper und die eigenen Gedanken der anderen Menschen verletzen würden. Um die Mächtigen zu binden, verbünden sich die Verletzten in sozialen Bewegungen und bemühen sich ihrerseits um Gegenmacht: *Occupy Wall Street, Attac, Extinction Rebellion, Fridays For Future, MeToo* und viele andere.

J. Rommerskirchen (✉)
Hochschule Fresenius, Düsseldorf, Deutschland
E-Mail: Rommerskirchen@hs-fresenius.de

© Springer Fachmedien Wiesbaden GmbH, ein Teil von Springer Nature 2020
J. Rommerskirchen (Hrsg.), *Die neue Macht der Konsumenten*,
https://doi.org/10.1007/978-3-658-28559-3_5

Macht ist ein allgegenwärtiges Phänomen in jeder Gesellschaft. In allen privaten und beruflichen Beziehungen tritt sie mal offen als Drohung, mal versteckt als Bitte auf. In Familien, unter Freunden und Kollegen strukturiert Macht das Handeln von Menschen, indem sie Möglichkeiten des Eingreifens in die Welt eröffnet oder untersagt. Macht ist ein soziales Ordnungsprinzip, sie schafft Strukturen in Gemeinschaften und weist Rollen zu, klärt die Grenzen zwischen oben und unten, opponiert und fraternisiert Gruppen und Individuen, verbindet die Mächtigen bzw. die Machtlosen miteinander. Und doch bleibt sie zumeist diffus und unausgesprochen. Niklas Luhmann bemerkte dazu: „Die Macht der Macht scheint im Wesentlichen auf dem Umstand zu beruhen, dass man nicht genau weiß, um was es sich eigentlich handele" (Luhmann 1969, S. 149). Statt von Macht zu sprechen, geht es dann um die sozialen und ökonomischen Strukturen, die Rechte, Interessen und Ansprüche der Menschen. Macht ist in der Regel ein verbotener Begriff. Wer ihn benutzt, steht selbst schnell unter Verdacht des Missbrauchs, der Übergriffigkeit und der Grenzüberschreitung. Das Paradoxon lautet daher: Macht ist allgegenwärtig und zugleich ein Tabu.

Wenn es um Macht und Machthaber geht, ist zumeist die Rede von den sogenannten Eliten einer Gesellschaft und einzelnen Personen wie Königen, Politikern, Militärs, Unternehmern oder Bankern. Um sie geht es in diesem Beitrag nicht. Die Frage, die dieser Beitrag zu beantworten versucht, lautet, ob Konsumenten Macht haben. Konsumenten sind Menschen in ihrer ökonomischen Rolle, deren Denken und Handeln als Wirtschaftssubjekte auf die private Bedürfnisbefriedigung ausgerichtet ist. Durch diese spezifische Rolle unterscheiden sich Menschen als Konsumenten von ihren Rollen als Bürger, Familienmitglied, Mitarbeiter, Nachbar oder Freunde. Menschen sind zumeist alle diese Rollen und in jeder Rolle mögen sie mehr oder weniger Macht haben. Wie und welche Art von Macht der einzelne Mensch in seinen Rollen ausüben kann oder auch nicht, hängt von vielen individuellen Bedingungen und Erwartungen ab, von Sanktionen und Strukturen, Sozialisation und sozialem Umfeld. Nachfolgend geht es um die Konsumenten als soziale Gruppe mit kollektiv zuschreibbaren Rechten und Pflichten, Intentionen und Erwartungen an ihr Umfeld, also an die Unternehmen, den Markt, die Gesellschaft. Die konkretere Frage dieses Beitrags ist also nicht, ob *der* Konsument Macht hat, sondern, ob *die* Konsumenten Macht haben.

Haben die Konsumenten Macht? Welche Art von Macht kann dies sein und wie weit reicht diese Macht? Können die Konsumenten andere Menschen oder Unternehmen zu einem erwünschten Handeln zwingen oder können sie lediglich um Beachtung bitten? Bislang ist die Macht der Konsumenten nur metaphorisch ein Thema. Bei Ludwig Erhard (1957) war der Kunde zwar König, von Macht sprach der Erfinder der sozialen Marktwirtschaft aber nie. Heute tragen Konsumenten eine

Verantwortung und ihre Interessen werden von Verbraucherorganisationen geschützt, ihre Wahlfreiheit wird aber kaum als Macht betrachtet. Zwar geben sie in Deutschland jährlich mehr als 500 Milliarden Euro für den Konsum aus, sehen sich aber machtlos angesichts einer globalen Wirtschaft. Sie können in unzähligen Foren und Plattformen aller Art ihr Wohlwollen oder zumeist ihren Unmut über Unternehmen, deren Produkte und Leistungen zum Ausdruck bringen, fühlen sich aber trotzdem zumeist ohnmächtig. Haben die Konsumenten also keine Macht?

Zur Klärung der Lage – und zur Beantwortung dieser Fragen – sollen in diesem Beitrag zunächst zwei Formen von Macht vorgestellt bzw. definiert werden: Die erste, klassische Machtform ist die *asymmetrische Macht* einiger weniger *über* viele andere, die zweite, kollektive Machtform ist die *symmetrische Macht zu handeln* und die Welt in und durch Gruppen oder Organisationen zu verändern. Beide Machtformen werden anschließend als Handlungsmacht kritisch betrachtet: Hierbei geht es um die Frage, welche Machtform unter welchen Voraussetzungen und in welchem sozialen Kontext welche Handlungen ermöglicht. Diese Frage wird dann auf die reale Handlungsmacht von Unternehmen und Konsumenten übertragen. Abschließend geht es um die aktuellen Gefährdungen der Macht der Konsumenten, um die Risiken und die Chancen, die sich aus ihrer Handlungsmacht und ihren Gefährdungen ergeben. Zur Klärung der Lage werden in diesem Beitrag keine Befragungen oder Fallbeispiele zur empirischen Vermessung der Wirklichkeit herangezogen, es geht nachfolgend um nicht mehr und nicht weniger als eine philosophisch-soziologische Klärung der Macht der Konsumenten, ihrer Formen und Begrifflichkeiten.

Asymmetrische Macht

Die Macht hat wenige Freunde und viele Feinde. Dieser Widerwille gegen die Macht hat zahlreiche Gründe. Wer in der Politik als Machthaber gilt, wird schnell als Potentat und Diktator gebrandmarkt und als Machiavellist diskreditiert. Einer solchen Person ist absolut jedes Mittel recht, welches sie an die Macht bringt oder zu ihrem Machterhalt beiträgt. Sie kennt weder Recht noch Moral, nur Machtstreben. Beschrieben wurde dieser Typus des Herrschers von Niccolò Machiavelli im frühen 16. Jahrhundert. Machiavelli, der Praktiker der Macht, sieht vor allem das Schlechte in den Menschen und in ihren Herrschern, da seine Welt, die Zeit der Renaissance, von konkurrierenden Stadtstaaten, gewalttätigen Tyrannen und gierigen Päpsten geprägt ist (vgl. Machiavelli 1995). Um politische Stabilität wiederherzustellen, rät er dem Fürsten deshalb zum uneingeschränkten Gebrauch aller Mittel zur Machtausübung. Ein Herrscher müsse die Klugheit des Fuchses und die

Kraft des Löwen haben, er müsse dem Volk als guter Herrscher erscheinen, es aber nicht notwendigerweise auch sein. Er müsse zwar die Traditionen, die Moral und das Recht als hilfreich für den Machterhalt sehen, dürfe darin aber keine Einschränkung seiner Machtausübung oder auch der gewalttätigen Rache an all jenen sehen, die ihn daran hindern wollen. Der mächtige Fürst herrsche mit allen Mitteln über seine Untertanen.

Auch Thomas Hobbes, der Theoretiker der Macht, geht von einer negativen Anthropologie aus und sieht im Streben nach Macht, das er als ein nie ermüdendes Bedürfnis in jedem Menschen betrachtet, die Ursache des Kriegs aller gegen alle im Naturzustand: „So halte ich an erster Stelle ein fortwährendes und rastloses Verlangen nach immer neuer Macht für einen allgemeinen Trieb der gesamten Menschheit, der nur mit dem Tode endet. Und der Grund hierfür liegt nicht immer darin, dass sich ein Mensch einen größeren Genuss erhofft als den bereits erlangten, oder dass er mit einer bescheidenen Macht nicht zufrieden sein kann, sondern darin, dass er die gegenwärtige Macht und die Mittel zu einem angenehmen Leben ohne den Erwerb von zusätzlicher Macht nicht sicherstellen kann" (Hobbes 1992, S. 75). Um dem grausamen Recht des Stärkeren ein Ende zu setzen, müsse einem Leviathan, einem sterblichen Gott, von den Menschen per Vertrag alle Macht zugesprochen werden. Seine Macht müsse grenzenlos sein: Er bestimme, was Recht ist und was Unrecht ist, er entscheide allein über Wohl und Wehe, über Leben und Tod seiner Untertanen. Die Omnipotenz des Leviathans möge zwar negative Folgen für einige haben, sei aber, so Hobbes, jeder Form der Gewaltenteilung und des daraus notwendigerweise folgenden Streits um die Macht vorzuziehen (vgl. Hobbes 1992, S. 162).

Doch gerade dieser andauernde Streit ist für Karl Marx die Triebfeder der sozialen Entwicklung. Der ewige und eskalierende Kampf um die Macht zwischen Herren und Knechten, Unterdrückern und Unterdrückten, letztlich Kapitalisten und Proletariern sei „die Geschichte aller bisherigen Gesellschaften" (Marx und Engels 1959, S. 462). Diese Geschichte habe die Menschen in die Industrialisierung und in die kapitalistische Produktionsweise geführt, und einzig das Geld, der universelle und allmächtige Kuppler, bestimme darüber, wer und was zusammenpasse (vgl. Marx 1968, S. 563). Die Macht über das Geld und die Menschen, die in vorkapitalistischer Zeit bei den Königen und Theokraten lag, hätten nun die Kapitalisten, „ob er nun als vereinzelter Kapitalist auftritt, oder, wie bei den Aktiengesellschaften, als kombinierter Kapitalist" (Marx 1969, S. 353). Zwar ist für Marx (1969, S. 355) die Kooperation „die Grundform der kapitalistischen Produktionsweise", jedoch werde diese Kooperation durch den „unvermeidlichen Antagonismus zwischen dem Ausbeuter und dem Rohmaterial seiner Ausbeutung" geprägt – der Kapitalist werde notwendig zum „industriellen Befehlshaber" über seine

Symmetrische und asymmetrische Macht 93

Arbeiter und im Kapitalismus entwickelt der „Despotismus seine eigentümlichen Formen" (Marx 1969, S. 350 f.). Industrielle Kooperation heißt daher für Marx: Das Tun des Arbeiters ist dem Zweck des Kapitalisten unterworfen, die Macht des Kapitalisten unterwirft den Arbeiter.

Die klassische soziologische Definition von Macht stammt bekanntlich von Max Weber (2008, S. 38): „Macht bedeutet jede Chance, innerhalb einer sozialen Beziehung den eigenen Willen auch gegen Widerstreben durchzusetzen, gleichviel worauf diese Chance beruht." Mit dieser Definition bringt Weber auch den Machtbegriff von Machiavelli, Hobbes und Marx auf den Punkt: Macht bedeute, Macht *über* andere Menschen zu haben, ihr Denken und ihr Handeln nach eigenem Ermessen zu beeinflussen, zu steuern oder gar zu erzwingen. Letzteres ist für Weber jedoch ein seltener Fall, denn in sozialen Beziehungen, in denen die Akteure „aufeinander gegenseitig eingestellt" (Weber 2008, S. 19) seien, sei das gemeinsame Handeln normalerweise unproblematisch und die friedliche Kooperation die Regel. Doch sei es nun mit Zustimmung oder gegen Widerstreben, die Macht ist für Weber generell „soziologisch amorph" (Weber 2008, S. 38) und eigentlich nur ein Oberbegriff für die Durchsetzung eines Willens in jeder denkbaren Art sozialer Beziehungen. So verstanden, subsumiere Macht somit auch den Zwang und die Gewalt, vor allem aber den für Weber soziologisch interessanteren Begriff der Herrschaft mit seinen Ausformungen.

Bei allen Unterschieden zwischen den Gedanken über die Macht bei Machiavelli, Hobbes, Marx und Weber lässt sich doch eine gemeinsame Ausrichtung feststellen: Sie alle betrachten Macht als unmittelbare Handlungsmacht, als Ausübung der Macht des Machtinhabers *über* den oder die Unterworfenen. Diese klassische Vorstellung von Macht fordert geradezu die unbedingte Durchsetzung des eigenen Willens – der Macht des einen steht die Ohnmacht der anderen gegenüber. Hier ist Macht, dort ist Verzicht und Unterwerfung. Der Mächtige hat einen Willen und er wird die geeigneten Mittel einsetzen, um diesen seinen Willen in die Tat umzusetzen. Macht haben bedeutet, die Verfügungsgewalt über die Mittel zu besitzen, um den erwünschten Zweck zu realisieren. Diese Machtform – die Macht des einen *über* den oder die anderen – soll hier *asymmetrische Macht* heißen.

Symmetrische Macht

Die zweite Machtform, die nachfolgend symmetrische Macht genannt wird, unterscheidet sich grundlegend von der ersten, der asymmetrischen Macht. Um die symmetrische Machtform zu verstehen, muss man in der Theoriegeschichte auf die Ursprünge des Begriffs Macht zurückgehen und dieser Weg führt in die griechische

Antike und vor allem zu Aristoteles. Für ihn hat alles und jeder ein Ziel und alles Lebendige und Nicht-Lebendige kann sein Wesensziel, unter passenden Umständen, erreichen: Das Ziel (*telos*) sei allem Seienden zunächst als Möglichkeit gegeben – der Stein könne ein Haus werden, der Baum ein Musikinstrument, der Mensch ein Arzt. Werde das Wesensziel erreicht, so werde die Möglichkeit zur Aktualität, die Potenz zum Akt. Die Kraft, die die Potenz zum Akt zu verändern vermag, nennt Aristoteles das Vermögen (*dýnamis*). Dieses Vermögen ist für ihn somit das Prinzip jeder Veränderung, sei es die Veränderung eines Steins, eines Baums oder eines Menschen (vgl. Aristoteles 1995, S. 109 [1020a 5]). Das Vermögen, die noch nicht eingetretene Möglichkeit zu verwirklichen, kann somit als eine Form von Macht verstanden werden. Macht vermag zu verändern. Ohne Macht gibt es keine Veränderung und kann kein Ziel erreicht werden: Macht vermag Ziele zu verwirklichen. Für Aristoteles ist Macht somit das Vermögen zu handeln und die Voraussetzung für die Realisierung von Möglichkeiten und damit der Verwirklichung des Wesens von Dingen und von Lebewesen.

Dieser aristotelischen Konzeption von Macht als das Vermögen zu verändern folgt auch Hannah Arendt in ihrer Vorstellung des aktiven Lebens in der Gemeinschaft. Das aktive Leben stelle das Sprechen und Handeln miteinander in den Fokus, um die Gemeinschaft zu erhalten. Gemeinschaftlich leben heiße, dass „alle Angelegenheiten vermittels der Worte, die überzeugen können, geregelt werden und nicht durch Zwang oder Gewalt" (Arendt 1992, S. 30). Zwang und Gewalt zerstörten die Gemeinschaft, da sie die Beziehungen von Menschen ohne Einvernehmen und das Bemühen um gegenseitige Verständigung erzwängen. Das Besondere der Macht liegt für Arendt in „der menschlichen Fähigkeit, nicht nur zu handeln oder etwas zu tun, sondern sich mit anderen zusammenzuschließen und im Einvernehmen mit ihnen zu handeln" (Arendt 1981, S. 45). Die Macht *zu* gemeinsamem Handeln mithilfe kommunikativer Mittel ist daher für Arendt das Vermögen, das spezifisch menschliche Wesen, seine politische Natur, zum Ziel des gemeinsamen Lebens zu führen. Macht gehöre deshalb „zum Wesen aller staatlichen Gemeinwesen" (Arendt 1981, S. 52), und niemals könne ein Einzelner sie ausüben; Macht „ist im Besitz einer Gruppe und bleibt nur solange existent, als die Gruppe zusammenhält" (Arendt 1981, S. 45).

Die Macht zu handeln steht auch für Jürgen Habermas im Zentrum seiner Gesellschaftstheorie. Habermas (1976, S. 946) entwickelt wie Hannah Arendt ein Handlungsmodell, welches gemeinschaftliches Handeln durch zwanglose Kommunikation legitimiert. Während Arendt jedoch das Bemühen um Verständigung in einer Gruppe mit einer Mehrheitsentscheidung beendet, fordert Habermas darüber hinaus den Konsens in einem gemeinsamen Einverständnis (vgl. Becker 2012). Der zwanglose Zwang des besseren Arguments führt für Habermas nicht nur zur

Verständigung über den Gegenstand der Diskussion und die angeführten Geltungsansprüche, er soll auch eine gemeinsame Zustimmung zu den lebensweltlichen Problemen herbeiführen und die „Kolonialisierung" der Lebenswelt durch „systemische Mechanismen" (Habermas 1981, S. 293) abwehren. Die Macht zu handeln stützt sich für Habermas deshalb auf die kommunikative Legitimation im zwanglosen kollektiven Einverständnis der Diskursgemeinschaft.

Anthony Giddens geht noch einen Schritt weiter. Für ihn ist Macht nicht nur an Kommunikation gebunden, sondern, wieder im aristotelischen Sinne des Vermögens, an jede Form des Handelns. Macht ist „ein Mittel, Aufgaben zu erfüllen" (Giddens 1996, S. 200). Wer handelt, übe „irgendeine Form von Macht" aus, er könne „in die Welt eingreifen" und habe die Fähigkeit, *„einen Unterschied herzustellen* zu einem vorher existierenden Zustand oder Ereignisablauf" (Giddens 1984, S. 65 f.). Daher ist Macht für ihn nicht nur ökonomischer, politischer oder militärischer Natur, sie drückt sich auch im Umgang mit Wissensressourcen aus. Giddens erkennt, ähnlich wie auch Foucault, dass der gezielte Einsatz von Wissen und Formen des Sprechens die Beziehungen zwischen Menschen strukturiert – und durchaus auch strukturelle Gleichheiten oder Ungleichheiten herstellen kann. Auch Wissen sei Macht in sozialen Beziehungen und gerade in komplexen Gesellschaften und immer schnellerer Globalisierung „fordert das Streben nach Maximierung der Chancen und Minimierung folgenreicher Risiken zweifellos einen koordinierten Einsatz von Macht" (Giddens 1996, S. 200).

Mit Blick auf die Gemeinsamkeiten bei Aristoteles, Arendt, Habermas und Giddens sieht man, dass die vier ausgewählten Denker die Macht *zu handeln* beschreiben. Macht ist für sie eine allgemeine menschliche Fähigkeit und daher immer auch ein gesellschaftliches Phänomen, sie wirkt körperlich und sprachlich in jeder sozialen Praxis. Macht ist immer da, wenn Menschen überhaupt handlungsfähig sind, und sie bedingt die Möglichkeit des Handelns. Im einzelnen Menschen, in Gruppen und in Organisationen bedarf es der Macht zur Veränderung der Welt, sie macht aus den Möglichkeiten des einzelnen Menschen gemeinsame Realitäten in der gesellschaftlichen Praxis von Gruppen und Organisationen. Diese Macht, zu handeln und Veränderungen zu bewirken, ist als soziale Praxis immer auch *sozial legitimiert*, denn sie impliziert die Antizipation (*ex ante*) und die Akzeptanz (*ex post*) positiver oder negativer Sanktionen des sozialen Feldes. Diese Macht *zu handeln* soll hier *symmetrische Macht* heißen.

Handlungsmacht

Das intentionale Handeln ist als zweckvolles Tun zur Verwirklichung eines vorgestellten Ziels und zur Realisierung praktischer Vernunft ein Kennzeichen sozialer, selbstbewusster und vernunftbegabter Wesen (hierzu Tomasello 2014). Die Intentionen solcher Wesen müssen soziale Strukturen in ihrer Gemeinschaft kennen und berücksichtigen, sie müssen, mit anderen Worten, Machtformen bei ihren Überlegungen einbeziehen und einschätzen, ob sie sich ihrer asymmetrischen Macht bedienen können oder ob sie innerhalb symmetrischer Machtverteilungen agieren müssen. Handlungenmacht kann folglich asymmetrisch oder symmetrisch sein. Der gezielte Einsatz asymmetrischer Macht stützt sich dann auf die strukturelle Überlegenheit und Durchsetzungsgewalt eines Menschen oder einiger weniger über die vielen anderen. Sie negiert jegliche Rechtfertigung, bedarf weder ausgefeilter Strategien noch öffentlicher Zustimmung.

Die symmetrische Macht ist komplexer. Sie ist auf kommunikative Mittel angewiesen, um gemeinsames Handeln zu ermöglichen und kooperativ ein Ziel zu erreichen. Die kommunikative Vermittlung und Verständigung mit anderen über den Sinn, den Zweck und das Ziel des Handelns ist dabei der erste Schritt. Um diesen ersten Schritt zu gehen, muss jeder Akteur sein Handeln objektivieren, d. h., er muss sich als Objekt der anderen Akteure betrachten. Dieser Rollentausch oder Perspektivenwechsel vermittelt dem Akteur eine Vorstellung von den Erwartungen der anderen an ihn und beeinflusst seine Aktionen zum Aufbau einer sozialen Beziehung (vgl. Mead 1980, S. 243). Er muss abschätzen, ob er mit Unterstützung rechnen darf oder Widerspruch provozieren wird, wie sein Gegenüber bestimmte Argumente versteht und welche Ziele die anderen haben. Erst aus dieser Einschätzung der anderen und durch die Objektivierung seines Selbsts kann der Akteur eine Beziehung kommunikativ initiieren und kooperativ stabilisieren.

Die symmetrische Macht, die daraus entsteht, nennt Robert Brandom den *deontischen Status*. Dieser Status ist Teil einer sozialen Praxis, in der die Festlegungen und Behauptungen jedes Akteurs ein Zug in einem Spiel sind (vgl. Brandom 2000, S. 251 ff.). Die Spieler führen in diesem Spiel jeweils Konten für ihre Mitspieler, in denen sie die Signifikanz der Performanzen der anderen bewerten und als deontischen Status füreinander festhalten. Die deontische Kontoführungspraxis basiert somit auf normativen Festlegungen und öffentlichen Behauptungen, für die die Akteure Verantwortung übernehmen sollen. Die Autonomie eines jeden Spielers beruht dabei auf normativen Status der Selbstverpflichtung, die wiederum gegenseitige Anerkennungen als Teilnehmer im Spiel der verbindlichen sozialen Praxis instituiert (vgl. Brandom 2015, S. 79). In einer solchen normativen Anerkennungsgemeinschaft verweisen die Autorität jedes Akteurs und die Übernahme von Verantwortung daher aufeinander. Autonomie und Verantwortung bauen dabei aufeinander auf und schaffen jene symmetrische Machtverteilung, aus der gemeinsames Handeln als soziale Praxis entsteht.

Auch Jo Reichertz betrachtet die soziale Kommunikationsmacht als wesentlich für die Handlungssicherheit in sozialen Gruppen (vgl. Reichertz 2011, S. 228). Soziale Macht „resultiert aus der in und mit der Kommunikation geschaffenen sozialen Beziehung und der durch die Beziehung grundgelegten Beweggründe" (Reichertz 2011, S. 232). Erst die Anerkennung der anderen mit ihren normativen Einstellungen schaffe jene Verlässlichkeit in der sozialen Praxis, aus der die Macht der richtigen Worte und der passenden Argumente entstehe: „Zur Macht gehört die Zustimmung zur Macht des Gegenübers" (Reichertz 2011, S. 236). Auch für Reichertz ist die Symmetrie von Verantwortung, Anerkennung und Macht daher die Grundbedingung sozialer Beziehungen und des sozialen Handelns in Gesellschaft.

Dies gilt gerade und zunehmend in komplexen und globaleren Gesellschaften, die nicht nur zur „kommunikativen Verflüssigung des Wissens und Handelns" (Knoblauch 2008, S. 280) führen, sondern auch zur „*Entbettung*" des Individuums. Giddens versteht darunter das „*Herausheben* sozialer Beziehungen aus ortsgebundenen Interaktionszusammenhängen und ihre unbegrenzte Raum-Zeit-Spannen übergreifende Umstrukturierung" (Giddens 1996, S. 33). Damit die Verflüssigungen des Wissens, des Handelns, sozialer Strukturen und Beziehungen und die damit verknüpften Entbettungsmechanismen nicht in der Orientierungs- und Handlungslosigkeit des Individuums in Gemeinschaften enden, bedürfe es des wechselseitigen Vertrauens. Vertrauen ist für Giddens deshalb „in fundamentaler Weise mit den Institutionen der Moderne verbunden" (Giddens 1996, S. 39), worunter er insbesondere die Institutionen der sozialen Expertensysteme versteht, denen „gesichtsunabhängige" (Giddens 1996, S. 107) Bindungen zugrunde liegen und die von den Laien ein ungewisses Kalkül der Nutzen und Risiken fordern. Ohne Expertenwissen bleibe für dieses Kalkül jedoch zumeist nur das Gefühl von Vertrauen in das System, wenn denn gemeinsames Handeln noch möglich sein soll.

Welche eminente Rolle eine positive Einstellung zu Vertrauen und Kooperationsbereitschaft für die Handlungsmacht von Individuen in der Gesellschaft spielen, zeigt auch schon Talcott Parsons Kritik an der traditionellen (asymmetrischen) Machttheorie. Parsons hält die Vorstellung, dass Macht ausschließlich die Macht einer höheren sozialen Klasse über eine niedrigere Klasse sei, für kurzsichtig (vgl. Parsons 1957, S. 139). Eine solche argumentative Prämisse führe zur irrigen Annahme, dass Macht ein Nullsummen-Spiel wäre, in dem der Gewinn des einen immer genau dem Verlust des anderen entspräche (hierzu auch Homann 2014). Parsons schlägt vor, Macht eher „als etwas in einem sozialen Gefüge ‚Erzeugtes' zu verstehen, so wie etwa Wohlstand aus den Produktionsverhältnissen einer

Ökonomie entsteht" (Giddens 2012, S. 152). Parsons Vorstellungen über Macht entsprechen somit der in diesem Beitrag vorgeschlagenen Konzeption symmetrischer Macht.

Eine interessante spieltheoretische Analyse der Macht entwickelt Parsons dann, wenn er die sozialen Machtkonstellationen in der Gesellschaft in Analogie zum Gefangenendilemma untersucht (vgl. Parsons 1963). In dieser Spielsituation entscheiden sich die Spieler unter der Annahme, dass kein wechselseitiges Vertrauen besteht, für nicht-kooperatives Verhalten, welches in jedem Fall zu einem kollektiven Nutzenminimum führt, auch wenn das Resultat ein individuelles Nutzenmaximum sein kann (zur Spieltheorie siehe Rommerskirchen 2017, S. 251 ff.). Unter der Prämisse asymmetrischer Macht kann jeder Spieler zwar seinen eigenen Nutzen minimieren oder maximieren, er schadet mit seiner defektiven Strategie jedoch immer dem anderen und den möglichen kollektiven Spielgewinnen (vgl. Parsons 1963, S. 250 f.). In diesem Fall hat der defektierende Spieler die Macht über seinen nächsten Zug im Spiel und kann beispielsweise das Spiel bzw. weitere Verhandlungen abbrechen (vgl. Treiber 2012). Seine Handlungsmacht ist nicht auf Vertrauen und Kooperation angewiesen, die asymmetrische Macht über seine freie Entscheidung und den nächsten Spielzug dominiert den Gegner (vgl. hierzu Holler et al. 2019, S. 248 ff.). Solange seine Machtdemonstration glaubhaft und einschüchternd wirkt, kann er seinen eigenen Nutzen maximieren.

Das Problem des Gefangenendilemmas illustriert jedoch die fundamental prekäre Entscheidungssituation: Die Macht des einen ist immer auch die Macht des anderen, jeder Spieler kann die riskante Option der Defektion gegen den anderen ausspielen und damit das Spielergebnis für den anderen minimieren. Jeder Spieler verfügt zunächst über die asymmetrische Macht über den nächsten Zug. Eine nutzenmaximierende Gesamtstrategie setzt jedoch die Prämisse symmetrischer Machtverteilung zwischen den Spielern mit wechselseitigem Vertrauen und bedingungsloser Kooperationsbereitschaft voraus. Nur wenn man die Handlungsprämissen asymmetrischer Macht durch die Prämissen symmetrischer Machtverteilung ersetzt, kann man das Nullsummen-Spiel in ein Nicht-Nullsummen-Spiel transformieren. In diesem übertreffen die möglichen Kooperationsgewinne nicht nur die Verlustrisiken, sondern auch die individuellen Spieleinsätze. Der Kuchen wird gleichsam größer, wenn er vertrauensvoll und kooperativ geteilt wird. Viele Studien belegen, dass diese Analogie keinesfalls rein theoretischer Natur ist: So sind Gesellschaften, die vertrauensvoll und kooperativ interagieren, weltweit wirtschaftlich erfolgreicher als Gesellschaften, in denen Misstrauen und Defektion das soziale Handeln dominieren (vgl. hierzu Ortiz-Ospina und Roser 2019). Das Gelingen eines selbstbestimmten Lebens, Wohlstand, Sicherheit und Gesundheit hängen somit fundamental von der Handlungsprämisse des Vertrauens ab.

Dass jedoch gerade diese Prämisse des Vertrauens nicht nur riskant ist, sondern auch schwindet, zeigen andere Studien: Der Vertrauensverlust gegenüber allen politischen Institutionen, einem Großteil der Medien und der Marktwirtschaft mitsamt seinen Großkonzernen und Managern ist die Standardeinstellung der allermeisten Menschen in den westlichen Ländern (vgl. GfK-Verein 2019; Edelman 2019). Angesicht der Lügen von Managern und der Täuschungen von Unternehmen, fehlerhafter Produkte und unanständiger Entlohnungen ist dieses Problem selbstverschuldet und nachvollziehbar. Vertrauensverluste weisen aber auch immer auf Machtverschiebungen hin, denn nur asymmetrische Machtausübung kann auf Vertrauen verzichten und sie durch Propaganda und Manipulationen, Geld oder Zwang ersetzen. Die Erfahrungen aus der Geschichte zeigen jedoch, dass diese Strategie nur begrenzte Haltbarkeit aufweist, sozialen Fortschritt und ökonomisches Wachstum verhindert.

Die Strategie symmetrischer Machtverteilung ist hingegen auch langfristig überlegen und in der Logik des Gefangenendilemmas geeignet, in die Welt einzugreifen und die Geschehnisse für alle Akteure positiv zu beeinflussen. Die symmetrische Handlungsmacht impliziert jedoch, dass die Akteure die Überlegenheit der normativ besseren Gründe für das kollektive Ziel anerkennen und ihrer egoistischen Nutzenmaximierung aus vernünftigen Gründen unterordnen. Schon für Immanuel Kant bestand darin die einzige Möglichkeit, dass die Menschheit sich weiterentwickelt und Fortschritte macht. In seiner leidenschaftlichen Betrachtung der Französischen Revolution lobt Kant den Enthusiasmus der Menschen, mit dem sie den Kampf für die höheren Ziele der republikanischen Freiheit, Gleichheit und Brüderlichkeit verfolgen (vgl. Kant 1990, S. 357 ff.). Dieses Lob bezieht Kant jedoch nicht auf die Revolutionäre, da diese sich selbst einen Vorteil für sich versprechen und er natürlich auch den Blutzoll ihres Umsturzes entschieden ablehnt, sondern er lobt vor allem die europaweite Unterstützung der Zuschauer in den anderen Ländern. Er sieht, dass viele Menschen in Europa die normative Überlegenheit der moralischen Ziele der Revolution aus vernünftigen Gründen, ohne jedes eigennützige Motiv und selbst unter Androhung einer Strafe erkennen und unterstützen (hierzu auch Pauen 2012). Diese Einsicht in die Vernünftigkeit der Moral und die Anerkennung normativer Kooperationsvorteile trotz subjektiver Risiken und Nachteile ist für Kant ein empirischer Beweis für die Vermutung, dass ein gesellschaftlicher Fortschritt möglich ist und dieser „eine moralische Anlage im Menschengeschlecht zur Ursache haben kann" (Kant 1990, S. 358).

Auch für Kant ist somit der gesellschaftliche Fortschritt das Resultat von vertrauensvoller und kooperationswilliger symmetrischer Machtverteilung. Das Voranschreiten der Menschen und der Gesellschaften, bessere normative und moralische, politische und ökonomische Lebensbedingungen zu schaffen, wird erneut als ein gemeinsames Werk verstanden. Risiken aller Art und Kontingenzen, Globalisierungen und Nationalismen, Populismus und Lethargie, Verflüssigungen und Entbettungen machen die Moderne, wie Anthony Giddens es beschreibt, zur Fahrt mit dem Dschagannath-Wagen – kaum zügel- und berechenbar, ist er nur in Maßen steuerbar und zermalmt jeden, der sich ihm entgegenstellt (vgl. Giddens 1996, S. 172 f.). Damit der Dschagannath-Wagen den gewünschten Weg nimmt, müssen alle zusammenarbeiten und darauf vertrauen, dass jeder seinen Teil dazu beiträgt. Die Kooperationsgewinne des Gefangenendilemmas können ebenso wie die Route des Dschagannath-Wagens nur dann das erwünschte Ziel erreichen, wenn man Handlungsmacht als symmetrische Macht versteht und gemeinsam ausübt.

Unternehmensmacht

Die Macht der Unternehmen ist der offensichtliche Gegenpol zur Macht der Konsumenten und gerade hier ist der Widerspruch zwischen Eigensinn und Gemeinwohl, Markt und Moral unübersehbar. Einige Beispiele für diesen Widerspruch: Der Volkswagen-Konzern erzielte im letzten Jahr mehr als 230 Milliarden Euro Umsatz und einen Gewinn von 12,2 Milliarden Euro – mehr als jedes andere deutsche Unternehmen – trotz aller negativen Berichte über Betrug und Lügen (diese und nachfolgende Zahlen für 2018, siehe FAZ 2019). Die Deutsche Bank muss immer wieder zugeben, dass ihre Mitarbeiter getrickst und getäuscht haben, dennoch ist sie mit mehr als 90.000 Mitarbeitern und einer Bilanzsumme von gut 1,3 Milliarden Euro weiterhin die mit Abstand größte deutsche Bank. Die Ölkonzerne Royal Dutch Shell und British Petrol konnten 2018 einen Umsatz von fast 330 bzw. mehr als 250 Milliarden Euro verbuchen und lagen damit um 20 % über ihrem Vorjahresergebnis. Beide Ölkonzerne sind die umsatzstärksten Unternehmen Europas und kaum ein anderes Großunternehmen konnte eine bessere Umsatzsteigerung vermelden. Die lautstarke Kritik am Geschäft mit dem „schwarzen Gold" und den damit zusammenhängenden Umweltschäden hat dies offenbar kaum beeinflusst. Und auch die Vorwürfe der Manipulation und des Datenmissbrauchs haben nichts daran geändert, dass Facebook mit einem Börsenwert von 550 Milliarden US-Dollar das fünftgrößte Unternehmen der Welt ist. Und die Fondsgesellschaft BlackRock verwaltet fast 7 Billionen US-Dollar für seine Kunden – mehr Geld, als die Vereinigten Staaten und die Volksrepublik China im letzten Jahr zusammen an Staatseinnahmen verbuchen konnten – und investiert dieses Vermögen auch in die zuvor genannten vielfach kritisierten Unternehmen.

Haben ökonomische Korporationen wie Unternehmen oder Fondsgesellschaften also Macht und müssen sich deshalb nicht um moralische Vorwürfe scheren?

Offensichtlich haben große Unternehmen zumindest die Handlungsmacht, ihr Marktumfeld so zu gestalten, dass sie trotz aller Kritik wachsen und viel Geld verdienen. Und sicherlich haben Unternehmen eine Kommunikationsmacht, mit der sie Bedeutungen prägen, Konsumenten locken und vor allem deren soziale Bedürfnisse nach Anerkennung und Prestige befriedigen können (hierzu ausführlich Rommerskirchen 2018b). Sie haben auch eine Exkommunikationsmacht, mit der sie Konsumenten ausschließen und ihnen die Teilnahme an Gemeinschaften unmöglich machen können (vgl. hierzu Ortmann 2011). Die kommunikative Macht der Persuasion gehört heute mehr denn je zu den wichtigsten psychologischen und soziologischen Instrumenten der Unternehmenskommunikation, um das Verhalten von Konsumenten zu beeinflussen (vgl. Jonas et al. 2014, S. 232 ff.). Dies gelingt ihnen zunehmend besser, da das Modell des rationalen, informierten und kritischen Konsumenten längst als überholt gilt und der manipulier- und verführbare *Homo socius* an seine Stelle in der Konsumentenevolution getreten ist.

Trotzdem wäre es vorschnell oder gar zynisch zu glauben, dass Unternehmen ihre Kritiker ignorieren würden. Volkswagen will Elektromotoren fördern (auch wenn man dies aus guten Gründen für einen Irrweg halten kann), die Deutsche Bank verzichtet zunehmend auf intransparente Finanzmarktgeschäfte, die Ölkonzerne investieren mehr Geld als jemals zuvor in die nachhaltige Energieerzeugung, Facebook unterstützt (zaghaft) die Datensicherheit, und BlackRock-CEO Larry Fink fordert massiv mehr gesellschaftliches und soziales Engagement von jenen Unternehmen, in die er das Geld seiner Kunden investiert (zu Letzterem siehe Kemming 2019). Die Macht der Fondsgesellschaften, die Welt zu verändern, demonstriert auch immer wieder der Norwegische Pensionsfonds, mit einem verwalteten Vermögen von einer Billion US-Dollar der größte Staatsfonds der Welt: Auf Empfehlung des internen Ethikrates zog der Fonds seine Investitionen aus Tabak- und Waffenunternehmen ab und unterstützt keine Firmen mehr, die Palmöl anbauen, Kohle abbauen sowie Gas und Öl fördern. Der Fonds verzichtet deshalb auch auf renditestarke Beteiligungen in Großunternehmen wie Airbus, Boing, Rio Tinto und Walmart.

Bei aller berechtigter Kritik an den Unternehmen und Fonds darf man nicht vergessen, dass zumindest die meisten von ihnen sich durchaus ihrer Verantwortung bewusst sind und diese auch aktiv übernehmen. Der Fortschritt mag eine Schnecke sein, aber kaum ein Unternehmen kann es sich heute noch leisten, auf Engagement für nachhaltige Produktionsformen oder faire Produktionsbedingungen zu verzichten und dieses durch Bio- und Fairtrade-Zertifizierungen nachzuweisen. Von den lokalen und regionalen Aktivitäten vieler tausend mittelständischer Unternehmen bis zu globalen Stiftungen von Bill Gates, Warren Buffet und George Soros ist die Arbeit an einer besseren Welt unübersehbar. Die neue, alte soziale Rolle von

Unternehmen als *guter Bürger* jenseits von Profit und Rendite mag ein Ritt auf dem Dschagannath-Wagen sein, der oftmals vom Weg abkommt und manchen überrollt, aber die vielfältigen Erwartungen an die Legitimität des ökonomischen Systems sind nicht mehr aus der Welt zu bekommen (ausführlich in Rommerskirchen 2018a). Die Macht, diesen Erwartungen zu entsprechen, beziehen die Unternehmen wiederum aus der Zusammenarbeit mit Konsumentenbeiräten und Zertifizierungsorganisationen, Verbraucherschutz- und Hilfsorganisationen, Vereinen und Verbänden, Medien und Politik. Auch die Macht der Unternehmen ist in unserer Zeit – zumindest in vielen Bereichen und den meisten Märkten – eine symmetrische Macht.

Konsumentenmacht

In einer Demokratie geht alle Macht vom Volke aus: In Deutschland wird die Staatsgewalt laut Artikel 20 des Grundgesetzes vom Volk in Wahlen und Abstimmungen ausgeübt. In einer Marktwirtschaft geht alle Macht vom Konsumenten aus, die Konsumenten üben diese Macht in Kaufhandlungen aus. Die Analogie zum Gefangenendilemma ist offensichtlich: Alle Kommunikationen enden vor der Wahlurne bzw. dem Regal, Vertrauen erhöht die kollektiven Kooperationsgewinne, Misstrauen erhöht die Gefahr des einseitigen Spielabbruchs (Minimierung der Wahl- und Kaufwahrscheinlichkeit seitens des Bürgers und Konsumenten) oder der Verweigerung der Teilnahme (durch extreme programmatische Forderungen seitens einer Partei oder Maximierung des Preises seitens des Unternehmens). Nichts davon ist zwingend oder gewaltsam durchsetzbar, die erfolgreiche soziale Beziehung zwischen Bürger und Politik, Konsumenten und Unternehmen basiert in der Regel auf symmetrischen Machtverteilungen.

Schon in den 1960er-Jahren beginnt die vormals stark asymmetrische Angebotsmacht der Unternehmen zu bröckeln, immer mehr Märkte sind gesättigt und das Angebot übertrifft die Nachfrage. Die Individualisierung der Konsumenten und ihrer Bedürfnisse breitet sich aus, die Optionen nehmen zu, die tradierten Bedürfnisse, Bindungen und Ligaturen zerbrechen (vgl. Dahrendorf 1994). Die entstehenden Bürgerrechts-, Arbeiter-, Friedens- und ökologischen Bewegungen entwerfen in jenen Jahren „signifikante Leitlinien für potentielle künftige Transformationen" (Giddens 1996, S. 195). Eine veränderte Wahrnehmung des sozialen Raums schafft neue Themen, daraus entstehen Bürgerbewegungen und neue politische Parteien. Zusammen verändern sie nicht nur das Verständnis für Risiken und Zusammenhänge, sondern auch die Wirklichkeit des Zusammenlebens. Die Möglichkeiten neuer Lebensstile bedingen eigenständige ethische Überlegungen, sie beeinflussen die

Symmetrische und asymmetrische Macht

traditionellen moralischen Wertestrukturen und verändern die Rechtsprechungen (hierzu auch Rommerskirchen 2019a, S. 21 ff.). In vielen Lebensbereichen sind die westlichen Gesellschaften der 1950er-Jahre kaum noch mit denen der 2010er-Jahre zu vergleichen.

In den letzten beiden Jahrzehnten hat der Wunsch der Bürger nach Partizipation einerseits, der Wunsch der Unternehmen als guter Bürger zu gelten andererseits, die Systemwände der erstarrten *Postdemokratien* der 1990er-Jahre (vgl. Badiou und Rancière 1996) zunehmend diffundiert, und einige sehen in der *Konsultative* bereits eine neue vierte Gewalt (vgl. Nanz und Leggewie 2018). In konsultativen Gremien sollen sich Bürger, NGOs, Verbände und Unternehmen beraten und mit gemeinsamen Entscheidungen die Rolle der Zivilgesellschaft stärken (vgl. Steffek et al. 2007). Die Digitalisierung der Medien bietet der dazu notwendigen Bünde-lung von Interessen und der Vernetzung von Kommunikationen einen nie dagewe-senen technologischen Raum für den sozialen Fortschritt. Die Autoren des *Cluetrain*-Manifests sahen bereits 2009 in der Digitalisierung die Chance, dass Konsumenten und Unternehmen in einem gemeinsamen Diskurs ihre Interessen und Ziele kommunikativ aushandeln und miteinander kooperieren (vgl. Levine et al. 2009). Die Digitalisierung, so die Hoffnungen, würden nicht nur die Kommu-nikationsformen und die Kulturen der Unternehmen verändern, sondern auch die globale Kultur und die Gesellschaften der Welt voranbringen (vgl. Humphreys 2016). Und jüngst verbindet Armin Nassehi (2019, S. 327) mit *„der dritten Ent-deckung der Gesellschaft durch die Digitalisierung"* die Hoffnung, dass die Kom-plexität sozialer Strukturen, Systeme und Muster offengelegt und produktiv für die Menschen genutzt werden kann – und nicht nur für die Märkte.

Auch wenn dies noch zu realisieren bleibt: Sicherlich sind die Machtverteilun-gen in der Gesellschaft in den letzten Jahrzehnten insgesamt symmetrischer geworden. Auf die Forderungen der Konsumenten nach nachhaltigen Produk-tionsformen, globaler gesellschaftlicher Verantwortungsübernahme, sozialen Legi-timierungen ökonomischer Entscheidungen sowie struktureller Gleichberechti-gung und Förderung von Minderheiten haben die allermeisten Unternehmen in den letzten Jahren reagiert. Konsumenten sind auch zunehmend bereit, Unternehmen für ihr soziales Handeln zu honorieren (*Buykott*) oder öffentlichkeitswirksam zu sanktionieren (*Boykott*). Zahlreiche aktuelle Studien weisen zudem einen engen Zusammenhang zwischen sozialem und ökologischem Engagement von Unterneh-men einerseits sowie Reputation und Rendite andererseits nach (vgl. Kemming 2019, S. 11 f.). Die Realisierung symmetrischer Machtverteilungen ist zumeist keine abwegige Utopie mehr.

Nicht nur durch das Handeln einzelner Konsumenten, sondern vor allem durch Gruppen und soziale Bewegungen haben sich Unternehmen, Märkte und viele

Gesellschaften der Welt in den letzten Jahrzehnten erkennbar verändert. Wären ein schneller Ausstieg aus der Atomkraft oder nachhaltige Produktionsformen ohne die ökologischen Bewegungen möglich gewesen? Wären die Limitierungen von Atomwaffen ohne die Friedensbewegungen möglich gewesen? Wären faire Produktionsbedingungen mit gleichen Chancen und Löhnen ohne die Arbeiter- und Bürgerrechtsbewegungen möglich gewesen? Wären die Forderungen von Black-Rock-CEO Larry Fink nach mehr gesellschaftlichem und sozialem Engagement oder die Entwicklung nachhaltiger Fonds ohne die *„Occupy Wall Street"*-Bewegung möglich gewesen? In all diesen Fällen haben wechselseitige Legitimierungen der Mittel und der Ziele des Handelns die Welt verändert. Eine symmetrische Machtverteilung zwischen Bürgern und politischen Institutionen, Konsumenten und Unternehmen haben die Kooperationsgewinne für die Gesellschaften der Welt in vielen Bereichen erkennbar gesteigert.

Machtgefährdungen

Doch auch wenn die Zugewinne an Freiheit, Wohlstand, Gesundheit, Lebenserwartungen, Bildung und Zufriedenheit für viele Menschen gesteigert wurden, sind die vielfältigen Gefährdungen der Macht der Konsumenten nicht zu übersehen. Unternehmen schaffen durch Eigenschaften, Preisgestaltungen, Platzierungen und Symbolisierungen ihrer Produkte und Leistungen immer Gemeinschaften von Menschen, die diese Konstruktionen präferieren und sich auch leisten können – oder eben nicht. Die Moralisierung der Marken (vgl. Stehr 2007) schafft gute und böse Marken, ethische Positionen werden dadurch mit monetären Restriktionen verknüpft und erzeugen eine Dichotomie der Konsumentenklassen: Einige können sich ihre Haltung leisten, andere nicht. Die Ökonomisierung der Lebenswelt greift tief in die Habitus der Konsumenten ein, sie manifestiert und polarisiert monetäre Klassenstrukturen.

Gerade in diesen Klassenstrukturen erkennt Heinrich Popitz die Omnipräsenz von vergesellschafteter Macht als Phänomen. Für Popitz ist Macht die „für alles menschliche Handeln konstitutive Fähigkeit des *Veränderns*, die Disposition unseres Handelns zum Andersmachen der Welt" (Popitz 1992, S. 22). Die Geschichte des menschlichen Handelns ist für Popitz die Geschichte menschlicher Macht. Jedoch hätten die Öffnung vertikaler Mobilitätsprozesse und die Individualisierung der Lebensformen in den letzten Jahrzehnten eine Konkurrenzgesellschaft geboren, in der Machterfahrungen individualisiert und individuelle Erfahrungen als Machterfahrungen interpretiert würden. So würden „Machtkonflikte zu einer individuellen Erfahrung in Permanenz" (Popitz 1992, S. 16) und die universelle

Vergesellschaftung von Macht münde in einem generellen *Machtverdacht* in allen sozialen Prozessen.

In allen sozialen Prozessen erkennt Popitz vier Phänomene der Macht: die Aktionsmacht, die instrumentelle Macht, die autoritative Macht und die datensetzende Macht. Kurz zusammengefasst: Menschen besitzen *Aktionsmacht*, weil sie anderen Menschen gegenüber handeln und diese auch verletzen können. Aktionsmacht ausüben heißt, „etwas tun, wogegen andere nicht gefeit sind […], andere etwas erdulden zu lassen" (Popitz 1992, S. 44). Die *instrumentelle Macht* des Drohens und Versprechens basiert auf der Kontingenz und der Antizipation kommenden Geschehens; das Gefühl der Ungewissheit ermöglicht die äußere Verhaltenssteuerung durch die Instrumentalisierung von Drohungen und Versprechen. Die *autoritative Macht* wirkt im Inneren, „im Dunkeln" (Popitz 1992, S. 28). Sie ist eng mit der wesenhaften Sehnsucht des Menschen nach Orientierungen im sozialen Raum und Maßstäben der Valorisierung verbunden, die uns nach Zeichen der Bewährung durch maßgebende Personen oder Gruppen streben lässt. Sie löst eine innere, willentliche Folgebereitschaft durch einen zweifachen Anerkennungsprozess aus: „Wir wollen von denen, die wir besonders anerkennen, besonders anerkannt werden" (Popitz 1992, S. 115). Die *datensetzende Macht* verortet Popitz hingegen in der äußeren Welt, es ist die Macht der Artefakte. Jedes Artefakt ist ein Datum, mit dem der Datensetzer die Wirklichkeit der Datenbetroffenen verändert. Menschen sind auf den Gebrauch von Artefakten angewiesen, sie müssen die Form der Artefakte, die Art des Umgangs mit ihnen und ihre Einwirkungen auf die Lebenswelt akzeptieren und sich ihnen unterwerfen – und damit der Macht des Herstellers der Artefakte, der die „Macht-Minen" (Popitz 1992, S. 31) bei der Datensetzung implementiert hat.

In jeder sozialen Interaktion sieht Popitz diese vier Grundformen der Macht am Werk, und mit den Interaktionen wüchsen auch die Machtwirkungen auf die Menschen. Durch das Zusammenspiel von Aktionsmacht, instrumenteller, autoritativer und datensetzender Macht akkumulieren und potenzieren sich die Machtwirkungen, sie können „wie eine Koalition verbündeter Durchsetzungskräfte wirken. Die verschiedenen Machtformen ergänzen und verschärfen sich dann so, als ob alle Ausgänge, die sich für die Betroffenen bieten könnten, gleichzeitig versperrt werden sollten" (Popitz 1992, S. 37). Die Ausweglosigkeit führe in einen Teufelskreis der Macht und unterwerfe die Menschen, da sie sich ihrer eigenen und der Aktionsmacht jedes anderen im sozialen Feld bewusst seien und zugleich die Ungewissheit künftiger Ereignisse, ihr Streben nach Anerkennung und ihre objektorientierte Unterordnung in ihre Lebenswelt integrieren, kompensieren und ausbalancieren müssten. Jede Macht, auch die Macht der Konsumenten, ist deshalb immer auch gefährdet. Drei Gefährdungen sind akut:

1. **Instrumentelle Gefährdung:** Das Streben der Unternehmen nach Differenzierung eskaliert. In Märkten, in denen die elementaren Bedürfnisse der Konsumenten übersättigt sind, versuchen sie, ihre Produkte und Leistungen für alle Lebensbereiche symbolisch aufzuladen. Marken sind zu „bedeutenden sozialen Institutionen" geworden und die Mächtigsten unter ihnen „konstruieren geradezu Menschen" (Häusler 2014, S. 396). Unternehmen entwickeln durch Bedeutungskonstruktionen eine konstitutive Gestaltungsmacht über den sozialen Status und die soziale Identität von Menschen und steuern damit Wünsche, Einstellungen und die Konstruktion des sozialen Raums. Dem Ruf nach mehr Legitimitätsarbeit und sozialem Engagement folgen die Unternehmen gerne und kommunizieren vermehrt auch moralische und politische Haltungen (zahlreiche aktuelle Beispiele hierzu in Mattias und Kemming 2019). Damit prägen die Unternehmen neue und erweiterte imaginierte Erwartungen an die Zugehörigkeit zu sozialen Gruppen und Gemeinschaften. Die „imaginative Performanz" der Güter verwandelt somit Konsumgüter zu „Repräsentationen von Werten" (Beckert 2018, S. 335) im sozialen, moralischen und politischen Sinn. Der Konsumkapitalismus wird zum alle Lebensbereiche durchdringenden *Kulturkapitalismus* (vgl. Misik 2007). Die instrumentelle Macht der Unternehmen generiert und manipuliert im Kulturkapitalismus die Intentionen, Bedeutung und Sinn des Denkens und Handelns, der Wünsche und Erwartungen in der Lebenswelt der Menschen (vgl. Rommerskirchen 2018b). Eine *instrumentelle Gefährdung* ist die normsetzende „Diktatur der Marken" (Bak 2019, S. 127), da sie nicht nur die Handlungsmacht der Menschen als Konsumenten und als Bürger gefährdet, sondern auch die Kooperationsgewinne für Unternehmen reduziert, die aus der symmetrischen Machtverteilung in der Gesellschaft hätten entstehen können.

2. **Autoritative Gefährdung:** Die „Auflösung vorgegebener sozialer Lebensformen" (Beck und Beck-Gernsheim 1994, S. 11), in denen „alles Ständische und Stehende verdampft" (Marx und Engels 1959, S. 465), ist die zweite Moderne, das Zeitalter der Individualisierung. Seit den 1960er-Jahren bewirken ihre Prozesse massive Veränderungen bei der Freisetzung aus Traditionen, beim Stabilitätsverlust vormaliger Sicherheiten und bei den riskanten Reintegrationen. Die Individualisierung macht den *entbetteten* Menschen zum *Homo optionis* und die Freiheit bei allen Lebensentscheidungen zum Zwang der Wahl. Der Zwang zu riskanten Reintegrationen führt nicht zuletzt zur Suche nach neuen Autoritäten, die Stabilisierungen der Selbst-Anerkennung mit sozialer Anerkennung verknüpfen. Diese „Autoritätsbedürfnisse enthalten nicht nur Prämissen, *von wem*, sondern auch *als was* man sozial anerkannt werden will" (Popitz 1992, S. 139). Die Rückkopplungen der Anerkennung verlagern sich in der anonymen

und individualisierten *Gesellschaft der Singularitäten* aus dem engen sozialen Feld auf fiktive parasoziale Milieus und Autoritäten, die wiederum den von Unternehmen fabrizierten „Kulturformaten mit einer narrativen, ästhetischen, gestalterischen, ludischen, moralisch-ethischen Qualität" (Reckwitz 2017, S. 227) unterliegen. Die normative Anerkennung der maßstabsetzenden Unternehmen und maßgebenden Marken verschärft die Ökonomisierung des Sozialen, die Infantilisierung von Menschen sowie die Kommodifizierung moralischer und gesellschaftspolitischer Haltungen: gute Marken für gute, weil wohlhabende Konsumenten und böse Marken für das Prekariat (vgl. Rommerskirchen 2019b). Die Verlagerung der Anerkennung von innen nach außen ist daher eine *autoritative Gefährdung*, da sie in riskanten Stabilisierungen münden, in denen sich ethische Festlegungen und Identitätsentwürfe nur auf monetäre Kaufkraft stützen.

3. **Datensetzende Gefährdung:** Die Zeiten, in denen der Kaufmann oder die Kauffrau die Kunden namentlich begrüßte, ihre Lieblingsprodukte und Geschmacksvorlieben kannte und das Verkaufsgespräch mit der Frage „Heute wie immer?" begann, sind zurückgekehrt. Das Internet, Content-Marketing, Big-Data-Analysen und die Digitalisierung haben den vertrauten Kaufladen wiederbelebt. Die Unterschiede zwischen früher und heute sind aber offensichtlich: Die sozialen Beziehungen von Menschen, die sich kannten, sind zu parasozialen Beziehungen zwischen *Personae* geworden, die voneinander lediglich Daten kennen (vgl. hierzu den Beitrag von Michael Roslon in diesem Band). Unternehmen und Konsumenten kennen die Domain und die IP-Adresse des anderen, Schufa-Auskünfte und Kundenbewertungen, Konsum- und Bewegungsprofile und vieles mehr. Sie sind füreinander keine echten Personen mehr, sondern abstrakte Systeme, sie ersetzen Beziehungen durch Bewertungen, Empathie durch Strategie, gesichtsabhängiges Vertrauen durch gesichtsunabhängige Zuverlässigkeit, Verbindlichkeit durch Rationalität und Moral durch Reputation (vgl. hierzu Giddens 1996, S. 107 ff.). Die Interaktionen von Unternehmen und Konsumenten, seien sie noch real oder schon virtuell, zeigen eine Übersteigerung des Emotionalen und Affektiven (*Affektation*), des strategischen Ausarbeitens von Identitäten und Authentizität (*Elaboration*) sowie die Inszenierung und Dramatisierung von Valorisierungen (*Performation*) (hierzu ausführlich Rommerskirchen 2019c). Und mit jeder ihrer Aktionen setzen sie ein Datum in die Welt, welches immer auch die soziale Welt und die Wirklichkeit verändert. Die Gefährdung liegt deshalb vor allem in der exponentiellen Vermehrung der Daten durch die Digitalisierung des Sozialen und der Lebenswelt: Die Datensetzungen nehmen eine umschließende Gestalt an, ein Gehäuse aus Daten, das Zutritt erlaubt oder untersagt, inkludiert oder exkludiert, Zugehörigkeit

schafft oder Distanzierung aufbaut. An den Zugängen zu diesem Gehäuse lautet die Machtfrage nicht mehr, wer welche Daten *besitzt*, sondern wer darüber entscheidet, welche Daten *relevant* sind – und damit auch entscheidet, *wer* relevant ist und wer nicht (vgl. hierzu Nassehi 2019, S. 300 ff.). In Anlehnung an Max Weber: Das Triebwerk der Digitalisierung baut einen Sog auf, dem sich niemand mehr entziehen kann, zieht die Menschen in ein Daten-Gehäuse der mechanisierten Versteinerung, in dem Askese durch Affektation, Berufsethos durch Elaboration und Rationalität durch Performation ersetzt werden. Diese datensetzende Macht über Relevanzen und Valorisierungen liegt jedoch in den Unternehmen, die *datensetzende Gefährdung* richtet sich erneut an und gegen die Konsumenten.

Die drei *Gefährdungen* durch die instrumentelle, die autoritative und die datensetzende Macht sind an sich problematisch und bergen soziale Risiken. Wenn Heinrich Popitz Behauptung zutrifft, dass Machtformen koalieren und akkumulieren, dann trifft dies sicherlich auch auf die Gefährdungen durch diese Machtformen zu. Jede der genannten Machtformen kann soziale Praktiken in Gemeinschaften verändern, die Gewichte verschieben und die symmetrischen Verteilungen der Macht jedes einzelnen zu handeln in eine instrumentelle, autoritative und datensetzende asymmetrische Macht einiger über alle anderen transformieren. Aus der Potenzierung der Gefährdungen folgen dann Marginalisierungen der unterschiedlichen Machtformen, sie koalieren zur universellen asymmetrischen Aktionsmacht. Die Mächtigen haben dann die Macht über das Gehäuse Gesellschaft, kontrollieren und versperren die Aus- und Zugänge. Daher: Wo Macht ist, ist auch Gefahr, zumindest aber Risiko.

Angesichts dieser aktuellen Gefährdungen will dieser Beitrag daran erinnern, dass nur eine symmetrische Machtverteilung für alle Beteiligten Vorteile bringt. Basierend auf wechselseitigem Vertrauen wächst die Kooperationsbereitschaft, aus gemeinsamem Handeln entstehen Gewinne, die die individuellen Risiken und Einsätze übertreffen. Derartige Gewinne zielen nicht nur auf die gemeinschaftliche Verbundenheit und den monetären Wohlstand ab, sondern auch die empfundene *Ordnungssicherheit* im Umgang mit Machtformen instrumenteller, autoritativer und datensetzender Provenienz. Ordnungssicherheit empfinden Menschen, so Popitz, wenn „sie ein sicheres Wissen haben, was sie und was andere tun dürfen und tun müssen; wenn sie eine Gewissheit entwickeln können, dass sich alle Beteiligten mit einiger Verlässlichkeit auch wirklich so verhalten, wie es von ihnen erwartet wird; wenn sie damit rechnen können, dass Übertretungen in der Regel bestraft werden; wenn sie voraussehen können, was man tun muss, um Vorteile zu erringen, Anerkennung zu finden. Man muss mit einem Wort wissen, woran man ist" (Popitz

1992, S. 223). Dieses Gefühl der Ordnungssicherheit ist für freie, autonome Menschen nicht zuletzt das Ergebnis symmetrischer Machtverteilungen in rechtsstaatlichen und demokratischen Gemeinschaften. Ordnungssicherheit unter asymmetrischer Macht ist das Gegenteil von Freiheit und Autonomie, wir nennen es Unterdrückung und Totalitarismus. Hier breitet sich, so die Philosophin Martha Nussbaum (2019), das *Königreich der Angst* in gespaltenen und polarisierten Gesellschaften aus.

Eine bessere Welt und bessere Gesellschaften bedürfen der Macht zu handeln und zu verändern. Die asymmetrische Macht *über* andere zu ersetzen durch eine symmetrische Macht als Ermöglichung *zu* gemeinsamem Handeln ist ein sozialer und moralischer Fortschritt. Ob dieser Fortschritt nun durch eine bewusste Entscheidung einzelner Konsumenten und Manager für ihre Verantwortungsübernahme eingeleitet wird oder schlichtweg die „Logik des Marktes" (Stehr 2007, S. 74) eine Angebotsdifferenzierung zur Aufmerksamkeitssteigerung in gute und schlechte Güter bzw. Unternehmen erzwingt, ist letztlich nicht relevant für das Resultat. Beide Wege führen dazu, dass „das Anspruchs- und Erwartungsniveau" aller Marktteilnehmer, also der Konsumenten an die Unternehmen und umgekehrt, steigt und „sich durch Vertrauen, Glaubwürdigkeit und Offenheit die Marktbeziehungen für alle Beteiligten besser gestalten lassen" (Heidbrink und Schmidt 2009, S. 32). In der realen, von Kontingenz geprägten Welt sind es vermutlich wie immer unüberschaubar viele Faktoren, die menschliche Entscheidungen, Marktstrukturen und soziale Gemeinschaften verändern.

Jedoch ist der seit Jahren zu beobachtende Vertrauensverlust gegenüber allen Institutionen und insbesondere der Wirtschaft als System ein permanentes Risiko für die Grundlagen der symmetrischen Machtverteilung. Die Prozesse der Individualisierung, der Infantilisierung und der Singularisierung der Konsumenten verhindern kooperative Handlungen und die Aktualisierung potenzieller Weiterentwicklungen sozialer Gemeinschaften. Handlungsmacht als Aktionsmacht an andere (Politiker, Unternehmen) zu delegieren, um daraus eine trügerische externe Ordnungssicherheit zu schöpfen, reduziert die gemeinsamen Vorteile autonomer – selbstgewählter und selbstbestimmter – Handlungsmacht und damit die Freiheit und Moralität menschlicher Gesellschaften.

Lügen und Betrug, Greenwashing und bloße Krisenkommunikation, Falschinformationen, unterbewusstes Nudging und gezielte Manipulationen von Unternehmen führen auf den falschen Weg, ebenso wie mediale Geschwätzigkeit und bloße Meinungsmache, Bequemlichkeit und Desinteresse der Konsumenten. Hingegen erhöhen die ehrliche und transparente Einbeziehung von Konsumenten- und Ethikbeiräten, Kommunikations- und Moralschulungen in Unternehmen, Dialoge und argumentative Debatten zwischen Konsumenten, Bürgerbewegungen, Verbänden,

NGOs und Unternehmen die Kooperationsgewinne für alle Beteiligten. Viele Beispiele unserer und vergangener Zeiten haben gezeigt, dass der menschliche Fortschritt durch Vertrauen, Kooperation und symmetrische Macht entsteht. Die symmetrische Machtverteilung zwischen Konsumenten, Bürgerbewegungen, Unternehmen und politischen Institutionen kann den weiteren Fortschritt machtvoll voranbringen und die Fahrt auf dem Dschagannath-Wagen in die Zukunft beherrschbarer und damit zielorientiert machen. Insofern hat weder *der* Konsument noch *das* Unternehmen alleine die Macht, eine bessere Welt zu schaffen. Aber als soziale Gruppe können die Konsumenten ihre Intentionen, Mittel und Ziele so aufeinander abstimmen, dass sie mit Macht die Welt verändern können.

Literatur

Arendt, H. (1981). *Macht und Gewalt*. München: Piper.
Arendt, H. (1992). *Vita activa oder Vom tätigen Leben*. München: Piper.
Aristoteles (1995). Metaphysik. In *Aristoteles. Philosophische Schriften* (Bd. 5). Hamburg: Meiner.
Badiou, A., & Rancière, J. (1996). *Politik der Wahrheit*. Wien: Turia + Kant.
Bak, P. M. (2019). Marken als Instrument psychologischer Nivellierung und Diskriminierung. In J. D. Kemming & J. Rommerskirchen (Hrsg.), *Marken als politische Akteure* (S. 117–129). Wiesbaden: Springer Gabler.
Beck, U., & Beck-Gernsheim, E. (1994). *Riskante Freiheiten*. Frankfurt a. M.: Suhrkamp.
Becker, M. (2012). Die Eigensinnigkeit des Politischen. In P. Imbusch (Hrsg.), *Macht und Herrschaft* (S. 217–245). Wiesbaden: Springer VS.
Beckert, J. (2018). *Imaginierte Zukunft*. Berlin: Suhrkamp.
Brandom, R. (2000). *Expressive Vernunft*. Frankfurt a. M.: Suhrkamp.
Brandom, R. (2015). *Wiedererinnerter Idealismus*. Frankfurt a. M.: Suhrkamp.
Dahrendorf, R. (1994). Das Zerbrechen der Ligaturen und die Utopie einer Weltbürgergesellschaft. In U. Beck & E. Beck-Gernsheim (Hrsg.), *Riskante Freiheiten* (S. 421–435). Frankfurt a. M.: Suhrkamp.
Edelman. (2019). *2019 Edelman Trust Barometer*. Edelman. https://www.edelman.com/trust-barometer. Zugegriffen am 20.07.2019.
Erhardt, L. (1957). *Wohlstand für alle*. Düsseldorf: Econ.
FAZ. (3. Juli 2019). Die 100 Größten. Unternehmen in Deutschland, Europa und der Welt. Folge 61. *Frankfurter Allgemeine Zeitung*, Sonderbeilage.
GfK-Verein. (2019). *Vertrauen*. GfK Verein. https://www.gfk-verein.org/themen/vertrauen. Zugegriffen am 20.07.2019.
Giddens, A. (1984). *Die Konstitution der Gesellschaft. Grundzüge einer Theorie der Strukturierung*. Frankfurt a. M/New York: Campus.
Giddens, A. (1996). *Konsequenzen der Moderne*. Frankfurt a. M.: Suhrkamp.
Giddens, A. (2012). Macht in den Schriften von Talcott Parsons. In P. Imbusch (Hrsg.), *Macht und Herrschaft* (S. 151–167). Wiesbaden: Springer VS.

Habermas, J. (1976). Hannah Arendts Begriff der Macht. *Merkur, 341*, 946–960.

Habermas, J. (1981). *Theorie des kommunikativen Handelns* (Bd. II). Frankfurt a. M.: Suhrkamp.

Häusler, J. (2014). Marken im öffentlichen Diskurs. In A. Zerfaß & M. Piwinger (Hrsg.), *Handbuch Unternehmenskommunikation* (S. 393–408). Wiesbaden: Springer.

Heidbrink, L., & Schmidt, I. (2009). Die neue Verantwortung des Konsumenten. *Aus Politik und Zeitgeschichte, 32–33*, 27–32.

Hobbes, T. (1992). *Leviathan* (Erstveröffentlichung 1651). Frankfurt a. M.: Suhrkamp.

Holler, M. J., Illing, G., & Napel, S. (2019). *Einführung in die Spieltheorie.* Wiesbaden: Springer Gabler.

Homann, K. (2014). *Sollen und Können. Grenzen und Bedingungen der Individualmoral.* Wien: Ibera.

Humphreys, A. (2016). *Social media. Enduring principles.* New York: Oxford University Press.

Jonas, K., Stroebe, W., & Hewstone, M. (2014). *Sozialpsychologie.* Berlin/Heidelberg: Springer.

Jungk, R. (1983). *Menschenbeben. Der Aufstand gegen das Unerträgliche.* München: Bertelsmann.

Kant, I. (1990). Der Streit der Fakultäten. In W. Weischedel (Hrsg.), Werkausgabe, Bd. XI (S. 263–393) (Erstveröffentlichung 1798). Frankfurt a. M.: Suhrkamp.

Kemming, J. D. (2019). Broadening und Deepening – die Positionierung des Markenkonzeptes. In J. D. Kemming & J. Rommerskirchen (Hrsg.), *Marken als politische Akteure* (S. 3–20). Wiesbaden: Springer Gabler.

Knoblauch, H. (2008). Kommunikationskultur, Kulturalismus und die Diskursivierung der Kultur. In H. R. Yousefi, K. Fischer, R. Kather, & P. Gerdsen (Hrsg.), *Wege zur Kultur. Gemeinsamkeiten – Differenzen und interdisziplinäre Dimensionen* (S. 261–284). Nordhausen: Bautz.

Levine, R., Locke, C., Searls, D., & Weinberger, D. (2009). *The Cluetrain Manifesto.* New York: Perseus.

Luhmann, N. (1969). Klassische Theorie der Macht. Kritik ihrer Prämissen. *Zeitschrift für Politik, 16*, 149–170.

Machiavelli, N. (1995). *Der Fürst.* Frankfurt a. M.: Insel.

Marx, K. (1968). Ökonomisch-philosophische Manuskripte aus dem Jahr 1844. In *Karl Marx – Friedrich Engels – Werke*, Ergänzungsband Teil 1 (S. 465–588) (Erstveröffentlichung 1844). Berlin: Dietz.

Marx, K. (1969). Das Kapital. In *Karl Marx – Friedrich Engels – Werke* (Bd. 23) (Erstveröffentlichung 1867). Berlin: Dietz.

Marx, K., & Engels, F. (1959). Manifest der Kommunistischen Partei. In *Karl Marx – Friedrich Engels – Werke* (Bd. 4, S. 459–493) (Erstveröffentlichung 1848). Berlin: Dietz.

Mattias, C., & Kemming, J. (2019). Fallbeispiele für Marken als politische Akteure. In J. D. Kemming & J. Rommerskirchen (Hrsg.), *Marken als politische Akteure* (S. 21–47). Wiesbaden: Springer Gabler.

Mead, G. H. (1980). *Gesammelte Aufsätze* (Bd. 1). Frankfurt a. M.: Suhrkamp.

Misik, R. (2007). *Das Kult-Buch. Glanz und Elend der Kommerzkultur.* Berlin: Aufbau.

Nanz, P., & Leggewie, C. (2018). *Die Konsultative. Mehr Demokratie durch Bürgerbeteiligung.* Berlin: Wagenbach.

Nassehi, A. (2019). *Muster. Theorie der digitalen Gesellschaft*. München: C. H. Beck.

Nussbaum, M. (2019). *Das Königreich der Angst*. Darmstadt: Wissenschaftliche Buchgesellschaft.

Ortiz-Ospina, E., & Roser, M. (2019). Trust. *Our World in Data*. https://ourworldindata.org/trust. Zugegriffen am 20.07.2019.

Ortmann, G. (2011). Die Kommunikations- und die Exkommunikationsmacht in und von Organisationen. *DBW – Die Betriebswirtschaft, 4*, 355–378.

Parsons, T. (1957). Review: The distribution of power in American Society. *World Politics, 10*(1), 123–143.

Parsons, T. (1963). On the concept of political power. *Proceedings of the American Philosophical Society, 107*(3), 232–262.

Pauen, M. (2012). Gottes Gnade und Bürgers Recht. In P. Imbusch (Hrsg.), *Macht und Herrschaft* (S. 37–53). Wiesbaden: Springer VS.

Popitz, H. (1992). *Phänomene der Macht*. Tübingen: Mohr Siebeck.

Reckwitz, A. (2017). *Die Gesellschaft der Singularitäten*. Berlin: Suhrkamp.

Reichertz, J. (2011). *Kommunikationsmacht*. Wiesbaden: VS.

Rommerskirchen, J. (2017). *Soziologie & Kommunikation. Theorien und Paradigmen von der Antike bis zur Gegenwart*. Wiesbaden: Springer VS.

Rommerskirchen, J. (2018a). Die soziale Rolle von Unternehmen. *Journal für korporative Kommunikation, 1*, 14–26. PID: https://nbn-resolving.org/urn:nbn:de:0168-ssoar-60282-4. Zugegriffen am 20.07.2019.

Rommerskirchen, J. (2018b). Bedeutung und Sinn – oder warum Menschen weiße Turnschuhe tragen. *Journal für korporative Kommunikation, 2*, 11–25. PID: https://nbn-resolving.org/urn:nbn:de:0168-ssoar-60281-9.

Rommerskirchen, J. (2019a). *Das Gute und das Gerechte*. Wiesbaden: Springer.

Rommerskirchen, J. (2019b). Markt und Moral – was man für Geld (nicht) kaufen kann. In J. D. Kemming & J. Rommerskirchen (Hrsg.), *Marken als politische Akteure* (S. 99–115). Wiesbaden: Springer Gabler.

Rommerskirchen, J. (2019c). Unternehmenskommunikation in Zeiten der Digitalisierung. *Journal für korporative Kommunikation, 1*, 55–63. PID: https://nbn-resolving.org/urn:nbn:de:0168-ssoar-61973-1.

Steffek, J., Kissling, C., & Nanz, P. (2007). *Civil society participation in European and global governance. A cure for the democratic deficit?* Basingstoke: Palgrave Macmillan.

Stehr, N. (2007). *Die Moralisierung der Märkte*. Frankfurt a. M.: Suhrkamp.

Tomasello, M. (2014). *Eine Naturgeschichte des menschlichen Denkens*. Berlin: Suhrkamp.

Treiber, H. (2012). Ausgewählte Konzepte der Soziologie. In B. Knoblach, T. Oltmanns, I. Hajnal, & D. Fink (Hrsg.), *Macht in Unternehmen. Der vergessene Faktor* (S. 131–145). Wiesbaden: Gabler.

Weber, M. (2008). *Wirtschaft und Gesellschaft. Grundriss der verstehenden Soziologie* (Erstveröffentlichung 1921). Frankfurt a. M.: Zweitausendeins.

Prof. Dr. phil. Jan Rommerskirchen lehrt Philosophie und Soziologie an der Hochschule Fresenius in Düsseldorf und Köln und gibt das Journal für korporative Kommunikation heraus. Nach dem Studium der Philosophie, Politikwissenschaften, Kommunikationswissenschaften und Psychologie an den Universitäten Paris, Fribourg, Tübingen und Köln arbeitete er einige Jahre im Bereich Marketing und Öffentlichkeitsarbeit und lehrte Kommunikationsforschung an der Universität Duisburg-Essen sowie Politikwissenschaft, Ethik und Sozialwissenschaft an den Fachhochschulen für öffentliche Verwaltung in Duisburg und Köln. Seit 2007 lehrt er an der Hochschule Fresenius, sein Arbeitsschwerpunkt ist die strategische Kommunikation.

Ausgewählte Veröffentlichungen

- Rommerskirchen, Jan (2019). Markt und Moral – was man für Geld (nicht) kaufen kann. In: J. D. Kemming & J. Rommerskirchen (Hrsg.): *Marken als politische Akteure*, S. 99–115. Wiesbaden: Springer Gabler.
- Rommerskirchen, Jan (2019) Unternehmenskommunikation in Zeiten der Digitalisierung. In: *Journal für korporative Kommunikation*, Ausgabe 1, S. 55–63. PID: https://nbn-resolving.org/urn:nbn:de:0168-ssoar-61973-1.
- Rommerskirchen, Jan (2019). *Das Gute und das Gerechte. Einführung in die praktische Philosophie*. Wiesbaden: Springer.
- Rommerskirchen, Jan (2018). Bedeutung und Sinn – oder warum Menschen weiße Turnschuhe tragen. In: *Journal für korporative Kommunikation* 2/2018, S. 11–25. PID: https://nbn-resolving.org/urn:nbn:de:0168-ssoar-60282-4.
- Rommerskirchen, Jan (2018). Die soziale Rolle von Unternehmen. In: *Journal für korporative Kommunikation* 1/2018, S. 14–26. PID: https://nbn-resolving.org/urn:nbn:de:0168-ssoar-60281-9.
- Rommerskirchen, Jan & Opolka, Laura (2018). Anerkennung und Zuschreibung – Menschen und ihre Marken. In: C. Baumgarth & H. J. Schmidt (Hrsg.): *Forum Markenforschung 2016*, S. 39–58. Wiesbaden: Springer Gabler.
- Rommerskirchen, Jan (2017). *Soziologie & Kommunikation. Theorien und Paradigmen von der Antike bis zur Gegenwart*. Wiesbaden: Springer VS.

Parasoziale Macht – Konzeption eines Machtbegriffs im Rahmen der Analyse von Marken-Kunden-Beziehungen

Michael Roslon

Die Frage nach der Macht ist von besonderer Faszination: Wer die Mechanismen der Macht versteht, hat gute Chancen, diese für sich auszunutzen und sich somit selbst der Macht zu bemächtigen. Insofern ist es nicht verwunderlich, dass nicht nur die Politik und die Kirche, womöglich *die* Machtinstanzen per se seit jeher, sondern auch zunehmend ökonomisch orientierte Unternehmen das Phänomen dechiffrieren und zu nutzen lernen wollen. Die Suche nach den Machttechniken, die es erlauben, Menschen zu Käufern zu machen, entspricht der Suche nach dem Heiligen Gral in der Kommunikation korporativer Akteure wie z. B. Unternehmen.

Zugleich wird das Phänomen der Macht häufig skeptisch beäugt. Wer nach Macht strebt, handelt, so lautet ein häufig vorgetragenes Lamento, lediglich im Eigeninteresse und zwingt – soweit dies ohne Gewalt möglich ist – andere dazu, gegen ihren Willen zu handeln. Macht durch Persuasion oder Demagogie ist jedoch aus Sicht der gegenwärtigen Machtforschung lediglich eine Dimension des wissenschaftlichen Diskurses. Macht hat durchaus eine andere Seite, die zuweilen in den hitzigen Debatten vernachlässigt wird. In einem Artikel aus der Zeit (vgl. Henk und Stuff 2019) vom 19.06.2019 wird versucht, das Phänomen der Macht zu

---

M. Roslon (✉)
Hochschule Fresenius, Düsseldorf, Deutschland
E-Mail: michael.roslon@hs-fresenius.de

© Springer Fachmedien Wiesbaden GmbH, ein Teil von Springer Nature 2020
J. Rommerskirchen (Hrsg.), *Die neue Macht der Konsumenten*,
https://doi.org/10.1007/978-3-658-28559-3_6

rehabilitieren: Die Autoren beschreiben eindrucksvoll, was geschieht, sobald Machtstrukturen verflachen. Am Beispiel einer Gruppe von Primaten, die nach dem Tod ihres Alphatieres keine neue hierarchische Struktur etablieren, dokumentiert eine Gruppe von Forschern, wie es dem Stamm zunehmend an Organisation und Koordination mangelt – und zudem der Anteil an Stresshormonen enorm zunimmt. Der Stamm verliert an Territorium, da keine Führungsfigur die Interessen der Mitglieder vertritt und die Gruppe im Kampf um das eigene Überleben anführt. Erst nach Wochen beginnen die vermeintlichen Anwärter auf die Führung, um diese zu ringen, und der Clan gewinnt seine Überlebensressourcen zurück (vgl. Henk und Stuff 2019). Diese kleine Anekdote soll keinesfalls dazu dienen, Macht, Führung und Herrschaft per se zu legitimieren, aber sie kann für zwei Aspekte sensibilisieren: Erstens kann Macht eine durchaus positive oder produktive Komponente besitzen und zweitens ist es schwerlich, einen Ort jenseits der Macht auszumachen – dort wo ein Machtvakuum entsteht, werden gewöhnlich schnell neue Machtinteressen formuliert. Insofern ist es nicht verwerflich, die Frage nach der Macht aufzuwerfen – es ist viel eher notwendig, da eine Antwort auf diese Frage dazu beitragen könnte, über die Mechanismen des Marktes und die Rolle der Konsumenten aufzuklären.

Die Macht von Unternehmen, so die Annahme der hier vorgetragenen Gedanken, ist eine eingeschränkte Form von Macht. Es kann nämlich einer Unternehmung schwerlich gelingen, Zwang auf den Konsumenten auszuüben oder gar Sanktionen anzudrohen, geschweige denn diese auszuüben. Stattdessen müssen Unternehmen die Kunden verführen und zum Kauf verleiten. Die Macht, über die Unternehmen verfügen und die ihnen zur Verfügung steht, kann deshalb nur bedingt direkt auf den Kunden wirken – vielmehr sind Unternehmen auf die freiwillige Anerkennung von Macht von Seiten der Konsumenten angewiesen. Um die Macht von Unternehmen zu charakterisieren, wird vorgeschlagen, einen etablierten Begriff aus der Medientheorie zu entlehnen, der bereits dabei helfen kann, die Beziehung zwischen Unternehmen und Kunden zu charakterisieren – den Begriff der „parasozialen Beziehung" (vgl. Horton und Wohl 2001). Mit diesem Begriff kommt die einseitig auf Kundenseite gestiftete, freiwillige Bindung von Kunden an Unternehmen zum Ausdruck. Insofern der soziologische Begriff der Beziehung für Managementzwecke entfremdet werden kann, so kann dies auch in einer Erweiterung und Fortführung der Theorietradition der parasozialen Beziehung gelingen. Deshalb widmet sich der vorliegende Beitrag folgender Fragestellung: Wie muss der Begriff der parasozialen Macht konzipiert sein, damit er dazu beitragen kann, den Einfluss von Unternehmen auf Konsumenten zu erklären und zu verstehen?

Um diese forschungsleitende Frage zu beantworten, gilt es zunächst, den Bereich der korporativen Kommunikation näher zu beleuchten, um den Gegenstandsbereich abzugrenzen und die Reichweite der nachfolgenden Ausführungen über Macht klar abzustecken. Anschließend wird das Phänomen der Macht in seiner Vielgestaltigkeit näher beleuchtet, um die parasoziale Macht im wissenschaftlichen Diskurs zu positionieren. Damit dies gelingt, muss die parasoziale Macht in Relation zu alternativen Machtbegriffen gedacht und betrachtet werden. Anschließend muss das Konzept der parasozialen Beziehung näher bestimmt werden, damit einem tragfähigen Konzept der parasozialen Macht der theoretische Rahmen gegeben wird. Schließlich gilt es nicht nur, einen Begriff der parasozialen Macht zu definieren, sondern auch die Funktionsweise dieser Macht im Kontext der bekannten Machttheorien und im Einklang mit dem Konzept der parasozialen Beziehung scharf zu umreißen.

Unternehmenskommunikation

Die Kommunikation stellt aus Sicht der betriebswirtschaftlichen Literatur einen wesentlichen Beitrag zur Wertschöpfung von Unternehmen dar (vgl. Schmid und Lyczek 2008; Mast 2019). Um die Unternehmensziele und -zwecke zu erreichen, werden in der einschlägigen Literatur (Marketing-)Management-Konzepte formuliert, mit der eine auf die Marktstrukturen adaptierte kommunikative Steuerung der Unternehmung angestrebt wird. In der Literatur herrscht Einigkeit, dass es sich bei spätmodernen Märkten um Konsumentenmärkte handelt, bei denen sich Unternehmen konsequent an den Konsumentenbedürfnissen ausrichten müssen, um für die Konsumenten als Verhaltensrichtpunkt zu fungieren (vgl. Burmann et al. 2015, S. 2).

In der klassischen Marketingliteratur sowie der gegenwärtigen Strömung der identitätsbasierten Markenführung steht die Abstimmung der Kommunikationsmaßnahmen im Sinne der strategischen Planung und operativen Umsetzung gewöhnlich im Fokus (vgl. Burmann et al. 2015; Esch 2016; Bruhn 2001; Mast 2019). Diese Position geht davon aus, dass die Konzeption eines Unternehmens oder genauer: einer Marke mit einer Identität und deren stimmige Kommunikation an den relevanten Brand Touchpoints auf Seiten der Kunden ein gewünschtes Image erzeugt (vgl. Burmann et al. 2015, S. 29).

Gegen eine solche Sichtweise sind jedoch seit geraumer Zeit kritische Stimmen aus einer geistes- bzw. kultur-/sozialwissenschaftlich orientierten Marketingperspektive bzw. dem postmodernen Marketing und der Consumer Culture Theory (CCT) zu vernehmen (vgl. Cova 1996; Firat und Venkantesh 1993; Arvidsson 2005). Die Kritik lautet, dass den subjektiven Interpretations- und intersubjektiven Interaktionsprozessen abseits der Marken-Kunden-Beziehung zu wenig Aufmerksamkeit geschenkt wird. Hierauf hebt insbesondere Holts Kritik an den sogenannten Mind-Driven-Ansätzen ab, denen er sein Konzept des Cultural Brandings gegenüberstellt (vgl. Holt 2004). Den verhaltenswissenschaftlich geprägten Mind-Driven-Ansätzen gelte es, eine konsumentenzentrierte Perspektive gegenüberzustellen, bei dem die Interpretations- und Kommunikationsakte zwischen allen beteiligten Akteuren in den Fokus sowohl der theoretischen als auch praktischen Überlegungen einbezogen würden. So steckt Rommerskirchen das Forschungsfeld für korporative Kommunikation wie folgt ab:

> „Korporative Kommunikation ist demzufolge eine soziale Praxis mit dem Ziel, über relevante Symbole positive Haltungen […] und Zugehörigkeiten […] in den lebensweltlichen Wahrnehmungsperspektiven der Akteure […] zu schaffen. Der Fokus der wissenschaftlichen Untersuchung als erklärendes Verstehen von Phänomenen der korporativen Kommunikation und ihrem Sinnzusammenhang als sozialer Sinn liegt daher auf den Interaktionen aller Akteure und Interpretationsprozessen aller Zeichen […]." (Rommerskirchen 2015, S. 15)

Unternehmen produzieren und inszenieren Güter, Produkte und Marken, damit Konsumenten ihre soziale Identität inszenieren können. Damit Produkte zu Requisiten des Alltags avancieren, konstruieren Marketingabteilungen Geschichten, Narrative und symbolische Lifestyle-Welten rund um ihre Produkte. Sie machen Interpretationsangebote, indem sie Vorstellungsbilder erzeugen und zukünftige Zustände vorfantasieren, entlang derer Konsumenten sich orientieren können (vgl. Beckert 2018, S. 108 ff.).

Korporative Akteure können aufgrund ihrer ökonomischen Ressourcen diese Vorstellungsbilder durch mediale Verbreitung flächendeckend verbreiten. Durch hohen Werbedruck versuchen Unternehmen, gesellschaftliche Wirklichkeitsvorstellungen zu beeinflussen (vgl. Schmid und Lyczek 2008). Der Glaube der Konsumenten an die Bedeutungsstrukturen, so die Vertreter des postmodernen Marketings, führt zu Konsum, da für Kunden Produkte die Materialisierung der Bedeutungsstruktur darstellen: „[T]he image does not represent the product, but […] the product represents the image" (Firat und Venkantesh 1993, S. 244).

In der postmodernen Marketingperspektive gilt es, den Konsumenten nach der Aussteuerung der Kommunikationsmaßnahme nicht als passive Zielscheibe der Kommunikationsmaßnahmen zu betrachten, sondern als aktives Handlungssubjekt, das die Unternehmenskommunikation als Interpretationsangebot versteht, mit der es im sozialen Umfeld Anschlusskommunikation betreibt. (Unternehmens-)Kommunikation kann somit weder verhaltenstheoretisch im Rahmen eines SOR-Modells begriffen werden noch erschöpft sie sich im Verstehen von Unternehmensbotschaften (im Sinne des Konstruktivismus) auf Seiten des Kunden, sondern stellt einen umfassenden Prozess wechselseitiger Wirkungen bei den beteiligten

Akteuren dar (hierzu ausführlich Roslon 2016; Reichertz 2017). Demnach ist eine umfassende konsumsoziologische Perspektive (vgl. hierzu Hellmann 2010) im Rahmen des Kommunikativen Konstruktivismus (vgl. Keller et al. 2013) von Nöten, um die Komplexität und Ganzheit der Kommunikationsprozesse rund um Unternehmenskommunikation zu erfassen.

Die Frage nach der Macht der Unternehmen stellt vor allen Dingen im Rahmen des postmodernen Verständnisses von Unternehmenskommunikation eine Herausforderung dar: Es ist bis heute unklar, warum und inwieweit sich Konsumenten an Unternehmen und deren Marken orientieren oder sogar binden wollen, wie viel Einfluss sie den Unternehmen auf ihr alltägliches Leben gestatten und wie sie sich selbst aktiv im Verhältnis zu den Unternehmen positionieren. Wünschenswert von Seiten der Unternehmen wäre es, wenn die Übertragung eines entworfenen Unternehmensimages zumindest bei den relevanten Zielgruppen ein gewünschtes Image im Kopf evozieren könnte. Doch genau dies ist angesichts steigender Angebotsvielfalt, hybrider Konsumenten, der Orientierung an stets neuen Trends oder Werten und nicht zuletzt der Kommunikation von Konsumenten mit und über Unternehmen in den sozialen Medien überaus fraglich. Die vermeintlich größten Einflussquellen auf das Konsumverhalten sind – zumindest aus soziologischer Perspektive und insofern man nicht auf Rational-Choice-Modelle des Konsumverhaltens zurückgreift (vgl. hierzu kritisch Beckert 2018, S. 68 ff.; Ortmann 2011, S. 363 f.) das soziale Umfeld und insbesondere die sozialen Beziehungen.

Von sozialen und parasozialen Beziehungen

Kunden bzw. Konsumenten sind zunächst als soziale Subjekte aufzufassen. Sie leben, handeln und konsumieren in einer symbolisch geordneten sozialen Alltagswelt, in der sie in eine Vielzahl sozialer Beziehungen eingebunden sind. Diese Ansicht vertritt u. a. der Kommunikative Konstruktivismus unter Rekurs auf den Pragmatismus bzw. Interaktionismus (vgl. Reichertz 2009; Mead 1973).

Subjekte kommunizieren in sozialen Situationen unentwegt (vgl. Watzlawick et al. 1996, S. 50). Das Ziel von Kommunikation ist die wechselseitige Verständigung mittels symbolischer Ausdrucksmittel. Diese setzen Menschen ein, um beim Gegenüber einen gewünschten Eindruck und eine antizipierte Anschlusshandlung auszulösen (vgl. Goffman 2002; Reichertz 2009, S. 98). Die Voraussetzung für eine koordinierte Anschlusshandlung ist die Stabilität symbolischer Bedeutungen. Menschen setzen vielfältige Symbolformen ein, um diesen Eindruck zu evozieren: Diese reichen von Worten, Kleidung, Autos bis zu Emblemen und natürlich den

Unternehmen bzw. Marken, mit denen wir uns umgeben, um anderen zu vermitteln, als wer wir wahrgenommen werden möchten.

Soziale Kommunikation mittels Symbolen, so die wirkungsorientierte Kommunikationstheorie, geht davon aus, dass Menschen kommunikativ nicht lediglich Informationen übertragen, sondern stets den anderen mitteilen möchten, wer sie sind – und dies von anderen gespiegelt bekommen. Moderne Subjekte stellen demnach Identitätsmanager dar. Identitätsmanagement ist stets auf das Feedback anderer angewiesen, d. h., die soziale Beziehung ist die Quelle der sozialen Identität: „Wir sind, was wir sind, durch unser Verhalten zu anderen" (Mead 1973, S. 430).

Das Identitätsmanagement wird in der Spätmoderne zunehmend zur Herausforderung. Dies liegt an der zunehmenden Individualisierung (vgl. Beck 1986), der Herauslösung aus klassischen Bindungen sowie der Pluralisierung von Wissens- und Wirklichkeitsstrukturen (vgl. Reckwitz 2008). Subjekte stehen vor der Herausforderung, ihre Identität unter diesen Rahmenbedingungen der Multioptionalität zu managen. Sie betreiben Inszenierung und Stilisierung ihres Selbst und tun dies insbesondere durch Konsumhandlungen. Heutzutage kann beinahe alles zum Konsumgut deklariert werden, von Produkten über Gesundheit oder Lifestyle.

Eine wesentliche Strategie des Identitätsmanagements stellt Reckwitz zufolge die Singularisierung dar. Darunter versteht Reckwitz das Streben nach Besonderheit, Einzigartig- bzw. Nichtvergleichbarkeit. Dies gelingt, indem eine vielschichtige, komplexe Identität mit einer inneren Dichte entworfen wird (vgl. Reckwitz 2017, S. 51 ff.). Der Imperativ der Singularisierung motiviert Subjekte, kreativ zu agieren. Um kreativ zu agieren, bedarf es menschlicher fantasievoller Vorstellungskraft (vgl. Popitz 2000, S. 92, 98). In der Vorstellung kann Abwesendes vergegenwärtigt werden – kommt dem die Fantasie hinzu, kann das Wahrnehmbare um Vorstellungsbilder erweitert werden (vgl. Popitz 2000, S. 84, 92). Gegenwärtig wird diese Kraft der Vorstellungen herangezogen, um Konsumhandlungen zu modellieren: Beckert (2018) entwirft in kritischer Auseinandersetzung mit der Rational-Choice-Theorie das Konzept der fiktionalen Erwartungen. Konsum ist demnach von zukünftigen Erwartungen und vor-fantasierten Zuständen, von Möglichkeiten und Optionen motiviert.

Die menschliche Fiktionsfähigkeit ist dabei für die Unternehmen Fluch und Segen zugleich: Sie macht Konsumenten einerseits empfänglich für kreative Werbebotschaften und somit potenziell verführbar, andererseits lässt sie sie abseits der Vorstellungen von Unternehmensbotschaften eigenständige Bedeutungen formulieren. Beckert (2018, S. 125 ff.) führt aus, dass die fiktive Antizipation künftiger Zustände als motivierende Kraft wirken kann, da sie einerseits die Hoffnung auf imaginierte Realisierung, andererseits die emotionale Vorfreude im Moment des Konsums motiviert. Kreativität stellt demnach eine nicht zu vernachlässigende

Kraft im Handeln des Konsumenten dar. Allerdings soll dies nicht bedeuten, dass Konsumenten willkürlich und individuell interpretieren. Jegliche geistige Aktivität ist das Ergebnis intersubjektiver Aushandlungsprozesse: „Innere Dialogfähigkeit beginnt […] als Verinnerlichung der Selbstwahrnehmung von außen" (Popitz 2000, S. 20).

So ist es nicht verwunderlich, dass Forschungsergebnisse aus unterschiedlichen Fachrichtungen besagen, dass die menschliche Kreativität *zumeist* ähnlichen, kulturgebundenen Mustern folgt. Freilich schließt dies nicht aus, dass zuweilen einzelne „Genies" die soziale Wirklichkeit maßgeblich beeinflussen (Mead 1973, S. 260 f.). Freilich kann keine genaue Grenze festgesetzt werden, was als wahrlich kreativ gilt und der oben verwendete Begriff „zumeist" kann nicht quantifiziert werden. Dennoch sprechen viele Ergebnisse dafür, dass auch Kreativität der Interpretation zumeist konventionalisierten und sozialisierten Mustern folgt: Ward (1994) hat experimentell nachgewiesen, dass selbst wenn Menschen absolute gestalterische Freiheit beim Zeichnen „verrückter" Geschöpfe erhalten, große Ähnlichkeiten in den Ergebnissen erkennbar sind. Striano et al. (2001) belegen, dass Kleinkinder ontogenetisch kreative Akte in Als-Ob-Spielen nicht selbst hervorbringen, sondern zunächst imitieren. Die These wäre demzufolge, dass das Gros der kreativen Vorstellungen einen intersubjektiven Wissensvorrat bzw. eine Wissenskultur darstellt. Anders ausgedrückt, wird die Fähigkeit zu kreativem Denken – ebenso wie der gesellschaftliche Wissensvorrat – in kommunikativen Akten und somit in sozialen Beziehungen erworben und ist mit der Fähigkeit des Perspektivwechsels und verallgemeinerten anderen (vgl. Mead 1973, S. 198) eng verbunden.

Eine Sonderform von sozialen Beziehungen stellen die parasozialen Beziehungen dar. Parasoziale Beziehungen wurden zunächst im Rahmen mediensoziologischer Studien postuliert:

> „Wir begegnen den entferntesten und berühmtesten Menschen, *als ob* sie zu unserem Bekanntenkreis gehörten; das Gleiche gilt für Figuren einer Erzählung, die in diesen Medien [Film, Radio, Fernsehen; MR] auf besonders lebhafte und fesselnde Art zum Leben erweckt haben. Wir schlagen vor, diese scheinbare Face-to-Face-Beziehung zwischen Zuschauer und Performer eine *parasoziale Beziehung* zu nennen." (Horton und Wohl 2001, S. 74; Hervorhebungen im Original)

Der Begriff der parasozialen Beziehung wird inzwischen ebenfalls verwendet, um die Beziehung zwischen Konsumenten und korporativen Akteuren zu erfassen. Denn auch für diese Beziehungen gilt: „Das Publikum kann […] frei aus den angebotenen Beziehungen wählen, aber keine neuen schaffen. Die Interaktion ist einseitig und nicht dialektisch" (Horton und Wohl 2001, S. 75).

Konsequent weitergedacht bedeutet dies, dass auch die selbst gewählten, einseitigen Beziehungen zu korporativen Akteuren als Quelle der Kreativität dienen können. Unternehmen können dergestalt als Orientierungsmuster für singularisiertes, kreatives Identitätsmanagement dienen. Zu diesem Zweck inszenieren korporative Akteure die Vorstellung eines Lifestyles und kreieren Produkte sowie zunehmend performative Erlebniswelten, durch deren Konsum Subjekte zum Bestandteil dieser symbolischen Welten werden können. Unternehmen können als Bedeutungsgeneratoren und Sinnstifter fungieren – aber sie stellen nur eine Quelle unter mehreren Quellen dar.

Die bisherigen Ausführungen lassen vermuten, dass sowohl soziale als auch parasoziale Beziehungspartner durchaus Einfluss und somit Macht auf Konsumenten ausüben können. Dennoch kann die Frage nach der Macht von Unternehmen nicht auf diese Weise beantwortet werden, da dies einen argumentativen Kurzschluss darstellen würde. Zunächst gilt es, das Wesen und das Phänomen der Macht näher zu betrachten und anschließend in Hinblick auf die sozialen und parasozialen Beziehungen zu reflektieren. Dies ist unbedingt von Nöten, da zwischen den beiden Beziehungstypen ein kategorialer Unterschied besteht: Während soziale Beziehungen echte Reziprozität aufweisen, sind parasoziale Beziehungen einseitig gestiftet. Dieser Unterschied ist im Hinblick auf die Machtfrage entscheidend.

Varianten der Macht

Das Thema Macht übt seit jeher eine Faszination auf die Soziologen aus. Wie Macht entsteht, warum Menschen um sie ringen, wozu sie Menschen bringt und was Menschen durch sie erleben und erleiden, sind mögliche Dimensionen des Machtdiskurses (vgl. Weber 1976; Canetti 1980; Arendt 1981). Allerdings, und dies wurde einleitend bereits hinreichend ausgeführt, soll nachfolgend Macht nicht als Repressions-, sondern vielmehr als Organisationsprinzip verstanden werden. Es gilt demnach, eine Antwort auf die Frage zu formulieren, wie es Unternehmen gelingen kann, Macht auszuüben, wenn doch die Bindung an Unternehmen freiwillig und – so die hier vorgetragene Unterstellung – lediglich parasozial erfolgt? Um diese Form der Macht, die zweifelsohne existiert, exakt zu bestimmen, gilt es, das Feld der Machttheorien näher zu betrachten und das Phänomen der parasozialen Macht sukzessive als eine spezifische Form von Macht gegenüber den bereits existierenden Machtvarianten abzugrenzen.

In seiner berühmten Definition bestimmt Weber Macht als „Chance, innerhalb einer sozialen Beziehung den eigenen Willen auch gegen Widerstreben durchzusetzen, gleichviel worauf diese Chance beruht" (Weber 1976, S. 28). Webers

Definition ist aus zweierlei Hinsicht zu reflektieren: Einerseits eröffnet sie sowohl legitimen als auch illegitimen Macht- bzw. Herrschaftsformen Tür und Tor. Sie ist für eine Unternehmensmacht wesentlich zu weit gefasst und muss daher für die nachfolgenden Gedanken auf freiwillige Bindungsvarianten eingeschränkt werden. Insofern unterscheidet sich Macht von Gewalt oder Herrschaft: Gewalt bezeichnet die Durchsetzung des eigenen Willens auch gegen den Willen des oder der davon Betroffenen. Herrschaft stellt die legitime und weisungsbefugte Variante von Macht dar, die auf entsprechende Sanktionsmechanismen und -techniken zurückgreifen kann (vgl. Weber 1976, S. 28 f.). Beide Varianten sind für die nachfolgende Diskussion jedoch zu vernachlässigen, denn Unternehmen stehen in der Regel derartige Quellen der Macht nicht zur Verfügung bzw. sie sollten auf diese, im Falle der Gewalt, nicht zurückgreifen, wollen sie ökonomisch erfolgreich agieren. Andererseits betont bereits Weber, dass Macht nicht außerhalb von sozialen Beziehungen entstehen und existieren kann – dies ist von wesentlicher Bedeutung, da bereits im vorangegangenen Kapitel die Relevanz der Beziehung für das menschliche Miteinander (und in diesem Fall nicht Gegeneinander) herausgestellt wurde.

Wenn Macht in sozialen Beziehungen existiert, ist es nicht möglich, Macht zu besitzen. Macht ist amorph und nur als relationales Konstrukt zu begreifen, das durch seine Anerkennung erst Wirkung entfalten kann. Bereits Elias weist auf die Komplexität sozialer Figurationen und der mit ihnen variierenden Machtverhältnisse und -strukturen in (spät-)modernen Gesellschaften hin. Ihm zufolge existiert in individualisierten Gesellschaftsformen keine zentrale Machtinstanz, die Handlungszüge determiniert. Vielmehr – und hier entsteht eine Nähe zu Goffman – besitzen soziale Situationen in ihrem Gesamtarrangement „Macht" über die Handlungen des Einzelnen, indem sie das Ergebnis einer stets eigentümlichen Verflechtung vorangegangener Handlungszüge darstellen (vgl. Elias 1971, S. 100).

Reichertz entwirft eine Theorie der alltäglichen Kommunikationsmacht, die im Sinne von Elias die Analyse von Beziehungsmacht ermöglicht (vgl. Reichertz 2009, S. 242). Sein Konzept der identitätsstiftenden Macht bzw. Kommunikationsmacht geht davon aus, dass die Quelle der Macht in der sozialen Beziehung der Kommunikationspartner gründet. Aus einer gemeinsamen Interaktionsgeschichte heraus werden Kommunikationspartner füreinander relevant, wenn sie sich freiwillig auf Normen des sozialen Umgangs einlassen, was Brandom (2000) als normativen Status bezeichnet. In kommunikativen Ketten bauen Interaktionspartner wechselseitig einen deontischen Status auf, welcher die freiwillige Verpflichtung an die wechselseitigen Erwartungen bedeutet, weil diese Partner füreinander relevant geworden sind (vgl. Reichertz 2009, S. 232 ff.). Reichertz Kommunikationsmacht basiert auf dieser freiwilligen Selbstbindung und koppelt diese an die Vorstellung, dass soziale Subjekte stets Identitätsmanagement aus dem Bedürfnis betreiben, als Individuum für bestimmte Menschen nicht lediglich irgendjemand, sondern jemand Besonderes zu sein, um also Anerkennung zu erhalten. Kommunikationsmacht stellt demnach ein Ringen um die Zuneigung anderer dar, die einen zugleich verletzungsanfällig macht, sobald diese Anerkennung ausbleibt oder gar Tadel, Kritik oder Strafe erfolgen. Durch die wechselseitigen Anerkennungsprozesse entsteht eine Machtstruktur des Alltags, die auf freiwillige Handlungskoordination hinausläuft: Menschen handeln, kommunizieren und konsumieren, damit sie Lob und Anerkennung zugesprochen bekommen (vgl. Reichertz 2009, S. 232 ff.).

Die Kommunikationsmacht, die Reichertz identifiziert, kann erklären, warum Menschen Marken konsumieren, um sie als Bestandteil ihres Identitätsmanagements zu nutzen. Das direkte Feedback auf die eigenen Handlungen und die Chance, zurückzuwirken auf andere, ist ein Motor gesellschaftlicher Wirklichkeitsaushandlungsprozesse. Allerdings ist es dadurch nicht möglich, die Macht von Unternehmen in der parasozialen Beziehung zu erfassen, da Unternehmen nur eingeschränkt den Kunden direkte Anerkennung stiften können.

Ortmann unternimmt den Versuch, das Konzept der Kommunikationsmacht auf Unternehmenskommunikation zu übertragen. Organisationen bzw. Unternehmen stellen Ortmann (2011, S. 372) zufolge die großen Sprecher und Sinnstifter der Moderne dar. Dies gelingt ihnen, so Ortmann, da sie in der Lage sind, durch ihre kommunikativen Sprechakte Vorstellungsbilder zu schaffen (vgl. Austin 1972). In Sprechakten weisen Unternehmen ihren Kunden bzw. Konsumenten Identität zu. Notwendige Voraussetzung dafür ist die kommunikative Konstruktion und klare Abgrenzung einer Unternehmensidentität in Relation zu anderen Akteuren und Stakeholdern (vgl. Ortmann 2011, S. 374). Die performative Festlegung dieser Unternehmensidentität hat die Macht, für kommunizierende Subjekte als identitätsstiftende Macht zu fungieren.

Die Übertragung des Konzepts der Kommunikation auf Unternehmen-Kunden-Beziehungen ist problematisch, wie sich bereits im Untertitel von Ortmanns Artikel ablesen lässt. Dort spricht er von der „Produktion der Identität". Dies weist darauf hin, dass Unternehmen in Produktions- und Kommunikationsprozessen über die Macht verfügen, Konsumenten, die in einer parasozialen Beziehung zu den Unternehmen stehen, Identität zuzuweisen. Diese Position weist somit Ähnlichkeit mit der produktionsorientierten Machtperspektive von Marx auf, derzufolge der Konsum der Ware lediglich ein Anhängsel der Produktion darstellt (vgl. Marx 2009, S. 49 ff.). Die Konzeption von Ortmann ist dahingehend elaborierter, dass Konsumenten sich freiwillig binden und die Macht in die Kommunikation verlagert wird – dennoch unterstellt Ortmann, dass Unternehmen Macht über Konsumenten ausüben können.

Das postmoderne Marketing bezieht sich zuweilen auf die Diskurstheorie von Foucault, um die Unternehmensmacht zu theoretisieren (vgl. Arvidsson 2005, S. 24; Firat und Venkantesh 1993, S. 229). Diskurse sind Ansammlungen von Aussagen, die „systematisch die Gegenstände hervorbringen, von denen sie sprechen" (Foucault 1981, S. 74). Diskurse bilden Macht-Wissens-Komplexe (vgl. Foucault 1994, S. 39), die Subjekte handlungsfähig machen. Sobald Subjekte mit dem diskursiven Wissen versorgt werden und dieses verinnerlichen, sind sie dazu in der Lage, sich selbst zu führen – so leisten Diskurse Führung zur Selbstführung (vgl. Foucault 2005, S. 256). Dies gelingt, indem Subjekte körperlich dahingehend diszipliniert werden, bestimmte Handlungen ohne ausdrücklichen Befehl auszuführen: Diskursmacht ist dergestalt produktiv und bringt Wirkliches hervor (vgl. Foucault 1994, S. 250). Unternehmen würden dann um Diskursmacht und Deutungshoheit ringen, da dies ihnen ermöglichen würde, Subjekte zu Käufern zu disziplinieren.

Als Organisationsprinzipien der Wirklichkeit muss es somit Diskursen gelingen, für bestimmte Zeiten gültige Wissensordnungen zu etablieren. Sie disziplinieren (Sprech-)Handlungen und schaffen Felder des Sag- und Machbaren. Korporative Akteure versuchen diskurstheoretisch somit, Macht im Diskurs zu erlangen: Der Diskurs ist die Macht, derer man sich zu bemächtigen versucht (vgl. Foucault 2014, S. 8). Wer demnach die Diskurse bändigt und organisiert und ein Wirklichkeitsregime etabliert, der besitzt die Macht, die Wünsche und Vorstellungen der Konsumenten zu leiten.

Allerdings muss auch diese Machttheorie kritisch reflektiert werden und es können zwei wesentliche Kritikpunkte für den vorliegenden Untersuchungsgegenstand benannt werden. Die erste Kritik richtet sich auf die einseitige Fokussierung auf die körperliche Disziplinierung. Foucault zufolge werden Körper gefügig gemacht, indem sie diszipliniert werden. Allerdings entwickeln sich spätmoderne Gesellschaften weg von körperzentrierten Disziplinargesellschaften, bei denen die körperliche Leistungsfähigkeit im Mittelpunkt steht. Vielmehr rückt die geistige Produktivität und kreative Schöpferkraft in den Mittelpunkt der Disziplinierung. Spätestens mit der Individualisierung dominiert das Streben nach ideellen Zielen wie Selbstverwirklichung, Inszenierung, Stilisierung oder Singularisierung. Insofern wäre nicht die Frage nach der Disziplinierung des Köpers im Sinne Foucaults das Thema einer Machttheorie, sondern die der Psyche (vgl. Han 2014, S. 37 ff.).

Diskurse verbreiten demzufolge Vorstellungsbilder hinsichtlich des Lifestyles und der dazugehörigen Ausdrucks- und Darstellungsmittel. Die Bedeutung des Körpers wandelt sich hin zum Repräsentations- und Darstellungsmedium der narrativ erzeugten Vorstellungsbilder des Selbsts. Subjekte werden sich des Körperkapitals (vgl. Bourdieu 1987, S. 345) gewahr, sie optimieren ihren Körper hinsichtlich der

Fitness und steigern ihre körperliche und geistige Effizienz. Diskurse offerieren und formulieren die diesen Praktiken zugrunde liegenden Narrative der Selbstentfaltung. Diese Beispiele, die Han (2014, S. 37 ff.) anführt, mögen gegenwärtig gesellschaftlich dominante Diskurse darstellen, die machtvoll Vorstellungsbilder leiten und organisieren (vgl. Popitz 2000, S. 89). Dennoch muss auch diese konzeptionelle Weiterentwicklung vor dem Hintergrund der nachfolgenden Kritik reflektiert werden.

Die zweite Kritik zielt auf die Subjektkonzeption in Foucaults Diskurstheorie. Der Diskurs organisiert das körperliche Begehren, die Wünsche und das Wissen der Akteure, ohne diesen einen Interpretationsspielraum einzuräumen – lediglich die Macht zur Ablehnung eines Fremdzwangs wird den Subjekten zugesprochen (vgl. Foucault 2005, S. 245). Ein weiterer blinder Fleck entsteht somit zwangsläufig hinsichtlich des sozialen Umfeldes des Subjekts, da soziale Beziehungsstrukturen als Raum von Macht ebenfalls durch das diskursiv gesponnene Gewebe abgedeckt werden. Somit können Subjekte nicht in intersubjektiven Aushandlungsprozessen eigene Bedeutungsstrukturen abseits der diskursiven Struktur formulieren.

Bei einer gemeinsamen Betrachtung der Kritikpunkte kann man zu folgendem Schluss gelangen: Es mag wirkmächtige Diskurse geben, die medial und kommunikativ verbreitet werden und die Vorstellungsbilder, das Wissen und Wirklichkeitsstrukturen beeinflussen. Es handelt sich wissenssoziologisch um anonymisierte Wissens- und Wirklichkeitsordnungen, die intersubjektiv verbürgt maßgeblich die gesellschaftliche Ordnungsmatrix schaffen (vgl. hierzu auch Berger und Luckmann 2003). Gleichermaßen mögen Unternehmen die institutionelle Leerstelle besetzen, welche der Rückzug der klassischen Institutionen bei ihrem Rückzug im Rahmen der Individualisierung hinterlassen hat. Allerdings kann die Diskurstheorie nicht erklären, wieso Kunden sich an ein Unternehmen binden sollten, das als eines von vielen um die Gunst der Kunden buhlt. Und noch weniger kann die Diskurstheorie erklären, wie konsumentenseitig Trends und Themen verhandelt und auf die gesellschaftliche Agenda gebracht werden können. Subjekte etablieren zunehmend Lifestyles und Trends abseits und außerhalb (oder zumindest am Rand) diskursiv verfügbarer Wissensbestände: Sie setzen Forderungen nach veganer Ernährung, nachhaltigen Mobilitätskonzepten und viele weitere Themen machtvoll durch.

Aus den bisherigen Ausführungen kann somit der Schluss gezogen werden, dass eine einzelne Machtvariante nicht genügt, um die Machtverhältnisse auf spätmodernen ökonomischen Märkten (legitime politische Macht wird hier explizit ausgeschlossen) angemessen zu beschreiben. Stattdessen lautet der Vorschlag, drei Machtbegriffe idealtypisch zu differenzieren: die Diskursmacht, die auf gesamtgesellschaftlicher Ebene allgemeine Orientierungsmuster schafft, die Kommunikationsmacht, welche das alltägliche Identitätsmanagement in realen sozialen Beziehungen erfassen kann, und schlussendlich die parasoziale Macht, die die freiwillige Bindung von Konsumenten an Unternehmen als parasozialen Beziehungspartner beschreibt. Diese gilt es nachfolgend näher auszuführen.

Parasoziale Macht – Ein konzeptioneller Entwurf zur Analyse von Unternehmensmacht

Konsumenten agieren in unterschiedlichen Machtkonstellationen: Ihr Konsum wird von gesellschaftlichen Trends beeinflusst (Diskursmacht) sowie von ihrem sozialen Umfeld (identitätsstiftende Kommunikationsmacht). Konkrete Unternehmen können ebenfalls das Konsumverhalten beeinflussen, insofern durch parasoziale Interaktion eine parasoziale Beziehung etabliert wurde, die dann eine parasoziale Machtdimension umfassen kann.

Parasoziale Macht kann bestimmt werden als einseitig gestiftete Macht, die aus einer parasozialen Beziehung resultiert und die freiwillige Bindung an ein Unternehmen umfasst, bei das Unternehmen (bzw. eine Marke) als korporativer Akteur und somit als relevante Beziehungsfigur anerkannt wird. Parasoziale Macht wird wirksam, wenn das Unternehmen so wahrgenommen wird, *als ob* es ein Akteur ist, der soziales, identitätsstiftendes Feedback zu (Konsum-)Handlungen gibt und somit fiktiv bzw. fiktional Lob, Anerkennung, Tadel oder Kritik äußern kann oder der die Fantasie und Vorstellungswelt maßgeblich beeinflussen kann. Parasoziale Macht stellt somit im Sinne von Popitz eine freiwillige Bindung an – in diesem Fall fiktionale – Autoritäten dar, die von dem Streben nach eigener Anerkennung motiviert ist: „Das Streben nach Anerkennung durch Autorität ist folglich auch das Streben nach Anerkennung unserer Selbst" (Popitz 1992, S. 115).

Damit parasoziale Macht beim Konsumenten wirksam werden kann, müssen Unternehmen Autoritätsbilder und wünschenswerte Vorstellungen entwerfen, an denen sich Subjekte orientieren können und wollen (vgl. Popitz 1992, S. 120 f.). Wie Popitz zutreffend schreibt, ist Macht erst dann wirksam, wenn sie verinnerlicht und als Verhaltensmaßstab auch außerhalb der Wirkzone von Autoritätspersonen wirksam ist (vgl. Popitz 1992, S. 125). Für ihn gehen dieser vollständigen Autoritätsmacht zwei Schritte voraus, nämlich eine Phase, in der das Verhalten sanktioniert wird, und eine Phase, in der Vorstellungen über etwaige Sanktionen existieren (vgl. Popitz 1992). Im Gegensatz zu der Autorität, die Popitz im Sinn hat, wird parasoziale Macht jedoch etabliert, obwohl im Voraus keine (!) direkte sanktionierende Macht entfaltet wurde. Dementsprechend ist parasoziale Macht ein fragiles Konstrukt, da sie einseitig auf Seiten des Konsumenten gewährt wird. Zudem besteht parasoziale Macht in einem Kräftefeld mit alternativen Machtformen, die allesamt Einfluss auf die Konsumentscheidungen identitätsbastelnder Subjekte nehmen.

Die freiwillige Übernahme von Handlungsmaßstäben, Werten und Normen eines parasozialen Beziehungsakteurs ist nur so lange wahrscheinlich, wie der Glaube und die Anerkennung dieser Autorität im sozialen Umfeld gewiss ist – oder anders ausgedrückt: solange dieser durch die identitätsstiftende Kommunikationsmacht gestützt wird. Parasoziale Macht kann daher zeitlich begrenzt sein, vor allem, da eine Vielzahl von korporativen Akteuren gleichermaßen um die Aufmerksamkeit und die Gunst der Konsumenten buhlt.

Erleichtert wird parasoziale Macht, wenn Subjekte zusätzlich unterstellen, dass es eine Vielzahl anonymer weiterer Kunden gibt, die sich ebenfalls an das entsprechende Unternehmen binden. Dieser Glaube wird im Rahmen der Literatur weitgehend mit dem Begriff der Reputation belegt. Reputation ist die akteursgebundene Unterstellung der Existenz einer Gruppe, die über die gleichen Einstellungen zu einem Unternehmen verfügt, obwohl dieses Unternehmen nur aufgrund seiner symbolischen Repräsentation als Bestandteil der Lebenswelt existiert (vgl. Rommerskirchen 2012, S. 37).

Das Konzept der parasozialen Macht kann somit erklären, wie Unternehmen auf Kunden wirken – ohne dabei den Kunden fremdzubestimmen. Rommerskirchen zufolge machen Unternehmen lediglich Bedeutungsangebote und eröffnen damit einen Raum von Handlungsoptionen, dem der Konsument freiwillig folgen kann. Der Konsument interpretiert dieses (Be-)Deutungsangebot unter Zuweisung subjektiven Sinns (vgl. Rommerskirchen 2018, S. 22 f.). Insofern der Kunde also, im Sinne Brandoms, dem Unternehmen einen normativen Status zuschreibt und die normative Zuweisung seines parasozialen Beziehungspartners freiwillig akzeptiert, wird parasoziale Macht wirksam.

Der Konsument ist jedoch stets frei darin, nach welcher Maßgabe er Unternehmensbotschaften interpretiert. Fällt die Interpretation nicht wohlwollend aus, entzieht sich der Konsument der Machtausübung des Unternehmens. Er kann im Sinne seines Identitätsmanagements durchaus widerspenstige Sinnzuweisungen vornehmen, um individuell bzw. singulär zu erscheinen. In diesem Fall nutzt er die Bedeutungsspielräume, die zwischen Bedeutung und Sinn existieren, kreativ aus.

Es steht dem Kunden offen, die parasoziale Macht für sich instrumentell zu nutzen oder sich systematisch von ihr abzuwenden. Er kann konform zu seinem realen und virtuellen sozialen Umfeld die machtvolle parasoziale Beziehung eingehen oder diese aus strategischen Gründen vermeiden, z. B. um sich nonkonformistisch zu inszenieren. Voraussetzung dafür ist lediglich das Wissen, was als normal gilt und welche Vorstellungsbilder und Reputation das Unternehmen bei anderen auslöst bzw. genießt sowie die eigene Vorstellungskraft für fiktionale Erwartungen (vgl. Beckert 2018). Es steht dem Konsumenten frei, auf die identitätsstiftenden Ressourcen zurückzugreifen, die das Unternehmen anbietet, indem es Vorstellungswelten entwirft, inszeniert und erlebbar macht. Anders als bei Weber kann parasoziale Macht nicht gegen den Willen desjenigen, auf den die Macht gerichtet ist, durchgesetzt werden.

Die Wirksamkeit parasozialer Macht beruht vielmehr darauf, dass die Akteure – Unternehmen und Konsumenten – ihre Intentionen kooperativ verschränken. Dementsprechend handelt es sich um eine Form symmetrischer Macht, der die parasoziale Macht zuzuordnen ist (vgl. den Beitrag von Jan Rommerskirchen in diesem Band). Arendt (1981, S. 45) bestimmt Macht als die „menschliche Fähigkeit, nicht nur zu handeln oder etwas zu tun, sondern sich mit anderen zusammenzuschließen und im Einvernehmen zu handeln". Grundlage eines solchen Zusammenschlusses stellt die wechselseitige Unterstellung eines normativen Status dar, mit dem sich die Kooperationsparteien zu bestimmten verlässlichen Handlungen verpflichten – was freilich nur virtuell bzw. parasozial vollzogen wird. Dies schafft eine gemeinsame Perspektive, bei der ein Ziel – der Konsum auf Seiten des Käufers – unterschiedlichen Intentionen unterliegen kann: Das Unternehmen zielt auf ökonomische Ziele, das Handlungssubjekt bewirtschaftet seine soziale Lebenswelt und betreibt Identitätsmanagement. Parasoziale Macht wird so lange wirksam, wie beide Partner bereit sind, die gemeinsamen Verpflichtungen einzuhalten. Insofern beschreiten – in der Metaphorik von Gilbert (2009, S. 164) – beide einen gemeinsamen Spaziergang und gehen einen Teil des eigenen Weges gemeinsam.

Fazit

In der globalisierten und digitalisierten Moderne ist die Macht der Konsumenten deutlich gewachsen – und dessen sind sich die Konsumenten durchaus bewusst (vgl. Beck 2009, S. 27 f.). Dies fordert einerseits die Unternehmen heraus, mit diesen emanzipierten Konsumenten, die zuweilen zu Prosumenten avancieren, angemessen umzugehen. Andererseits fordert dies die Wissenschaft heraus, der die Aufgabe zukommt, derartige Phänomene zu erfassen, zu erklären und zu verstehen. Zuweilen bedarf es neuer Terminologien, um soziale Transformationen angemessen begrifflich abzudecken. Der vorliegende Beitrag schlägt vor, das Machtverhältnis zwischen Unternehmen und Konsumenten als parasoziale Machtbeziehung zu bestimmen.

Die Ursachen dieser Machtverschiebung – oder sollte es diese Machtrelation schon immer gegeben haben, so tritt sie erst in der globalisierten und digitalisierten Moderne deutlich sichtbar zutage – sind vielfältig: Konsumenten partizipieren aktiv in Offline- und Onlineaktivitäten an Handlungen von Unternehmen, sie organisieren sich vielfältig mit oder sogar gegen Unternehmen, sie beziehen freiwillig in realen und virtuellen Öffentlichkeiten Stellung zu unternehmerischen Aktivitäten und tun dies vor dem Hintergrund der Multioptionalität im Hinblick auf Konsumchancen oder ihrer (identitären) Selbstverwirklichung.

Dies fordert Unternehmen heraus, Strategien zu entwickeln, um Kunden dauerhaft an sich zu binden, um einen langfristigen Unternehmenserfolg sicherzustellen. Als bekannte Instrumente haben sich exemplarisch das Customer-Relationship-Management, die ethische Selbstverpflichtung im Sinne der Corporate Social Responsibility oder neuerlich die politische Positionierung (vgl. Kemming und Rommerskirchen 2019) etabliert. Doch bei diesen Aktivitäten, die über die üblichen Kommunikationsanstrengungen der Werbung hinausgehen, enden die Einflussmöglichkeiten von Unternehmen auf Kunden – ab hier sind die Unternehmen auf die freiwillige Kooperation der Konsumenten angewiesen. Diese Relation soll im Begriff der parasozialen Macht zum Ausdruck gebracht werden.

Um es abschließend klar zu sagen: Das Konzept der parasozialen Macht fokussiert nicht die schöpferische und renitente Position des Individuums im Verhältnis zu einem korporativen Akteur, sondern auf die intersubjektive Aushandlung von Bedeutungsräumen. Diese können auch kreative Leistungen umfassen, insofern Subjekte ihren Individualitäts- bzw. Singularisierungsstrategien nachgehen – aber diese müssen im Sinne einer parasozialen Machtbeziehung mit den Selbstentwürfen und Vorstellungen von Unternehmen in Deckung stehen. Mit ihren Identitätsvorstellungen binden sich Kunden freiwillig an Unternehmen – und Unternehmen tun gut daran, diese Vorstellungen zu bedienen, solange sie sich selbst in den Aktivitäten der Konsumenten wiederfinden können. Ist dies nicht der Fall, wäre es Zeit, sich unternehmensseitig zu äußern, wie man zum Handeln der Konsumenten steht.

Literatur

Arendt, H. (1981). *Macht und Gewalt*. München: Piper.
Arvidsson, A. (2005). Brands. A critical perspective. *Journal of Consumer Culture, 5*(2), 235–258.
Austin, J. L. (1972). *Zur Theorie der Sprechakte*. Stuttgart: Reclam.
Beck, U. (1986). *Risikogesellschaft. Auf dem Weg in eine andere Moderne*. Frankfurt a. M.: Suhrkamp.

Beck, U. (2009). *Macht und Gegenmacht im globalen Zeitalter. Neue weltpolitische Ökonomie*. Frankfurt a. M.: Suhrkamp.

Beckert, J. (2018). *Imaginierte Zukünfte. Fiktionale Erwartungen und die Dynamik des Kapitalismus*. Berlin: Suhrkamp.

Berger, P. L., & Luckmann, T. (2003). *Die gesellschaftliche Konstruktion der Wirklichkeit. Eine Theorie der Wissenssoziologie*. Frankfurt a. M.: Fischer.

Bourdieu, P. (1987). *Die feinen Unterschiede. Kritik der gesellschaftlichen Urteilskraft*. Frankfurt a. M.: Suhrkamp.

Brandom, R. (2000). *Expressive Vernunft. Begründung, Repräsentation und diskursive Festlegung*. Frankfurt a. M.: Suhrkamp.

Bruhn, M. (2001). *Marketing. Grundlagen für Studium und Praxis*. Wiesbaden: Gabler.

Burmann, C., Halaszovich, T., Schade, M., & Hemmann, F. (2015). *Identitätsbasierte Markenführung. Grundlagen – Strategie – Umsetzung – Controlling*. Wiesbaden: Springer Gabler.

Canetti, E. (1980). *Masse und Macht*. Frankfurt a. M.: Fischer.

Cova, B. (1996). The postmodern explained to managers: Implications for marketing. *Business Horizons, 39*(6), 15–23.

Elias, N. (1971). *Was ist Soziologie?* München: Juventa.

Esch, F.-R. (2016). *Identität. Das Rückgrat starker Marken*. Frankfurt a. M./New York: Campus.

Firat, F., & Venkantesh, A. (1993). Postmodernity: The age of marketing. *Journal of Research in Marketing, 10*, 227–249.

Foucault, M. (1981). *Archäologie des Wissens*. Frankfurt a. M.: Suhrkamp.

Foucault, M. (1994). *Überwachen und Strafen. Die Geburt des Gefängnisses*. Frankfurt a. M.: Suhrkamp.

Foucault, M. (2005). Subjekt und Macht. In M. Foucault (Hrsg.), *Analytik der Macht* (S. 220–263). Frankfurt a. M.: Suhrkamp.

Foucault, M. (2014). *Die Ordnung des Diskurses*. Frankfurt a. M.: Fischer.

Gilbert, M. (2009). Zusammen spazieren gehen. Ein paradigmatisches soziales Phänomen. In H. B. Schmid & D. P. Schweikard (Hrsg.), *Kollektive Intentionalität. Eine Debatte über die Grundlagen des Sozialen* (S. 154–175). Frankfurt a. M.: Suhrkamp.

Goffman, E. (2002). *Wir alle spielen Theater. Die Selbstdarstellung im Alltag*. München: Piper.

Han, B.-C. (2014). *Psychopolitik. Neoliberalismus und die neuen Machttechniken*. Frankfurt a. M.: S. Fischer.

Hellmann, K.-U. (2010). Konsumsoziologie. In G. Kneer & M. Schroer (Hrsg.), *Handbuch Spezielle Soziologien* (S. 179–195). Wiesbaden: VS Verlag für Sozialwissenschaften.

Henk, M., & Stuff, B. (2019). Die helle Seite der Macht. *Die Zeit*, 19.06.2019. https://www.zeit.de/2019/26/einfluss-macht-respekt-herrschaft-entscheidungskraft-verantwortung. Zugegriffen am 21.06.2019.

Holt, D. B. (2004). *How brands become icons: The principle of cultural branding*. Boston, MA: Harvard Business School.

Horton, D., & Wohl, R. R. (2001). Massenkommunikation und parasoziale Interaktion. Beobachtung zur Intimität über Distanz. In R. Adelmann, J. O. Hesse, J. Keilbach, M. Stauff, & M. Thiele (Hrsg.), *Grundlagentexte zur Fernsehwissenschaft. Theorie – Geschichte – Analyse* (S. 74–104). Konstanz: UVK.

Keller, R., Knoblauch, H., & Reichertz, J. (2013). *Kommunikativer Konstruktivismus. Theoretische und empirische Arbeiten zu einem neuen wissenssoziologischen Ansatz.* Wiesbaden: Springer VS.

Kemming, J. D., & Rommerskirchen, J. (2019). *Marken als politische Akteure.* Wiesbaden: Springer Gabler.

Marx, K. (2009). *Das Kapital. Kritik der politischen Ökonomie.* Köln: Anaconda.

Mast, C. (2019). *Unternehmenskommunikation.* München: UVK.

Mead, G. H. (1973). *Geist, Identität und Gesellschaft aus Sicht des Sozialbehaviorismus.* Frankfurt a. M.: Suhrkamp.

Ortmann, G. (2011). Die Kommunikations- und die Exkommunikationsmacht in und von Organisationen. *DBW – Die Betriebswirtschaft, 4*, 355–378.

Popitz, H. (1992). *Phänomene der Macht.* Tübingen: Mohr/Siebeck.

Popitz, H. (2000). *Wege der Kreativität.* Tübingen: Mohr/Siebeck.

Reckwitz, A. (2008). *Unscharfe Grenzen. Perspektiven der Kultursoziologie.* Bielefeld: transcript.

Reckwitz, A. (2017). *Die Gesellschaft der Singularitäten. Zum Strukturwandel der Moderne.* Berlin: Suhrkamp.

Reichertz, J. (2009). *Kommunikationsmacht. Was ist Kommunikation und was vermag sie? Und weshalb vermag sie das?* Wiesbaden: Springer VS.

Reichertz, J. (2017). Die Bedeutung des kommunikativen Handelns und der Medien im kommunikativen Konstruktivismus. Medien und Kommunikationswissenschaft, 2, Themenheft „Konstruktivismus" (S. 252–271). Baden-Baden: Nomos.

Rommerskirchen, J. (2012). Image und Reputation – die Unternehmenskommunikation im Neopragmatismus. *Medien und Kommunikationswissenschaft, 1*, 24–40. Baden-Baden: Nomos.

Rommerskirchen, J. (2015). Was ist korporative Kommunikation? Grundriss einer Phänomenologie. *Journal für korporative Kommunikation, 1*, 4–16. PID: https://nbn-resolving.org/urn:nbn:de:0168-ssoar-61935-1.

Rommerskirchen, J. (2018). Bedeutung und Sinn – oder warum Menschen weiße Turnschuhe tragen. *Journal für korporative Kommunikation, 2*, 11–25. PID: https://nbn-resolving.org/urn:nbn:de:0168-ssoar-60281-9.

Roslon, M. (2016). Wirkung in der Unternehmenskommunikation – Zwischen Erklären, Verstehen und Verständigung. *Journal für korporative Kommunikation.* http://journal-kk.de/michael-roslon-wirkung-in-der-unternehmenskommunikation-zwischen-erklaeren-verstehen-und-verstaendigung-2/. Zugegriffen am 11.04.2018.

Schmid, B. F., & Lyczek, B. (2008). Die Rolle der Kommunikation in der Wertschöpfung der Unternehmung. In M. Meckel & B. F. Schmid (Hrsg.), *Unternehmenskommunikation. Kommunikationsmanagement aus Sicht der Unternehmensführung* (S. 3–152). Wiesbaden: Gabler.

Striano, T., Tomasello, M., & Rochat (2001). Social an object support for early symbolic play. *Developmental Science, 4*, 442–455.

Ward, T. B. (1994). Structured imagination: The role of category structure in exemplar generation. *Cognitive Psychology, 27*, 1–40.

Watzlawick, P., Beavin, J. H., & Jackson, D. D. (1996). *Menschliche Kommunikation. Formen Störungen, Paradoxien.* Bern: Hans Huber.

Weber, M. (1976). *Wirtschaft und Gesellschaft. Grundriss der verstehenden Soziologie.* Tübingen: Mohr.

Dr. phil. Michael Roslon ist Studiengangsleiter Corporate Communication (M.A.) an der Hochschule Fresenius, Standort Köln, sowie Tourismus-, Hotel- und Eventmanagement (B.A.), Standort Düsseldorf. Zuvor war er wissenschaftliche Hilfskraft im Fachbereich Kommunikationswissenschaft an der Universität Duisburg-Essen. Er ist Mitglied des Programmkomitees „Salutogenese" beim Gesundheitskongress „Armut und Gesundheit" und Dozent an verschiedenen Hochschulen.

Ausgewählte Veröffentlichungen

- Roslon, Michael (2019): Konsumrituale als strategisches Marketinginstrument. Wiesbaden: Springer
- Roslon, Michael & Bettmann, Richard (2019). Qualitative Interkulturelle Sozialforschung. Wiesbaden: Springer
- Roslon, Michael (2017): Spielerische Rituale und rituelle Spiele. Überlegungen zum Wandel zweier zentraler Begriffe der Sozialforschung. Wiesbaden: Springer
- Roslon, Michael & Englert, Carina (2010): Design (be-)deutet die Welt. Ein Wegweiser durch die Kommunikationswissenschaft für DesignerInnen. Essen: Hellblau

Teil II

Betrachtungen zur Praxis der Macht der Konsumenten

Fridays For Future – Die Veränderung unserer Gesellschaftsstrukturen durch Kommunikations- und Handlungsmacht

Tecla Huth

Der öffentliche Druck auf die Gestaltung einer europäischen Politikagenda des effizienten Klimaschutzes hat im letzten Jahr enorm zugenommen. Nach dem Vorbild der schwedischen Schülerin Greta Thunberg demonstrieren Schülerinnen und Schüler sowie Studierende in ganz Europa mit einer Leidenschaft, die man wohl seit der 1968er Revolution nicht mehr kennt. Die Bewegung *Fridays For Future* (FFF) hat zu einem Perspektivwechsel geführt, der Politik und Wirtschaft zum Handeln zwingt. Junge Menschen gehen seit gut einem Jahr auf die Straßen, um europaweit einen öffentlichen europapolitischen Diskurs anzuregen, und fordern von den politischen Entscheidern politisches Handeln – über die Grenzen eines nationalen Staatsverständnisses hinweg. Ein Momentum, in dem sich nicht nur eine Kontroverse hinsichtlich der Gestaltung einer politischen Agenda widerspiegelt, sondern auch ganz grundsätzlich die Frage nach dem Ausmaß der Macht bzw. der Machtausübung der FFF-Bewegung stellt. Konkret beschäftigt sich der vorliegende Beitrag mit folgender Fragestellung: Inwiefern trägt *Fridays For Future* als Machtakteur zu einer Veränderung unserer bestehenden Gesellschaftsstrukturen bei; welche Formen der Macht übt die FFF-Protestbewegung also *de facto* auf bestehende Machtverhältnisse aus? Basierend auf dem demokratietheoretischen

---

T. Huth (✉)
Köln, Deutschland
E-Mail: teclahuth@gmx.de

© Springer Fachmedien Wiesbaden GmbH, ein Teil von Springer Nature 2020
J. Rommerskirchen (Hrsg.), *Die neue Macht der Konsumenten*,
https://doi.org/10.1007/978-3-658-28559-3_7

Verständnis von Macht gilt es, in diesem Beitrag mittels empirischer Beobachtung diese Frage zu beantworten.

Die Macht sozialer Bewegungen – Begriffsklärung

In der Wissenschaft – in der Politik ebenso wie in der Soziologie und Philosophie – wird kaum ein anderer Grundbegriff mit so unterschiedlichen Definitionen und Bedeutungen belegt wie das Konzept der Macht. Da im Rahmen des vorliegenden Beitrags der Fokus auf die Machtstrukturen sozialer Bewegungen in unseren heutigen demokratischen Gesellschaften gelegt werden soll, wird für die Klärung des Begriffs „Macht" auf den demokratietheoretischen Ansatz zurückgegriffen.

Nach dem Verständnis der allgemeinen Demokratietheorie wird Macht grundsätzlich im Sinne einer Beeinflussung von Herrschaftsstrukturen, von Herrschaftsverhältnissen verstanden (vgl. z. B. Anderl und Wallmeier 2019). Mit dem Terminus „Macht" ist ein aktiver Eingriff gemeint, der konkret zu einer *Veränderung* der bestehenden Machtstrukturen zwischen Herrschenden und Herrschaftssubjekten, zwischen Elite und Volk, führt (vgl. Sander 2009). Diejenigen Akteursgruppen, die Macht ausüben, schaffen einen „Unterschied […] zu einem vorher existierenden Zustand oder Ereignisablauf" (Giddens 1984, S. 65). Das Machtverständnis im Sinne einer tatsächlichen *Veränderung* bestehender Gesellschaftsstrukturen ist eng verknüpft mit zwei konkreten Machtformen: der *Kommunikationsmacht* und der *Handlungsmacht*. Diese zwei Arten von Macht bauen aufeinander auf: Aus der ersten ergibt sich die zweite.

Die Machtausübung durch *Kommunikation* basiert im Kern auf dem diskurstheoretischen Demokratiemodell von Habermas. Es handelt sich um eine Machtform, die sich aus der Beziehung der Akteure zueinander ergibt und dann erreicht wird, wenn es dem Machtakteur gelingt, für andere *wichtig* zu werden (vgl. Reichertz 2011, S. 67 f.). Nach dieser Theorieschule entsteht die Kommunikationsmacht konkret durch die Schaffung einer Öffentlichkeit, eines Debatten- und Kommunikationsraums, in dem die Themen und Interessen des Machtakteurs im *öffentlichen* Diskurs nicht nur thematisiert, wahrgenommen und diskutiert werden, sondern vor allem auch bestätigt und *anerkannt* werden. Es ist genau dieses kommunikative Handeln, welches die Medienagenda beeinflusst und, daraus resultierend, öffentlichen Druck ausübt und die Politikgestaltung steuert (vgl. Habermas 1998). Nur durch die Schaffung eines solchen öffentlichen Kommunikationsraums entsteht letztlich die zweite Machtform, *die Handlungsmacht*.

Die Macht, andere zum Handeln zu bewegen, beruht zum einen auf dem Verständnis, Macht als Prozess zu begreifen, in dem Menschen andere Menschen zu einem erwünschten Handeln *zwingen* können (vgl. Meyer 2016). Zum anderen geht es bei dieser Machtform explizit um die Möglichkeit, *wirksam* zu handeln, also „so zu handeln, dass dieses Handeln einen Unterschied macht" (*the capability to secure outcomes*) (Schuck 2012, S. 46). Die Handlungsmacht hat zur Folge, dass das Handeln anderer bewusst von dem Machtakteur *gesteuert* wird.

Der Machtakteur Fridays For Future

In diesem Beitrag wird die These vertreten, dass die *„Fridays For Future"*-Bewegung sowohl die Kommunikationsmacht als auch die Handlungsmacht ausübt. Mit beide Machtformen verändern die FFF-Demonstrierenden unsere heutigen bestehenden Gesellschaftsstrukturen maßgeblich, und dies über die nationalen Grenzen hinweg. Die supranationale, pan-europäische Dimension der FFF-Klimaschutzbewegung hat weitreichende Folgen für die Wissenschaft sowie für die praktische europäische Politik, denn diese stark ausgeprägte Macht führt letztlich auch, so die These der Autorin, zu einer Demokratisierung der EU (s. Kap. „Konsumentenmacht – Freiheit, Souveränität oder ökonomische Funktionalisierung?").

Fridays For Future und die Kommunikationsmacht

Inwiefern übt die *„Fridays For Future"*-Bewegung tatsächlich Macht durch Kommunikation aus? Wie schaffen die jungen Demonstrierenden *de facto* einen öffentlichen Kommunikationsraum, der die mediale und politische Agenda steuert? Massenmedien haben eine zentrale Rolle für die Herausbildung einer Öffentlichkeit: Nur wenn die Medien die Themen und Probleme der Machtakteure in das öffentliche Bewusstsein bringen, kann überhaupt ein Debatten- und Kommunikationsraum entstehen. Wirft man einen Blick auf die Berichterstattung in den unterschiedlichen EU-Ländern, so lässt sich Folgendes klar beobachten: *Fridays For Future* ist ein Ereignis, das über die nationalen Grenzen hinweg eine große Aufmerksamkeit der Medien genießt. Im Zeitraum zwischen März und September 2019 lassen sich zahlreiche Artikel in der europäischen Presse finden. Die Proteste der jungen Aktivisten konstituieren europaweit ein zentrales Thema in den nationalen Medienöffentlichkeiten und werden parallel geführt: Wirft man z. B. einen Blick auf die Berichterstattung der Qualitätszeitungen in den unterschiedlichen EU-Ländern, so lässt sich eine synchrone Berichterstattung beobachten (u. a. in

Deutschland (*Süddeutsche Zeitung* und *Frankfurter Allgemeine Zeitung*), Frankreich (*Le Monde* und *Libération*), Belgien (*Le Soir* und *La Libre Belgique*), Spanien (*El Pais*) und Italien (*Corriere della Sera*)).[1] Auch lässt sich eine horizontale Verschränkung der Berichterstattung, in der die nationalen Medien Bezug auf FFF-Proteste in anderen EU-Ländern nehmen, feststellen. So berichtet das französische politische Wochenmagazin *Le Point* z. B. über FFF-Demonstrationen in Deutschland (vgl. Hugues 2019), der deutsche *Spiegel Online* thematisiert die Lehrer-Unterstützung der FFF-Klimabewegung in Frankreich (vgl. Göbel 2019). Eine wechselseitige Öffnung der nationalen Diskursräume existiert somit; die nationalen Kommunikationsräume verschmelzen in einem genuin europäischen Interaktionsraum. Die Stimme der Protestierenden wird von den Medien nicht nur gehört, sondern vor allem auch anerkannt und als wichtig erachtet – und dies über die nationalstaatlichen Grenzen hinaus.

Auch werden die FFF-Proteste von den Medien nicht wie bisher – so wie es z. B. hinsichtlich der EU-Finanz- und Wirtschaftskrise zu beobachten war[2] – durch die nationale Brille betrachtet. Vielmehr schaffen sie einen wahrlich *europäischen* Handlungs- bzw. Sinnbezug, ohne dass wir als Bürger „gefangen [bleiben] in nationalen Filterblasen, in denen wir europäische Themen [...] aus nationaler Sicht, mit nationalen Akteuren und Interessen aufarbeiten und konsumieren" (Wilkens und Rhomberg 2017, S. 2). Bei der FFF-Berichterstattung handelt es sich somit erstmals um europäisch geführte Diskurse, in denen ein pan-europäisches Problembewusstsein vermittelt wird.

Aus dieser Kommunikationsmacht folgt letztlich eine Identitätsmacht. Die jungen Menschen gehen freitags auf die Straßen, um über die Grenzen hinweg einen öffentlichen europapolitischen Diskurs anzuregen, und fordern von den politischen Entscheidern ein klimaneutrales Europa. Es ist genau dieses stak ausgeprägte Bestreben nach einem schnellen Klimawandel, welches die europäischen Studierenden und Schüler zusammenhält und vereint. Die Protestierenden haben ein ernsthaftes Anliegen. Dieser gemeinsame Protest schafft eine kollektive Identität, ein europäisches Kollektivbewusstsein für ein nachhaltiges Europa.

---

[1] Anlässlich der FFF-Demonstrationen am 15. März 2019 haben diese Zeitungen zum gleichen Zeitpunkt berichtet.

[2] Die Diskurse wurden rein national geführt. Der Tagesspiegel kam folgerichtig zu folgendem Schluss: „Da ist es kein Wunder, dass die Deutschen ein ganz anderes Bild von der Schuldenkrise haben als Griechen oder Franzosen. Und so verhindern nicht nur ganz konträre Ansätze eine Lösung der Krise, sondern vor allem die Unfähigkeit, die Perspektive der anderen Europäer zu verstehen" (Wilkens und Rhomberg 2017).

Fridays For Future – Die Veränderung unserer Gesellschaftsstrukturen durch ... 141

Diese stark ausgeprägte Kommunikationsmacht, die in eine europäische Identitätsbildung mündet, ist gerade auch angesichts des steigenden Rechtspopulismus und der damit verbundenen wachsenden EU-Skepsis relevant. Denn der zunehmende Ruf nach mehr nationalstaatlicher Eigenständigkeit („Ich will mein Land zurück") führt oft dazu, dass „nationalstaatliche Reflexe" gestärkt werden und der Schaffung eines europäischen Gemeinschaftsgefühls grundsätzlich pessimistisch gegenübergestanden wird. Durch die FFF-Bewegung gibt es aber allen Grund zu mehr Optimismus, denn die jungen Aktivisten lösen eine starke europaweite Solidarisierung aus und verändern somit das öffentliche Bewusstsein für die Notwendigkeit der EU zur Lösung von Problemen. Die hohe Teilnahme der Erstwähler an der Europawahl im Mai 2019 wäre ohne den Erfolg der FFF-Demonstrationen nicht zustande gekommen, so der allgemeine Konsens in Politik und Wissenschaft (vgl. Bukow 2019; The Economist 2019). Europa wird durch *Fridays For Future* mehr Bedeutung zugesprochen.

Fridays For Future und die Handlungsmacht

Durch die FFF-Bewegung entsteht also erstmals eine supranationale, die Nationalstaaten überlagernde europäische Öffentlichkeit, die in ein pan-europäisches Kollektivbewusstsein mündet. Diese stark ausgeprägte Kommunikationsmacht führt zu der zweiten Machtform: der Handlungsmacht.

Seit einigen Monaten nimmt *Fridays For Future* mit ihren Forderungen eine zentrale – wenn nicht die zentrale – Rolle in der öffentlichen politischen Debatte ein. Die Politik steht enorm unter Handlungsdruck. Von den politischen EU-Entscheidern wird erwartet, eine Politikagenda des effizienten Klimaschutzes in Europa schnell auszuführen. So ist es kein Zufall, dass sich Ursula von der Leyen bereits als Kandidatin für die EU-Kommissionspräsidentin für einen *European Green Deal* aussprach: „Ich möchte, dass der Green Deal Europas Markenzeichen wird", Europa soll zum „klimaneutralen Kontinent der Welt werden" (Steins 2019). Dass diese Bewerbungsrede nicht nur ein Lippenbekenntnis ist, sondern Ursula von der Leyen die Forderungen der *„Fridays For Future"*-Bewegung durchaus ernst nimmt, zeigt sich darin, dass sie bereits Mitte September ihren neu ernannten EU-Klimaschutz-Kommissar Franz Timmermanns beauftragt hat, ein erstes europäisches *„European Green Deal"*-Klimagesetz zeitnah umzusetzen. „Wir brauchen einen ehrgeizigen Green New Deal für Europa, der die Zukunft unserer Kinder gestaltet und ihre Gesundheit, ihren Wohlstand und ihre Sicherheit auf einem grünen und florierenden Planeten gewährleistet", so Timmermanns (Steins 2019). *Fridays For Future* zwingt also die EU-Politik *de facto* zum Handeln. Der *Green Deal* sieht nicht nur vor, die Ziele des Pariser Abkommens einzuhalten und grundsätzlich das Emissionsreduzierungsziel der EU für das Jahr 2030 auf mindestens

50 % anzuheben. Vielmehr finden sich konkrete Forderungen der *„Fridays For Future"*-Bewegung in dem *European Green Deal* wieder, wie beispielsweise die Einführung einer CO_2-Grenzsteuer auf besonders viel Kohlendioxid verursachende Importe in die EU. Auch in Deutschland steht das Thema Klimaneutralität ganz oben auf der politischen Agenda. Die deutsche Regierung hat sich zum Ziel gesetzt, noch in diesem Jahr das Klimaschutzprogramm 2030 umzusetzen. FFF fordert die Politik heraus, denn es geht nicht nur um die Erreichung eines allgemeinen nachhaltigen Klimaschutzes in Europa, sondern vor allem um die *schnelle* Gestaltung und Umsetzung der Treibhausneutralität.

Mit ihren Protesten bewegt die FFF-Bewegung auch die Wirtschaft, frühzeitig zu (re)agieren – und nicht, wie sonst so üblich, auf politische Entscheidungen bzw. Vorschriften zu warten. So ist es interessant festzustellen, dass viele Handelsketten wie die *Rewe Gruppe, Aldi* oder *Lidl* die Abschaffung von Kunststoff-Wegwerfartikeln bereits 2018 und 2019 angekündigt haben, obwohl die EU erst ab dem Jahr 2021 ein Verbot vieler Wegwerfprodukte beschlossen hat. Die Supermärkte „überbieten regelrecht einander mit Heldentaten zu Plastikvermeidung" (Marquart 2019), der Handel „liefert sich ein Wettrennen um die Krone der Nachhaltigkeit" (Sadeler 2018) heißt es in einem Spiegel- respektive in einem FAZ-Artikel. Kaum ein Unternehmen kann sich dem kritischen Blick der FFF entziehen. *Fridays For Future* hat zu einem radikalen Imagewechsel geführt: „Um wettbewerbsfähig zu bleiben, muss ich als Unternehmen nachhaltiger werden" – scheint das Credo der Industrie. Und so ist es auch nicht verwunderlich, dass Ende September 2019 – nur einige Tage nach der Veröffentlichung des Klimapakets der Großen Koalition – der Energiekonzern RWE, einer der größten CO_2-Emittenten in Deutschland, seinen neuen Marktauftritt präsentiert hat und dabei die „Marken" Klimaneutralität und Nachhaltigkeit in den Mittelpunkt stellt. Die Industrie reagiert nicht nur auf die Forderung der Klimaneutralität und des nachhaltigen Konsums, sie erkennt sie auch – zumindest nach außen hin – als das Richtige und Bessere für das Kollektiv an.

Darüber hinaus prägt und verändert die FFF-Klimaschutzbewegung auch ganz grundsätzlich unsere Lebensform – die Art und Weise, wie wir konsumieren. Denn der Klimadiskurs der protestierenden jungen Menschen wird nicht nur von konkreten Maßnahmen wie dem Kohleausstieg oder der Förderung erneuerbarer Energien bestimmt. Vielmehr wird durch *Fridays For Future* eine neue Konsumethik geschaffen und durchgesetzt. Diese neue Art des Konsumierens legt den Schwerpunkt auf den Verzicht des Konsums: weniger fliegen, weniger Fleischkonsum, weniger Auto fahren und weniger Verpackungsmüll. Diese durch die FFF proklamierte Verzichtsethik beeinflusst unser Konsumentenverhalten und bewegt uns

Fridays For Future – Die Veränderung unserer Gesellschaftsstrukturen durch … 143

ganz allgemein zu einer neuen, umweltbewussteren und nachhaltigeren Lebensform. Diese Macht wirkt implizit auf unser Handeln als Konsument ein.

Demokratisierung und Legitimierung der Gesellschaft

Die „*Fridays For Future*"-Bewegung verändert maßgeblich unsere heutigen bestehenden Gesellschaftsstrukturen, und dies über die nationalen Grenzen hinweg. Als Machtakteur übt die FFF-Protestbewegung *de facto* sowohl die Kommunikationsmacht als auch die Handlungsmacht aus. Durch die FFF-Bewegung entsteht erstmals eine supranationale, die Nationalstaaten überlagernde europäische Öffentlichkeit, die in ein pan-europäisches Kollektivbewusstsein mündet. Die Politik steht enorm unter Handlungsdruck. Von ihr wird erwartet, eine Politikagenda des effizienten Klimaschutzes in Europa schnell auszuführen. Auch die Industrie kann sich dem kritischen Blick der FFF nicht entziehen. Und letztlich prägt *Fridays For Future* unser Konsumentenverhalten maßgeblich.

Die Macht der FFF-Protestbewegung hat aus demokratietheoretischer Sicht weitreichende Folgen. Seit vielen Jahren wird in der Europäischen Union ein Demokratie- und Legitimitätsdefizit beklagt (vgl. Meyer 1999; Strohmeier 2007) Mit den FFF-Protesten scheint aber erstmals eine soziale Bewegung zu existieren, die zu einer Demokratisierung, zu einer Verringerung der Kluft zwischen dem Volk und der politischen Elite, führt. Durch die FFF-Bewegung werden die jungen Menschen ernst genommen und können im politischen Entscheidungsprozess mitbestimmen. Mit ihren Anliegen beteiligen sie sich *de facto* an der Politik. *Fridays for Future* (FFF) trägt so gesehen also zu einer Demokratisierung unserer Gesellschaft bei.

Für die weitere Forschung stellt sich nun die Frage, ob diese stark ausgeprägte Macht der „*Fridays For Future*"-Bewegung auch auf andere soziale Bewegungen übertragbar ist. Denn ohne eine Politikagenda der *Mitbestimmung* wird die Klimawende auf europäischer Ebene langfristig nicht bestehen können. Die Demonstrationen der *gilets jaunes*, der Gelbwesten, in Frankreich bestätigen dies. Denn diese Proteste spiegeln keine anti-ökologische Bewegung wider, vielmehr handelt es sich bei diesen Demonstrationen neben dem Kampf um soziale Gerechtigkeit um das Gefühl der politischen Ausgrenzung: Warum werden wir, die arbeitende und ärmere Bevölkerung aus der Provinz – die auf das Autofahren angewiesen ist –, nicht zu den politischen Vorhaben befragt und warum dürfen wir die politische Agenda nicht mitgestalten? Auch wenn die Gelbwestenprotestbewegung europapolitisch regional – auf Frankreich – begrenzt ist, so ist sie doch ein Phänomen eines Problems in ganz Europa: der wahrgenommenen fehlenden sozialen Gerechtigkeit verbunden mit einem Gefühl der mangelnden politischen Mitbestimmungsmöglichkeiten. Und dieses Empfinden führt vielmehr zu einer Entdemokratisierung: der wachsenden Kluft zwischen politischer Elite und Volk, zwischen „abgehobener" Regierung und arbeitender Bevölkerung. Dieser Gefahr entgegenzuwirken, wird eine der größten – wenn nicht die größte – Herausforderung in den nächsten Jahren sein. Es bleibt abzuwarten, ob *Fridays For Future* auch die Macht haben wird, auch andere soziale Bewegungen zum Handeln zu bewegen.

Literatur

Anderl, F., & Wallmeier, P. (2019). „Institution" als Scharnierkonzept zwischen Herrschaft und Widerstand. Ein Vorschlag zur empirischen Analyse transnationaler neoliberaler Herrschaft. *Forschungsjournal Soziale Bewegungen, 32*(2), 192–206.

Bukow, S. (2019). Europawahl in Deutschland 2019. Ergebnisse und Analysen. *Böll – Brief – Demokratie und Gesellschaft.* https://www.boell.de/sites/default/files/boell.brief_final_deutsch.pdf. Zugegriffen am 25.09.2019.

Giddens, A. (1984). *Die Konstitution der Gesellschaft. Grundzüge einer Theorie der Strukturierung.* Frankfurt a. M./New York: Campus.

Göbel, P. (2019). In Frankreich geben Lehrer ihren Schülern nur noch Bestnoten, um ihren Schulstreik zu unterstützen. *Bento.* https://www.bento.de/politik/frankreich-lehrer-geben-schuelern-nur-noch-bestnoten-um-sie-bei-einem-schulstreik-zu-unterstuetzen-a-410697cb-d833-4c6c-8420-cc1a3919b170. Zugegriffen am 25.09.2019.

Habermas, J. (1998). *Faktizität und Geltung. Beiträge zur Diskurstheorie des Rechts und des demokratischen Rechtsstaats.* Frankfurt a. M.: Suhrkamp.

Hugues, P. (2019). Allemagne: école buissonnière ou grève scolaire ? Le mouvement Fridays for Future pour le climat fait débat outre-Rhin. Certains élus veulent punir les écoliers qui sèchent les cours pour manifester. *Le Point.* https://www.lepoint.fr/europe/allemagne-ecole-buissonniere-ou-greve-scolaire-08-04-2019-2306331_2626.php. Zugegriffen am 25.09.2019.

Marquart, M. (2019). Kampf gegen Kunststoff im Einzelhandel: Verdammte Gurkenfolie. *Der Spiegel.* https://www.spiegel.de/forum/wirtschaft/kampf-gegen-kunststoff-im-einzelhandel-verdammte-gurken-folie-thread-893096-1.html. Zugegriffen am 25.09.2019.

Meyer, C. O. (1999). Political legitimacy and the invisibility of politics: Exploring the European Union's communication deficit. *Journal of Common Market Studies, 37*, 617–639.

Meyer, K. (2016). Demokratie zwischen Volkssouveränität und egalitärer Machtteilung. Kritische Überlegungen aus neorepublikanisch-feministischer Perspektive 2016. In A. Demirovic (Hrsg.), *Transformation der Demokratie – demokratische Transformation* (S. 174–200). Münster: Westfälisches Dampfboot.

Reichertz, J. (2011). *Kommunikationsmacht.* Wiesbaden: VS.

Sadeler, J. (2018). Rewe verabschiedet sich vom Plastik-Einweggeschirr. *Frankfurter Allgemeine Zeitung.* https://www.faz.net/aktuell/wirtschaft/unternehmen/rewe-verabschiedet-sich-vom-plastik-einweggeschirr-15778171.html. Zugegriffen am 25.09.2019.

Sander, W. (2009). Macht als Basiskonzept. *Herrschaft und Macht. Politische Bildung.* www.politischebildung.com/pdfs/31_printversion.pdf. Zugegriffen am 25.09.2019.

Schuck, H. (2012). Macht und Herrschaft. Eine realistische Analyse. In I. Elbe, S. Ellmers, & J. Eufinger (Hrsg.), *Anonyme Herrschaft. Zur Struktur moderner Machtverhältnisse* (S. 12–47). Westfälisches Dampfboot: Münster.

Steins, T. (2019). Neue Kommission verspricht „Green Deal". *Euractiv.* https://www.euractiv.de/section/energie-und-umwelt/news/neue-kommission-verspricht-green-deal. Zugegriffen am 25.09.2019.

Strohmeier, G. (2007). Die EU zwischen Legitimität und Effektivität. *Aus Politik und Zeitgeschichte, 10*, 24–30.

The Economist. (2019). Why European voters are returning to the polls. Higher stakes and greater choice are encouraging more people to cast their ballots. *Economist.* https://www.economist.com/europe/2019/05/29/why-european-voters-are-returning-to-the-polls. Zugegriffen am: 25.09.2019.

Wilkens, A., & Rhomberg, M. (2017). Europa braucht einen europäischen Medienfonds. *Tagesspiegel.* http://www.tagesspiegel.de/politik/demokratie-undmedien-europa-braucht-einen-europaeischen-medienfonds/12079454.html. Zugegriffen am 25.09.2019.

Dr. Tecla Huth ist Senior Beraterin für politische Kommunikation mit dem Schwerpunkt Europa-Kommunikation sowie Dozentin für politische und interkulturelle Kommunikation an der Hochschule Fresenius in Köln und Düsseldorf. Vor ihrer politikwissenschaftlichen Promotion an der Heinrich-Heine Universität Düsseldorf war sie in unterschiedlichen PR- und Public-Affairs-Agenturen in Brüssel tätig. Ihr Studium der politischen Kommunikation absolvierte sie an den Universitäten in Grenoble, Edinburgh und Brüssel sowie in einem Postgraduierten-Programm am Institut des Relations Internationales in Straßburg.

Boykott und Bukcott – Empirische Erkenntnisse zur Macht von aktiven Konsumenten

Jan Dirk Kemming und Julian Lambertin

Insbesondere im Sog der Wachstumsdynamik der sozialen Medien ist in Theorie und Praxis eine intensive Diskussion über veränderte Einflussmöglichkeiten von Konsumenten auf Unternehmen entstanden. Die einfache ökonomische Dichotomie von Kauf oder Nichtkauf ist durch eine stärker hör- und sichtbare Stimme von Konsumenten um die Aspekte Reichweite und Multiplikation komplementiert und zum Teil eines komplexeren Systems geworden. Die zunehmende Transparenz in der Kommunikation als Konsequenz von Digitalisierung und einem hohen Vernetzungsgrad der Verbraucher auf sozialen Plattformen hat die Relevanz von Werteurteilen im Konsumkontext erhöht. In der Literatur wird eine wachsende Diskursintensität über ethische Beurteilungen von Produkten beobachtet (vgl. Kirchhof und Nickel 2014, S. 11).

Das Konsumsystem wird nicht nur durch hohe Reichweiten, sondern auch durch die stärker betonte moralische Tragweite von Konsumentenentscheidungen stärker differenziert. Von der Publizistin, Aktivistin und Gründerin des Small Planet

---

J. D. Kemming (✉)
Hochschule Fresenius, Köln, Deutschland
E-Mail: Jan.Kemming@hs-fresenius.de

J. Lambertin
Weber Shandwick, Köln, Deutschland
E-Mail: jlambertin@webershandwick.com

© Springer Fachmedien Wiesbaden GmbH, ein Teil von Springer Nature 2020
J. Rommerskirchen (Hrsg.), *Die neue Macht der Konsumenten*,
https://doi.org/10.1007/978-3-658-28559-3_8

Institutes, Anne Lappe, ist das prägnante Zitat überliefert: „every time you spend money, you are casting a vote for the kind of world you want" (Aquamarine 2018). Konsum wird in dieser Zuspitzung zu einer politischen Handlung. Analog zu der Idee einer Wahl zeichnen sich für Konsumenten zwei mögliche Verhaltensweisen ab: Sie könnten ethisch unzureichende Konsumangebote boykottieren oder willkommene Produkthaltungen und -handlungen buykottieren (also honorieren), jeweils durch entsprechend gerichteten Konsum.

Das Marktforschungsinstitut KRC Research hat gemeinsam mit der Kommunikationsagentur Weber Shandwick über die letzten Jahre in unterschiedlichen internationalen Studiendesigns die Frage untersucht, wie sich diese neuen kommunikativen Entwicklungen auch in der Frage der „Macht" von Konsumenten widerspiegeln. Für den Zweck dieses Beitrages haben wir die großen Trends und Tendenzen aus diesen Studien zusammengefasst für eine erste indikative empirische Datenbasis. Die Daten sind aus unterschiedlichen Kontexten zusammengefasst und erheben weder Anspruch auf Vollständigkeit noch – auch mit Blick auf die Stichprobenkonstellationen – auf Repräsentativität; sie sind aber nach Meinung der Autoren eine bemerkenswerte Sammlung von Indikatoren zu einer neuen Macht der Verbraucher.

In den folgenden Abschnitten versuchen wir zunächst, die Frage der empfundenen Konsumentenmacht sowohl aus Unternehmens- als auch Verbraucherperspektive näher zu beleuchten. Auf dieser Grundlage betrachten wir im Anschluss die beiden bereits angedeuteten Verhaltensweisen – Boykott und Buykott – als Signale eines zunehmenden Verbraucheraktivismus etwas näher und stellen Erkenntnisse zu deren Qualität und Relevanz vor. In dem abschließenden Ausblick diskutieren wir Implikationen für das Management von Marken und Unternehmen – Brand und CEO Activism als Reaktion auf zunehmenden Consumer Activism.

Macht und Einfluss von Konsumenten aus Verbraucher- und Unternehmenssicht

In der globalen Studie „The Company behind the brand"[1] in der zweiten Auflage aus dem Jahr 2016 war ebendiese Frage erkenntnisleitend: Als wie einflussreich empfinden sich Konsumenten selbst mit Blick auf den Kurs von Unternehmen, deren Marken sie kaufen, und als wie einflussreich werden die Verbraucher von den Unternehmen wahrgenommen?

---

[1] In der Studie „The Company behind the Brand II" von KRC und Weber Shandwick wurden 2016 weltweit 2100 Konsumenten und 1050 Führungskräfte in 21 Ländern befragt (im Folgenden zitiert als KRC 2016).

Wachsende Macht

In der globalen Aggregation ist das Ergebnis eindeutig: 86 % der untersuchten Verbraucher empfanden, dass Unternehmen heutzutage in mindestens moderatem oder sogar hohem Ausmaß von Konsumentenmeinungen beeinflusst werden (s. Abb. 1). Bei den mehr als 1000 im Rahmen dieser Studie befragten Führungskräften von Unternehmen ist die Meinung noch eindeutiger. Nur 9 % sehen nur einen sehr geringen oder kein Ausmaß von Einfluss von Konsumentenmeinungen auf den Unternehmenskurs, und 91 % sehen ein moderates/hohes Ausmaß (vgl. KRC 2016, S. 5).

Beide befragten Gruppen sind dabei der Meinung, dass das Ausmaß des Einflusses von Konsumenten auf Unternehmen in der jüngeren Vergangenheit (im Zeitraum von fünf Jahren) zugenommen hat. 68 % der untersuchten Konsumenten und 59 % der befragten Führungskräfte konstatieren einen wachsenden Verbrauchereinfluss, weniger Einfluss sehen nur 5 % bzw. 3 % der Probanden (vgl. KRC 2016, S. 5). Die Arten oder Anlässe, in denen sich diese persönliche Einflussnahme äußert, reichen von Ratings oder Kommentaren in Reviews über das Teilen von Informationen bis zu direkten Botschaften von Konsumenten an Unternehmen als Brief oder E-Mail (vgl. KRC 2016, S. 6).

Themen von Konsumenteninteraktion

Das Teilen von Informationen mit anderen Konsumenten – Ausdruck der eingangs beschriebenen neuen Reichweite von Verbrauchern – erfolgt dabei zu einer interessanten Bandbreite von Themen (s. auch Abb. 2). Hierbei stehen Kundenservice und die Produktqualität auch im Hinblick auf mögliche Gesundheitsthemen oder Sicherheitsaspekte im Vordergrund. Weiterhin finden Themen jenseits der unmittelbaren Produktbeschaffenheit – wie z. B. Innovationsaspekte oder moralische Perspektiven – Raum in der Kommunikation zwischen Konsumenten über Unternehmen. Auch das Unternehmen insgesamt, die „Company behind the Brand", ist häufig ganz allgemein Gegenstand oder Anlass von Informationsaustausch zwischen Verbrauchern (vgl. KRC 2016, S. 7).

Profil kommunikationsaktiver Verbraucher

Diese kommunikationsaktiven Verbraucher haben ein recht klares soziodemografisches Profil. In einer Detailbetrachtung der Qualitätssapekte „gut/gesund", über die Konsumenten sich austauschen, ergeben sich deutliche Tendenzen: Der Anteil weiblicher Verbraucher ist signifikant höher, oft mit Kindern im Haushalt, und mit einem überdurchschnittlichen Haushaltseinkommen ausgestattet. Mit Blick auf die Generationenzugehörigkeit dominieren die Millennials, also jene Generation, die zwischen den frühen 1980ern und spätern 1990ern geboren ist (vgl. KRC 2016, S. 8).

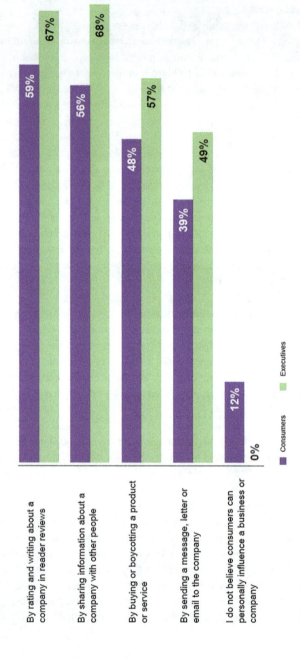

Abb. 1 Arten der Einflussnahme. (Quelle: KRC 2016, S. 6)

Boykott und Bukcott – Empirische Erkenntnisse zur Macht von aktiven … 151

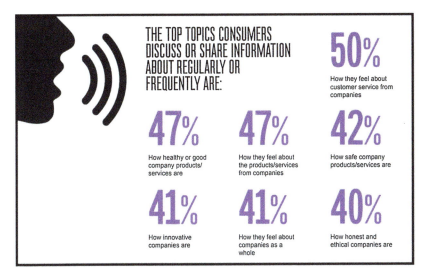

Abb. 2 Themen für Konsumenten. (Quelle: KRC 2016, S. 7)

Ferner zeigen die Daten eine beachtliche kulturelle Dimension – global streut das Thema „wie gesund oder gut Produkte oder Dienstleistungen des Unternehmens sind" als Kommunikationsanlass für über 70 % der Verbraucher in z. B. Mexiko oder Türkei bis unter 30 % für Konsumenten in Schweden, Japan oder Hongkong (vgl. Abb. 3). Vermutlich sind dies auch Effekte der unterschiedlichen Kommunikationskulturen z. B. mit Blick auf orale vs. verschriftliche Tradierung von Geschichten.

Angebot und Nachfrage
Erkenntnisreich ist auch in dieser Frage der Abgleich mit der Wahrnehmung der Führungskräfte. Grundsätzlich lässt sich feststellen, dass die Übereinstimmung zwischen Kommunikationsthemen von Unternehmen und den Diskussionsthemen von Konsumenten recht hoch ist. Allerdings hat die Studie auch einige beachtenswerte Differenzen zwischen den beiden Gruppen gefunden. Im Vergleich zum tatsächlichen Diskussionsverhalten von Konsumenten werden die Themen „finanzielle Ergebnisse" und „gemeinwohlorientierte Beiträge" von Unternehmen überkommuniziert (vgl. KRC 2016, S. 8). Dagegen ist die Frage, wie ehrlich und ethisch Unternehmen sind, in der Priorität der Konsumenten fünf Plätze vor dem tatsächlichen Kommunikationsaufwand der Unternehmen in solchen Fragen platziert (7 vs. 12, vgl. KRC 2016, S. 8). Hier ist die Erwartung der Konsumenten an die Kommunikation von Haltung höher, als von Unternehmen angenommen.

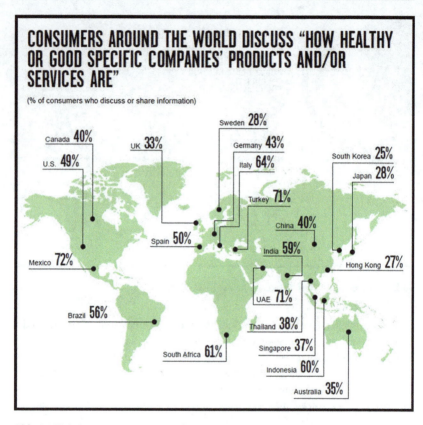

Abb. 3 Globales Kommunikationsverhalten. (Quelle: KRC 2016, S. 9)

Dabei erscheint es durchaus lohnend, hier unternehmensseitig mehr Anknüpfungspunkte anzubieten. Global geben 45 % aller befragten Konsumenten an, die Labels/Produktinformationen zu lesen, um die Unternehmensmarke der Produkte zu identifizieren. 46 % der Verbraucher kaufen von Unternehmen, die ihnen ein gutes Gefühl vermitteln (vgl. KRC 2016, S. 10). Zwar steht das Produkt immer noch im Zentrum aller Konsumentenerwägungen, jedoch zeichnet sich klar ab, dass Unternehmen immer stärker zu sinnstiftenden Einheiten werden, die mehr liefern müssen als nur funktionalen Mehrwert. Weitere Managementimplikationen werden im Ausblick diskutiert.

Boykott und Bukcott – Empirische Erkenntnisse zur Macht von aktiven … 153

Quellen von und mit Einfluss

Ein abschließender Blick gilt den Quellen, die Konsumenten nutzen, um sich ein Urteil über Unternehmen zu bilden, bzw. welche dieses Urteil vordringlich beeinflussen. Wie oft in den letzten 15 Jahren in der Kommunikationsforschung beobachtet, ist auch in unseren Daten vor allem das Urteil anderer Konsumenten, aber auch das von Freunden, Familien oder Experten sowie Verbraucherverbänden maßgeblich; diese Quellen, die vertraute oder kompetente Personen umfassen, erhalten alle mehr als 80 % Zustimmung. Jenseits von 80 % liegt übrigens auch, wie ein Unternehmen mögliche Probleme einräumt, sie adressiert und ihnen begegnet – ohne Frage stehen Unternehmen in kritischer Beobachtung durch die Konsumenten selbst, verfügen aber auch über die Möglichkeit, wieder Boden gutzumachen.

Dahinter abgestuft mit Zustimmung zwischen 60 und 80 % finden sich medial verfügbare Informationen, also via Search, TV/klassische Medien, Webseiten oder soziale Medien. Besondere Aufmerksamkeit verdient die Quelle der Unternehmensmitarbeiter, an der sich 76 % orientieren würden. Auf den Faktor „Employee Activism" werden wir später noch zurückkommen. Zuletzt im niedrigen 60 %-Raum finden sich noch Quellen wie Werbung, die Unternehmensführung oder Auszeichnungen (vgl. KRC 2016, S. 11; Abb. 4). Je stärker Unternehmen Informationen kontrollieren können, desto weniger werden diese goutiert.

Abschließend lässt sich für die Eingangsfrage für diesen Abschnitt konstatieren, dass ausweislich der hier betrachteten Daten die Macht der Verbraucher in den letzten Jahren in der Wahrnehmung sowohl der Konsumenten selbst als auch der Unternehmen klar zugenommen hat. Diese Macht kommt bei einer breiten Auswahl an Themen zum Ausdruck und schafft ein verändertes, kritischeres Verhältnis zwischen Unternehmen und Konsumenten.

Der neue Konsumentenaktivismus – Boykott oder Buykott

Eine stärkere Wirkmacht der Konsumenten zeigt sich aber unserer Beobachtung nach nicht nur diskursiv über Meinungen und Informationen, sondern zunehmend auch in Handlungen – dem gezielten Kauf oder Nichtkauf von Produkten oder Dienstleistungen. In der Studie „Battle of the Wallets"[2] haben KRC und Weber Shandwick dieses Phänomen 2017 etwas genauer untersucht.

---

[2]In der Studie „Battle of the Wallets" wurde von KRC Research im Auftrag von Weber Shandwick im Jahre 2017 eine Onlineumfrage mit 2000 Konsumaktivisten, 1000 in den USA und 1000 in Großbritannien, durchgeführt. Um als Aktivist in Frage zu kommen, mussten Konsumenten mindestens eine von sieben als Aktionen kategorisierte Handlungen vorgenommen haben, um ein Unternehmen entweder abzustrafen oder zu belohnen (im Folgenden zitiert als KRC 2018b).

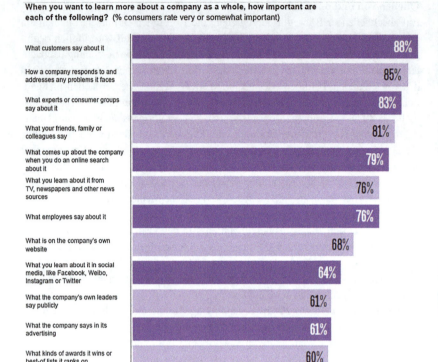

Abb. 4 Informationsquellen von Konsumenten. (Quelle: KRC 2016, S. 11)

Das Phänomen der Konsumboykotte aufgrund wahrgenommener Verfehlungen oder Fehlentscheidungen von Unternehmen ist nicht neu; spätestens nach der sehr erfolgreichen Boykott-Kampagne u. a. von Greenpeace gegen Shell aufgrund der skandalbehafteten Entsorgung der Ölplattform Brent Spar 1995 sind solche Szenarien auf dem Strategieradar von Unternehmen.

Vor allem in der jüngsten Vergangenheit ist die praktische Relevanz von Boykotten evident. Das Ethical Consumer Magazine in England bietet Ethik-Ranglisten für über 10.000 Produkt- und Unternehmensmarken als Unterstützung für Kaufentscheidungen; es registrierte allein im Januar 2018 52 Konsumboykott-Aufrufe durch Konsumenten in England (vgl. Ethical Consumer 2018). Studien zufolge gilt auch Deutschland als besonders wertsensibler Markt mit hohen gesellschaftlichen Erwartungen an Unternehmen und Marken, verantwortlich zu handeln (vgl. Kirchhof und Nickel 2014, S. 2).

Definition und Ausprägungen

Die Daten der KRC-Studie (vgl. KRC 2018b) belegen diesen Trend, wie alltäglich solch ethisch gerichteter Konsum von Verbrauchern geworden ist. Und sie weisen nach, dass Konsum nicht nur zu Sanktionszwecken, sondern auch zu Gratifikationszwecken für zustimmungsfähige Handlungen von Unternehmen eingesetzt wird. In der Studie wurden die Kategorien „Boycott" und „BUYcott" identifiziert und wie folgt definiert:

- „Boycott: An act of voluntarily refraining from using, buying or dealing with a product, brand or company as an expression of protest
- BUYcott: The opposite of a boycott – an act of showing support for a company's actions by intentionally buying its brands, products or services". (KRC 2018b, S. 3)

60 % der befragten Konsumenten gaben an, dass sie schon einmal eine solche positive oder negative Aktion als Reaktion auf eine Handlung eines Unternehmens/einer Marke getätigt haben. Von dieser Gruppe haben 90 % schon mindestens einmal eine Marke boykottiert, und 65 % der Verbraucher haben bereits eine Marke aktiv mit ihrem Konsum unterstützt (vgl. KRC 2018b, S. 3; Abb. 5). Mögliche Manifes-

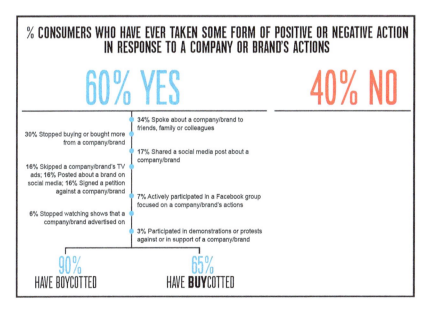

Abb. 5 Boykott- und BUYkott-Handlungen. (Quelle: KRC 2018b, S. 3)

tationen dieser Boy- oder BUYkotte umfassen den zielgerichteten Austausch mit Freunden/Familie oder Kollegen, tatsächliche Kaufhandlungen, Teilen entsprechender Informationen und aktive Aufrufe via Social Media, Ignorieren von Werbung, die Teilhabe an kritischen Facebook-Gruppen bis hin zur Teilnahme an Demonstrationen.

Diese Boy- oder BUYkotthandlungen sind dabei keine Eintagsfliegen. In den vergangenen zwei Jahren vor der Erhebung hatten die Befragten im Durchschnitt 4,5 Boykotte und 5,7 BUYkotte durchgeführt (vgl. KRC 2018b, S. 5). Beide Handlungsoptionen werden nach Meinung der befragten Konsumenten in der Zukunft in ihrer Frequenz noch zunehmen, 37 % erwarten mehr BUYkotte (vs. 7 % weniger) und 28 % mehr Boykotte (vs. 10 % weniger) in den nächsten zwei Jahren (vgl. KRC 2018b). Insgesamt zeigen die Daten eine leicht aufkeimende Skepsis gegenüber Boykotten, 19 % der Befragten meinen, ihre Auswirkungen betreffen vor allem die Mitarbeiter, und 36 % nehmen an, Boykotte beruhen oft auf falschen Gerüchten. Vor allem wird das aktive Teilen von Informationen als ähnlich effektiv wie Boykotte eingeschätzt (72 %) – ein interessanter Indikator für die sich wandelnden Formen der in diesem Buch diskutierten Konsumentenmacht (vgl. KRC 2018b, S. 5).

Interessant ist der Kontrast der Boykottierer vs. der BUYkottierer mit Blick auf die Generationen. Während die Boykottierer sich mit 40 % deutlich stärker aus den sogenannten Babyboomern rekrutieren, also den zwischen 1950 und 1964 Geborenen, stammen die BUYkottierer zu 41 % wieder mit einer signifikanten Abweichung aus den Millennials (35 %) und der nachfolgenden GenZ (6 %) (vgl. KRC 2018b, S. 6). Diese demografische Akzentuierung unterfüttert die genannte These, dass der BUYkott die tendenziell etwas modernere und zukunftsgerichtetere Variante des Consumer Activisms ist. Mit Blick auf andere Merkmale ist das demografische Profil der Konsumentenaktivisten übrigens ähnlich wie in der zuvor beschriebenen Studie – eher weiblich, eher jünger, eher mit Kindern im Haushalt – und bedarf entsprechend keiner separaten Diskussion an dieser Stelle.

Auslöser, Motive und Ziele
Zentrale Trigger von Konsumentenaktivismus sowohl in die Boy- als auch in die BUYkott-Richtung sind gelebte Werte des Unternehmens, die Produktqualität, die politische Haltung des Unternehmens sowie der Umgang mit den Kunden. Während die Werte vor allem BUYkotts, also positive Unterstützung für das Unternehmen, treiben, ist vor allem der Umgang mit Mitarbeitern ein signifikanter Treiber von Boykotten (vgl. KRC 2018b, S. 6; Abb. 6).

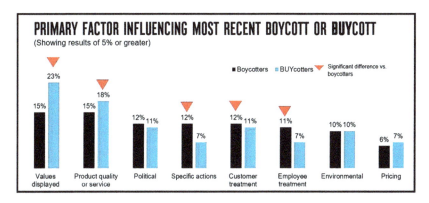

Abb. 6 Einflussfaktoren Boykott/BUYkott. (Quelle: KRC 2018b, S. 9)

Die Motive bzw. Ziele der Konsumentenaktivisten unterscheiden sich je nach Handlungsrichtung. Während die Boykottierer vor allem die Reputation eines Unternehmens/einer Marke schädigen wollen und den Abverkauf reduzieren, so sind wiederum die Stärkung der Reputation und des Abverkaufs zentrale Motive der BUYkottierer. Einig sind beide Seiten in einem Ziel, das im Kontext der Grundfrage dieses Buches eine bemerkenswerte Ambition ist: verändern, wie das Unternehmen geschäftlich agiert (vgl. KRC 2018b, S. 7; Abb. 7).

Zumindest für die Stichprobe „Konsumentenaktivisten" dieser Studie konstatieren wir also einen klaren *Sense of Empowerment* – die Selbstwahrnehmung von Macht, das Geschäftsmodell von Unternehmen beeinflussen zu können.

Wer hat hier die Macht? Ableitungen für Marken- und Unternehmensführung

Damit stellt sich für den abschließenden Ausblick die Frage, welche Implikationen die diskutierten Motive und Ziele von Konsumentenaktivisten für das Management von Marken und Unternehmen haben.

Corporate Brand als Interaktionsmodell

Eindeutig, das hat bereits die Betrachtung der Studie „The Company behind the Brand" nahegelegt, setzt sich der Siegeszug des Corporate Brandings fort – und damit die tiefe vertikale Inklusion von z. B. gesellschaftlichen Wertediskussionen, einzelnen Politikfeldern oder möglichen externen Effekten des ökonomischen Handelns in die Positionierung und Aktivierung von Unternehmensmarken.

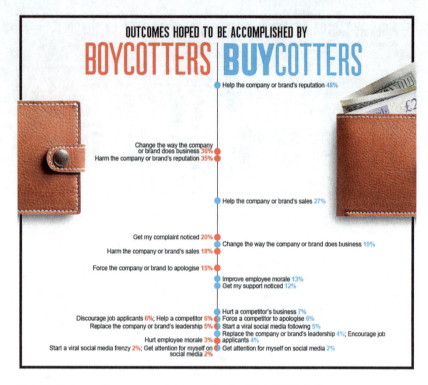

Abb. 7 Ziele von Konsumentenaktivisten. (Quelle: KRC 2018b, S. 7)

86 % der in der Studie befragten Führungskräfte sind der Meinung, dass eine starke Unternehmensmarke mindestens genauso wichtig, bisweilen wichtiger ist als die Produktmarke(n) (vgl. KRC 2016, S. 14). Und 38 % der befragten Konsumenten stimmen der Aussage zu, dass sie trotz einer entsprechenden Präferenz ein Produkt nicht gekauft und eine Alternative gewählt haben, weil sie mit der produzierenden Unternehmensmarke nicht übereinstimmten oder diese nicht mochten (vgl. KRC 2016). Die Schlussfolgerung muss für die Markenführung von Unternehmensmarken lauten: Es bedarf Klarheit und Transparenz zu Herkunft und Hintergrund von Produkten (dem stimmen übrigens 83 % aller weltweit befragten Führungskräften zu, vgl. KRC 2016, S. 14).

In der Fortsetzung dieses Gedankengangs erscheint es zudem sinnvoll, den Konsumentenbegriff weit zu fassen und auch die Wahl des Arbeitsplatzes als eine mittlerweile recht machtvolle Konsumenten-/Arbeitnehmerentscheidung einzuordnen. 77 % der Konsumenten und 95 % der Führungskräfte finden die Identität der Unternehmensmarke bedeutsam auf der Suche nach einem neuen Job (vgl. KRC 2016, S. 18). Dies gilt insbesondere für die Generation der sogenannten Millennials – sie sind in dieser Frage noch einmal signifikant sensibler als andere Kohorten (vgl. KRC 2016).

Ein neuer Führungsstil für neue Konsumenten

Diese veränderten und komplexeren Erwartungshaltungen von Konsumenten an eine Unternehmensmarke spiegeln sich auch in neuen Rollenmodellen für Führungskräfte und CEOs. Im Rahmen der CEO Activism Studie,[3] die KRC und Weber Shandwick in drei Wellen seit 2016 erhoben haben, zeigt sich eine deutliche Entwicklung. Die allgemeine Aufmerksamkeit gegenüber Geschäftsführungen, die sich öffentlich in intensiv geführte Debatten einschalten, ist in der jüngeren Vergangenheit signifikant gestiegen. 42 % der US-Amerikaner (gegenüber 34 % im Jahr 2016) haben 2018 von entsprechenden Engagements von CEOs gehört oder gelesen (vgl. KRC 2018a, S. 7).

Für die Frage der Macht von Konsumenten ist bemerkenswert, dass analog zur Bekanntheit auch die Wahrscheinlichkeit, dass Konsumenten Produkte eines Unternehmens kaufen, deren CEO oder Geschäftsführung sich im Rahmen von gesellschaftlichen Debatten äußert, in den vergangenen drei Jahren signifikant zugenommen hat (vgl. KRC 2018a, S. 8; Abb. 8).

Als Reaktion auf diese vermehrte gesellschaftliche Sichtbarkeit von Führungskräften zeigen sich wieder unterschiedliche Boy- oder BUYkott-Strategien – von Konsequenzen für den Konsum über Weitergabe von Informationen bis zu Social-Media-Reaktionen. Oder auch – das ist eine weitere interessante Dimension von Konsumentenmacht, zumindest in entsprechend ausgeprägten Märkten, der Kauf oder Verkauf von Aktien oder Unternehmensbeteiligungen als direkte Reaktion auf CEO-Haltungen (Abb. 9).

In diesem Erwartungskontext lassen sich die Risiken einer aktiven Positionierung übrigens gut abwägen mit den Risiken von passiver Inaktivität. Zwar überwiegen noch die Risiken in Szenarien, in denen die Geschäftsführung sich mit Haltungen klar positioniert, aber auch bei Schweigen von CEOs im Umfeld von

---

[3] In der Studie „CEO Activism" von KRC Research im Auftrag von Weber Shandwick wurde eine Onlineumfrage mit 1006 US-Amerikanern durchgeführt (im Folgenden zitiert als KRC 2018a).

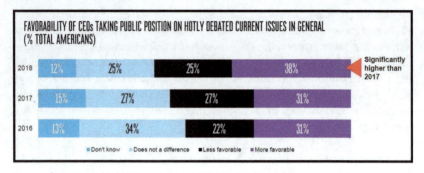

Abb. 8 Meinungen zu öffentlichen CEO-Haltungsäußerungen. (Quelle: KRC 2018a, S. 8)

ACTIONS TAKEN BECAUSE OF A CEO's STANCE (AMONG THOSE AWARE OF CEO ACTIVISM)	2018
Any action (net)	64%
Changed purchasing behavior (net)	42%
Decided not to buy from or boycotted the company	35%
Decided to buy more from the company	18%
Talked about the CEO's stance with your friends and family	24%
Talked about the CEO's stance with your co-workers	15%
Posted positively about the CEO or company on social media	14%
Posted negatively about the CEO or company on social media	14%
Signed a petition addressed to the CEO or company	12%
Contacted the company to share your opinion	8%
Made a decision to buy that company's stock	7%
Looked into selling that company's stock	5%
Joined a march or rally against the CEO or company	5%
None of the above	36%

Abb. 9 Konsumentenreaktionen auf CEO-Haltungen. (Quelle: KRC 2018a, S. 21)

intensiven gesellschaftlichen Debatten droht direkte Konsumentenkritik (30 %), vor allem in Social Media (35 %), aber auch Kritik von Mitarbeitern (29 %) (vgl. KRC 2018a, S. 16). Zudem gilt es zu bedenken, dass der BUYkott als aktive Form der Unterstützung gerade in jüngeren Generationen mehr Zuspruch erhält, während der klassische Boykott kritischer gesehen und von älteren Generationen bevorzugt wird. Wir könnten es mittelfristig mit einer Umkehrung der Verhältnisse zu tun haben – die Vorteile einer klar artikulierten Haltung könnten zukünftig überwiegen, da Fürsprecher aktiver werden würden als solche, die der Unternehmenshaltung ablehnend gegenüberstehen.

Ausblick – Machtvolle Konsumenten als politische Akteure

Die Betrachtung der KRC-Studien der vergangenen drei Jahre hat unserer Ansicht nach zahlreiche Indikatoren zu Tage gefördert über das Ausmaß, in dem Konsumenten Einfluss nehmen (können) auf Strategien und taktische Aktivitäten von Unternehmen. Die Datenlage scheint auch insofern recht eindeutig, als der Trend auch durch weltweit befragte Führungskräfte unternehmensseitig validiert wurde, d. h., das Momentum erreicht auch tatsächlich die Firmen und Marken. Die hier betrachteten Daten hatten einen Stichprobenüberhang in Richtung der westlichen Hemisphäre, vor allem, was die USA betrifft. Daher sind sie mit gegebener Vorsicht zu betrachten, was ihre Verallgemeinerung betrifft. Allerdings zeigen die global verfügbaren Erkenntnisse sowie die Beobachtung der Märkte und Fallstudien z. B. in Europa oder Südamerika einen ähnlichen Trend. Konsumaktivismus wird zunehmend politisch, da Verbraucher sich zunehmend ihrer Macht bewusst werden.

In den USA zeigen sich z. B. in den jüngeren Diskussionen um den Fall Colin Kapernick, bei dem Nike einen bei der Trump-Administration aufgrund seines Protestes gegen ggf. rassistisch motivierte Polizeigewalt in Ungnade gefallenen Football-Spieler zum Werbetestimonial machte und dann im Zentrum von massiven Boy- und BUYkott-Aktionen stand, dass die Macht der Konsumenten nicht nur ethische Aspekte von Marken- und Unternehmensführung betrifft, sondern im aktuellen Umfeld auch explizit politische Dimensionen annimmt. Ähnliches belegt der Fall der Supermarkt-Kette Target, die als Pionier geschlechtsneutrale Toiletten einrichtete, sich so in der Gender-Diskussion positionierte und in der Folge zum Objekt von Konsumboykott wurde (vgl. Smith 2017). Die Studie „The Political Consumer" (JWT Intelligence Group 2016) belegt diese Politisierung des Konsumenteneinflusses deutlich: 26 % (39 % der Millennials zwischen 21 und 34 Jahren) der 1000 befragten US-Amerikaner glauben, Marken sollten eine größere Rolle spielen, 40 % (51 % Millennials) begrüßen, wenn Marken politische Standpunkte in der Werbung kommunizieren, und 44 % (53 % Millennials) gaben an, bevorzugt/üblicherweise Marken zu kaufen, die für ähnliche Haltung stehen wie die eigenen (JWT Intelligence Group 2016, S. 52).

Eine Studie aus dem Jahr 2014 (vgl. Echegaray 2014) in drei südamerikanischen Ländern belegt diese Entwicklung deutlich: Konsumenten empfinden deutlich mehr Einfluss gegenüber Unternehmen mit Blick auf Produkte und Dienstleistungen, als dass sie Einfluss auf die Regierung wahrnehmen können. In diesem Kontext werden Unternehmen auch als Treiber politischer Prozesse wahrgenommen, im Output vergleichbar mit traditionellen politischen Institutionen: „We expect individuals to perceive corporations as agents responsible for policies affecting public goods, with abilities at least comparable to traditional political institutions" (Echegaray 2014, S. 183). Diese neue politische Machtempfindung von Konsumenten hat weitere Implikationen z. B. mit Blick auf demokratische Gleichheitsgebote (vgl. Kemming 2019), die den Rahmen dieser Überlegungen sprengen. Sie belegen aber den Trend und eine mögliche Weiterentwicklung deutlich: Konsumenten beeinflussen nicht nur Produkte und Dienstleistungen von Unternehmen durch ihr Kaufverhalten oder ihre Kommunikationsaktivitäten, sondern sie sind qua ihrer Netzwerke, ihrer Stimme und ihrer gerichteten Boy- und BUYkott-Handlungen auch zunehmend ein relevanter Faktor für die Beantwortung ethischer Herausforderungen oder bei der Ausgestaltung einer politischen Agenda von Unternehmen. Anders ausgedrückt: Konsumenten kaufen heute nicht mehr alleine Produkte für den eigenen Bedarf, sie kaufen auch den Ansatz und die Handlungsmaximen der dahinterstehenden Unternehmen.

Literatur

Aquamarine. (2018). 5 ways your ethical purchase can help change the world. *Aquamarine*. http://aquamarinehome.com/blogs/blog/ethical-purchase-change-the-world. Zugegriffen am 05.06.2019.

Echegaray, F. (2014). Voting at the marketplace. Political consumerism in Latin America. *Latin American Research Review, 2*(50), 176–199.

Ethical Consumer. (2018). *Ethical ratings. Ethical consumer*. http://www.ethicalconsumer. org/ethical-company-ratings.aspx. Zugegriffen 15.12.2018.

JWT Intelligence Group. (2016). The political consumer. *JWT Intelligence*. https://www. jwtintelligence.com/trend-reports/the-political-consumer/#edd-free-download-modal. Zugegriffen am 07.08.2019.

Kemming, J. (2019). Politische Marken im Demokratiemodell. In J. D. Kemming & J. Rommerskirchen (Hrsg.), *Marken als politische Akteure* (S. 131–148). Wiesbaden: Springer Gabler.

Kirchhof, A., & Nickel, O. (2014). Marken nachhaltig erfolgreich führen. In A. Kirchhof & O. Nickel (Hrsg.), *CSR und Brand Management. Marken nachhaltig führen* (S. 1–36). Berlin/Heidelberg: Springer.

KRC. (2016). Company behind the Brand. *Weber Shandwick*. https://www.webershandwick.com/uploads/news/files/company-behind-the-brand-in-goodness-we-trust.pdf. Zugegriffen am 07.08.2019.

KRC. (2018a). Battle of the wallets. The changing landscape of consumer activism. *Weber Shandwick*. http://webershandwick.co.uk/wp-content/uploads/2018/01/Battle-of-the-wallets-report-UK.pdf. Zugegriffen am 14.08.2019.

KRC. (2018b). CEO Activism in 2018: The Purposeful CEO. *Weber Shandwick*. https://www.webershandwick.com/wp-content/uploads/2018/07/CEO-Activism-2018_Purposeful-CEO.pdf. Zugegriffen am 11.08.2019.

Smith, J. (Juni 2017). Brands with purpose, not politics. *Marketing News*, S. 20.

Prof. Dr. Jan Dirk Kemming verantwortet als Chief Creative Officer bei Weber Shandwick das Strategie- und Kreativgeschäft der Kommunikationsagentur in Deutschland, wo er seit 2007 tätig ist. Er leitet die Konzeptionsabteilung, die Content-Produktion (Design, Video, Development) und die Insights-Unit. Seit 2012 ist Jan Kemming außerdem Chief Creative Officer Europe. Frühere berufliche Stationen waren facts+fiction/Wunderman und BBDO Live/Sponsor Partners. Er ist Diplom-Betriebswirt, hat das Staatsexamen Lehramt SII/I für Germanistik, Sozialwissenschaften und Philosophie, einen Master (M.Sc.) of Business Administration mit Schwerpunkt Marketing und wurde 2009 in Politikwissenschaften promoviert. Seit 2015 unterrichtet er im Rahmen einer Professur an der Hochschule Fresenius Themen wie Marken- und Unternehmenskommunikation, digitale Medien und Social Media.

Ausgewählte Veröffentlichungen

- Sandikci, Özlem & Kemming, Jan Dirk (2011). Tourism Promotion and Nation Branding: Insights From the Turkish Case. European Advances in Consumer Research 9. S. 490.

- Kemming, Jan Dirk & Humborg, Christian (2010). Nation Branding and Democracy. Friends or Foes. Place Branding and Public Diplomacy 6, 3. S. 183–197.
- Kemming, Jan Dirk & Sandıkcı, Özlem (2007). Turkey's EU Accession as a Question of Nation Brand Image. Place Branding 3, 1. S. 31–41.
- Kemming, Jan Dirk (2019). Broadening und Deepening – die Positionierung des Markenkonzeptes. In J. D. Kemming & J. Rommerskirchen (Hrsg.), *Marken als politische Akteure* (S. 3–20). Wiesbaden: Springer Gabler.

Julian Lambertin ist Head of Strategy & Analytics für die EMEA-Region bei der Kommunikationsberatung Weber Shandwick. Zudem ist er Doktorand an der Universität Erfurt, wo er auch einen Master und einen Bachelor of Arts in Kommunikationswissenschaft erlangt hat. Ebenso verfügt er über einen Master of Communication der Bond University in Australien. Seinen Fokus hat er während seiner akademischen und geschäftlichen Laufbahn auf die Bereiche Kommunikationspsychologie, politische Kommunikation und strategische Markenführung gelegt.

Ausgewählte Veröffentlichungen

Ziegler, Cai-Nicolas & Lambertin, Julian (Hrsg.) (2013). Social Media und der ROI. Erfolgsplanung und -kontrolle. Köln: O'Reilly.

Der erfundene Verbraucher und die Spaltung der Gesellschaft

Patrick Klein

Die Macht des Verbrauchers hat allgemein zugenommen. So scheint es jedenfalls. Die Gründe hierfür sind vielfältig. Erstens leben wir in einer Zeit großer Angebotsfülle: In einer reifen Volkswirtschaft wie der deutschen hat der Verbraucher zunehmend die Wahl. Durch neue Online-Angebote hat sich dieses Angebot in den letzten Jahren vergrößert. Diese Angebotsfülle erfuhr zweitens in den vergangenen beiden Dekaden durch die Ausbreitung des Internets eine Zunahme an Transparenz: Preisvergleiche und Produktbewertungen für Verbraucher sind leicht zugänglich und leicht selbst durchzuführen. Kommunikativ kann der einzelne Verbraucher drittens in sozialen Medien eine viel größere öffentliche Wirkung auf Markenimages ausüben als vor der Etablierung von Facebook, Twitter, YouTube und anderen sozialen Medien. Breite Angebotsfülle, zunehmende Transparenz und erleichterter Zugang zur Öffentlichkeit scheinen die Machtverhältnisse zugunsten der Verbraucher zu verschieben.

Vor diesem Hintergrund stellen sich viele Unternehmen verstärkt auf die (vermeintlichen) Erwartungen der Verbraucher an eine Marke ein. Dieses Einstellen hat, grob gesagt, zwei wesentliche Aspekte:

P. Klein (✉)
Frechen, Deutschland
E-Mail: patrick@kleinkom.de

© Springer Fachmedien Wiesbaden GmbH, ein Teil von Springer Nature 2020
J. Rommerskirchen (Hrsg.), *Die neue Macht der Konsumenten*,
https://doi.org/10.1007/978-3-658-28559-3_9

1. **Die konkreten Kundenerwartungen:** Hierbei geht es um die Frage, was sich der jeweilige Kunde ganz konkret von dem Produkt, das er kauft, oder der Dienstleistung, die er beauftragt, verspricht (wie z. B. der Geschmack einer Schokolade, der Kraftstoffverbrauch eines Autos oder die saubere Naht durch die Schneiderei). Hierunter fällt auch die Frage nach implizitem Kundennutzen. Das ist solcher, der Kunden zunächst gar nicht bewusst ist. Erst durch die Bekanntschaft mit dem Produkt oder der Dienstleistung erfährt er, wie nützlich das Angebot des Unternehmens sein kann (z. B. Rechtsberatung im Fall einer Streitigkeit).

2. **Die abstrakten Kundenerwartungen:** Dies sind Erwartungen an den Anbieter selbst unabhängig von den konkreten Produkten oder Dienstleistungen. Sie sind zumeist ethischer Natur. Wir erwarten, dass Produkte zu fairen Bedingungen hergestellt werden. Wir erwarten, dass diese Herstellung die Umwelt nicht übermäßig belastet. Wir erwarten, dass sich Unternehmen an geltendes Recht halten und ihre Mitarbeiter nicht ausbeuten. Und vieles mehr.

Während bei 1. die Produkteigenschaften bzw. Dienstleistungserfolge im Vordergrund stehen, tritt bei 2. das Unternehmen selbst als verantwortlicher Urheber von Handlungen in den Fokus des Verbraucherinteresses. Die Produkteigenschaften bzw. Dienstleistungserfolge sollen in diesem Beitrag nicht untersucht werden. Sie sind meist sehr konkret an das jeweilige Produkt gebunden. Die abstrakten Kundenerwartungen hingegen lassen sich als Werte oder Handlungsprinzipien allgemein fassen. Die gängige Auffassung hierzu ist, dass sie zunehmend in den Vordergrund rücken und für Verbraucher wichtiger werden. „Erfolg bemisst sich nicht länger an ökonomischem Erfolg allein (…). Ein Unternehmen muss benennen können, was seine ‚Licence to operate' ist, worin also der Nutzen besteht, den es für die Gesellschaft und die Volkswirtschaft stiftet (…). Unternehmen agieren damit zunehmend auf dem Feld gesellschaftlicher und politischer Interessen und Ansprüche" (Deekeling und Arndt 2014, S. 1244 f.).

Dabei scheint es einen Common Sense darüber zu geben, dass die deutschen Verbraucher von Unternehmen erwarten, bei allen Unternehmenstätigkeiten möglichst viel Natur-, Klima- und Tierschutz zu betreiben. „Die Forderung an Unternehmen nach Nachhaltigkeit ist nicht neu, wohl aber die Vehemenz, mit der Stakeholder, also Anspruchsgruppen wie Kunden, Mitarbeiter, Medien oder die Politik, derartige Forderungen stellen", schließt Joachim Zentes bereits 2014 aus seiner Studie „Nachhaltige Markenführung – Neugestaltung der Wertschöpfungskette", in der 80 % der befragten Personen aus Unternehmen prognostizierten, dass das Thema bis 2020 sehr relevant werde (vgl. Zentes et al. 2014). Die Ergebnisse des rtl/n-tv-Trendbarometers, das durch forsa erhoben wird, bestätigen das: Gefragt nach den größten Problemen in Deutschland benennen 37 % der Bürger „Umwelt- und Klimaschutz". Das Thema rangiert damit an erster Stelle (vgl. RTL 2019). Der Durchschnittsverbraucher in Deutschland ist – so könnte man den sich hier exemplarisch artikulierenden Common Sense pointiert ausdrücken – Moral- und Nachhaltigkeitsfan.

Diesen Trend hat auch die Politik registriert und bereits in Vorschriften reflektiert. Seit 2017 etwa müssen Unternehmen mit mehr als 500 Mitarbeitern in ihrem Geschäftsbericht auf ihr Nachhaltigkeitsengagement eingehen (vgl. Schareika 2019). Auch die Wirtschaft hat das Thema für sich entdeckt. „Wichtig sei, Nachhaltigkeit nicht als Aufgabe einer einzelnen Abteilung zu sehen. ‚Das Thema gehört in die Kernprozesse eines Unternehmens'", zitiert die Wirtschaftswoche einen Berater (Schareika 2019).

Medial wird dieser Trend prominent von öffentlich-rechtlichen Medien aufgegriffen. In den abendlichen Talkshows der führenden Sender ARD und ZDF waren im Jahr 2018 die beiden Politiker Robert Habeck und Annalena Baerbock die beiden am häufigsten zu bestaunenden Gäste. Beide gehören der Partei Bündnis90/die Grünen an (vgl. Focus Online 10.01.2019a), die in der Außerdarstellung einen Fokus auf Nachhaltigkeit legt. Es verwundert daher nicht, wenn die Wirtschaft den Moral- und Nachhaltigkeitsfan zur neuen Top-Zielgruppe macht. Die Schlussfolgerung liegt schließlich nahe: Je nachhaltiger ein Unternehmen agiert, desto eher dürfte es den Erwartungen des Nachhaltigkeitsfans gerecht werden.

Naheliegend scheint auch zu sein, was der Verbraucher denn so unter Nachhaltigkeit versteht: Klimaschutz durch neue Energien und weniger Flüge, Umweltschutz durch weniger Plastik, Tierschutz durch mehr Bio- oder unter erhöhten Tierwohl-Bedingungen erzeugtes Fleisch im Supermarkt etc. Sieht man einmal davon ab, dass die prima facie „guten" Maßnahmen nahezu alle eine Kehrseite haben, stellt sich darüber hinaus die Frage: Will der Verbraucher die jeweils avisierten Maßnahmen wirklich?

Das Statistische Bundesamt teilte bezüglich der Fluggäste in Deutschland mit: „Die Zahl der eingestiegenen Fluggäste im gesamten Luftverkehr für den Sommer 2018 wuchs (…) um 3,0 % auf 80,5 Millionen. Im Sommer 2017 waren es noch 78,1 Millionen Passagiere gewesen" (Destatis 2019). Michael Ashelm (2019) berichtet, die Anzahl der Bürgerinitiativen gegen Windkraftanlagen sei im Sommer 2019 erstmals über 1000 gestiegen. Allein diese Beobachtungen deuten darauf hin, dass vielen Verbrauchern Nachhaltigkeit nur so lange wichtig ist, wie sie für diese kein nennenswertes Opfer, wie auf Flugreisen zu verzichten oder die Unbilden einer in der Nähe des Zuhauses installierten Windkraftanlage zu ertragen, bringen müssen.

Sind Verbraucher also doch keine Moral- und Nachhaltigkeitsfans? Erwarten sie moralisches und nachhaltiges Verhalten vielleicht nur von anderen, nicht aber von sich selbst? Die Verbraucher scheinen ihr Interesse an Moral und Nachhaltigkeit zumindest hier nur zu heucheln. Schauen wir uns die Sache an einem weiteren Beispiel etwas näher an.

Der erfundene und der reale Verbraucher

Laut dem Ernährungsreport 2019 des Bundesministeriums für Ernährung und Landwirtschaft geben 80 % der deutschen Verbraucher an, dass sie bereit wären, einen Aufpreis von fünf Euro pro Kilogramm Fleisch zu zahlen, wenn dadurch die Tiere besser gehalten würden. In der zugrunde liegenden Umfrage präsentieren sich die Verbraucher mithin abermals als Moral- und – wenn man Tierwohl als Nachhaltigkeitsziel fasst – Nachhaltigkeitsfans. Diesmal sind sie sogar bereit, selbst einen nennenswerten Beitrag zu leisten. Die soeben geäußerte These des geheuchelten Moral- und Nachhaltigkeitsinteresses scheint zumindest mit Blick auf das Thema „Tierwohl" widerlegt.

Betrachtet man den Absatz von Biofleisch, das für deutsche Verbraucher bereits seit vielen Jahren verfügbar ist und bei ihnen als Fleisch aus tiergerechter Haltung gilt, so kommt man zu einem anderen Schluss. Biofleisch macht gerade einmal rund 2 % am Gesamterlös durch Fleisch in der deutschen Landwirtschaft aus (vgl. Brüggemann 2019). Es drängt sich der Verdacht auf, dass es sich bei den Verbraucheraussagen in Umfragen um bloße Lippenbekenntnisse handelt. Eine Studie der Hochschule Osnabrück, die das tatsächliche Kaufverhalten der Verbraucher untersucht hat, bestätigt diesen Verdacht (vgl. Enneking 2019). In dieser Studie wurden nicht nur Verbraucher befragt, sondern es wurde auch das tatsächliche Einkaufsverhalten in einer Situation getestet, in der die Verbraucher das gleiche Produkt als günstige Ware, Tierwohl-Ware oder Bio-Ware zu unterschiedlichen Preisen kaufen konnten. Drei Viertel der Verbraucher entschieden sich für den Kauf des günstigen Produkts. Auch die restlichen Verbraucher waren lediglich bereit, bis zu 13 % höhere Preise zu zahlen.

An diesem Beispiel zeigt sich, dass die überwältigende Mehrheit der Verbraucher weder Tierwohl noch Nachhaltigkeit durch den Kauf zu unterstützen bereit sind, selbst dann nicht, wenn der Aufpreis vergleichsweise gering ist. Die Aussage, Verbraucher seien größtenteils moralische Nachhaltigkeitsfans, muss mithin überdacht werden. Bei dem Konzept des Verbrauchers als moralischem Nachhaltigkeitsfan handelt es sich offenkundig um eine Erfindung. *Der Moral- und Nachhaltigkeitsfan ist der erfundene Verbraucher.* Es gibt nun meines Erachtens drei

Der erfundene Verbraucher und die Spaltung der Gesellschaft 169

verschiedene Hypothesen, die man aus dem Gesagten ziehen kann, um dem *erfundenen* Verbraucher einen *realen* Verbraucher gegenüberzustellen:

1. Verbraucher sind lediglich nach außen moralische Nachhaltigkeitsfans. Sobald es um das eigene Handeln geht, liegen die Dinge ganz anders.
2. Verbraucher sind zwar moralische Nachhaltigkeitsfans, aber die Art und Weise, wie Unternehmen und Politik Nachhaltigkeit definieren, entspricht nicht ihren Vorstellungen. Deshalb unterstützen sie Konzepte wie Bio und Tierwohl und neue Technologie wie Windkraft nicht vollumfänglich.
3. Verbrauchern ist das Thema „Nachhaltigkeit" zwar wichtig, aber sie sind keine „Fans". Das Thema hat für sie häufig nicht oberste Priorität.

Die erste Hypothese erscheint mir recht radikal. Man würde den Verbrauchern nachgerade so etwas wie eine Betrugsabsicht mit dem Ziel, sich aus der Verantwortung zu stehlen, unterstellen. Wahrscheinlicher ist das Statistikern bekannte Phänomen der „sozialen Erwünschtheit". Die Befragten antworten dann so, wie sie glauben, dass es ihr soziales Umfeld erwarten würde, ohne wissentlich eine Falschaussage zu treffen. Allerdings wäre auch in diesem Fall der Widerspruch zwischen Aussage und tatsächlichem Handeln sehr groß, sodass auch diese abgeschwächte Interpretation der ersten Hypothese eher unwahrscheinlich ist.

Die zweite Hypothese würde bedingen, dass die meisten Verbraucher sich intensiv mit den zu beurteilenden Fragestellungen – das wären sehr komplexe Fragen etwa zu den Themenbereichen der Nutztierhaltung und neuer Technologien – auseinandergesetzt hätten. Auch diese Annahme darf man wohl als sehr unwahrscheinlich zurückweisen. Die dritte Hypothese wartet mit dem Charme auf, dass sie den Widerspruch zwischen Verhalten und Aussagen in Umfragen erklären kann. Verbrauchern ist das Thema „Nachhaltigkeit" in abstracto wichtig. Aber es gibt für die meisten Verbraucher in der konkreten Entscheidungssituation eben oft Dinge, die wichtiger sind. Dies mag beim Fleischkauf das knappe Geld im Portemonnaie, bei Flugreisen effizientes Zeitmanagement im Geschäftsleben und bei Windrädern die Gesundheit der Familie sein. Wir wissen es zwar nicht. Aber im Vergleich zur ersten und zweiten Hypothese ist die dritte dennoch die plausibelste Hypothese. Vor diesem Hintergrund möchte ich als meine erste These festhalten:

Es besteht in der veröffentlichten Meinung ein Konsens darüber, die Verbraucher seien als *Moral- und Nachhaltigkeitsfans* zu betrachten. Dieser Konsens kann bei näherer Betrachtung als Fehlurteil widerlegt werden. Der Verbraucher als Moral- und Nachhaltigkeitsfan ist der *erfundene Verbraucher*. Der *reale Verbraucher* dagegen ist *kein Fan*. Moral und Nachhaltigkeit sind ihm in der abstrakten Abwägung zwar wichtig, in den meisten konkreten Entscheidungssituationen aber eben nicht das Wichtigste.

Haltung und Spaltung

Geht man – was ich in diesem Beitrag künftig tun will – von der soeben beschriebenen Diskrepanz zwischen erfundenem und realem Verbraucher aus, so drängt sich die Frage nach der Konsequenz auf: Welche Folgen hat es für die professionelle Kommunikation in Wirtschaft, Medien und Politik, dass sie weitgehend an einem erfundenen Verbraucher ausgerichtet wurde und wird?

Der Umgang mit dem erfundenen Verbraucher ist durchaus heterogen. Ich greife daher im Folgenden einige Beispiele heraus, an denen sich die weitreichendsten Folgen demonstrieren lassen. Beginnen wir bei der Politik. Im Frühjahr 2019 fanden in Deutschland zahlreiche Demonstrationen von Schülern für den Klimaschutz statt. Unter dem Motto „Fridays for Future" trafen sich die Schüler zur Demonstration, anstatt, wie es die in Deutschland geltende Schulpflicht vorsieht, ihren Unterricht zu besuchen. Obwohl dies ein offensichtlicher Rechtsverstoß war, erhielten die Demonstranten und Organisatoren Zuspruch aus der Politik. Sogar Justizministerin Katarina Barley von der SPD, der es qua Amt um eine Einhaltung gültiger Gesetze zu tun sein müsste, lobte die Demonstranten: „Diese Proteste, bei denen Schülerinnen und Schüler Freitag für Freitag für ihre Zukunft auf die Straße gehen, verdienen hohen Respekt: Solche jungen Leute wünschen wir uns" (Focus Online 02.03.2019b). Bundeskanzlerin Angela Merkel bekundete ebenfalls ihre Unterstützung (vgl. Focus Online 02.03.2019b). Dass führende Politiker Rechtsverstöße öffentlich gutheißen, ja dass eine Justizministerin sogar dazu ermutigt, kommt selten vor. Es lässt sich kaum anders als mit der Überzeugung der Politiker begründen, dass die Demonstranten im Sinne einer gesellschaftlich weit verbreiteten inneren Einstellung handeln: Verbrauchern, die Moral- und Nachhaltigkeitsfans sind, dürfte Nachhaltigkeit in dringenden Fällen wichtiger sein als die Schulpflicht.

Ähnliche Beispiele lassen sich in der medialen Berichterstattung finden. Am 29.07.2019 veröffentlichten die Tagesthemen einen bemerkenswerten Kommentar des Journalisten Lorenz Beckhardt. Beckhardt gesteht darin: „Wenn ich beruflich reise, nehme ich zwar die Bahn. Aber privat steige ich oft ins Auto, oder ich fliege um den Globus, weil ich gerne tauche (…). Ich bin Konsumjunkie. (…) Und wenn Sie zufällig keiner sind, seien Sie einfach froh!" Er bedauert sein eigenes Verhalten. Denn auch er scheint sich selbst als Moral- und Nachhaltigkeitsfan einzustufen, der jedoch seinen eigenen Ansprüchen nicht gerecht wird. Dann versucht er eine subjektive Erklärung zu geben, die – so die subtile Intention – zugleich auch erklären soll, warum viele Verbraucher anders handeln als sie denken oder in Umfragen angeben zu denken: „Warum ich mich nicht schäme? Vielleicht weil Konsu-

Der erfundene Verbraucher und die Spaltung der Gesellschaft 171

mieren Spaß macht, weil es Belohnung ist (…), und weil es fast alle machen. Und dann kommen so Nachrichten (…), dass wir Konsumsüchtigen uns auf unserem Planeten benehmen wie die Axt im Walde." Den eigentlichen Grund hat er jedoch bereits als Eingangsgeständnis abgelegt: Beckhardt und mit ihm – so die subtil suggerierte These – die meisten Verbraucher seien „Konsumjunkies". Er schließt daraus nun: „Süchtige brauchen Hilfe. Das Problem ist, dass kein Arzt umweltschädliche Konsumsucht heilen kann. Das können nur mutige Politiker. Deshalb die Bitte: Macht Autofahren, Fleisch und Fliegen so verdammt teuer, dass wir davon runterkommen. Bitte. Schnell. Dann wählen wir auch euch alle" (Beckhardt 2019).

Das Menschenbild, das hier gezeichnet wird, ist verheerend. Der Mensch ist ein Moral- und Nachhaltigkeitsfan. Daraus leitet er gewisse Handlungspflichten ab, denen er nicht gerecht wird, weil er süchtig und damit unzurechnungsfähig geworden ist. Verbraucher sind innerlich zerrissene, unzurechnungsfähige Moral- und Nachhaltigkeitsfans, denen nur durch Entmündigung beizukommen ist. So könnte man die These Beckhardts zusammenfassen. Ist es aber nicht naheliegender und auch menschenfreundlicher, die Grundprämisse in Zweifel zu ziehen, dass der erfundene Verbraucher real ist? Wenn Verbraucher keine Nachhaltigkeitsfans sind, sondern ihnen das Thema lediglich wichtig, aber eben nicht zwingend immer am wichtigsten ist, dann fällt die kognitive Dissonanz zwischen in Umfragen artikulierter Haltung und tatsächlichem Handeln geringer aus als von Beckhardt postuliert. Die Annahme einer Sucht mit Folgeerscheinungen wie Unzurechnungsfähigkeit und Entmündigungswunsch ist weder notwendig noch realistisch.

Diese beiden Phänomene aus Politik und Medien zeigen bereits, welche skurrilen Blüten der Glaube an den erfundenen Verbraucher treiben kann: Eine Justizministerin ermutigt zu Rechtsverstößen; ein Journalist outet sich öffentlich als Junkie und fordert als Konsequenz Einschränkungen der Freiheit aller. Was Politiker und Journalisten hier in der kommunikativen Dimension (vgl. Klein 2019, S. 205 f.) vorleben, kann indes fatale Folgen in der Realität haben. So glaubten Braunkohlegegner im Sommer 2019, es sei legitim, Felder von Landwirten durch Fußmärsche zu zerstören, um Polizeisperren zu umgehen (vgl. Gschoßmann 2019). Hier wurden im Namen der Nachhaltigkeit Eigentumsrechte verletzt und Lebensmittel zerstört. Zu demselben Dunstkreis von Klimaaktivisten zählten dann allem Anschein nach auch diejenigen, die RWE-Mitarbeiter, die ihrer Arbeit nachgehen wollten, mit Steinen attackierten (vgl. Aachener Nachrichten 2019).

Das fatale Signal aus Politik und Medien, der erfundene Verbraucher sei real, verschafft echten Nachhaltigkeitsfans, die im eigentlichen Sinne Fanatiker genannt werden müssen, eine Legitimation. Denn wenn Rechtsbrüche zugunsten des

Klimaschutzes, wie im Fall der missachteten Schulpflicht, legitim sind, warum sollten dann Verstöße gegen das Eigentumsrecht und das Recht der körperlichen Unversehrtheit nicht legitim sein? Gewiss, alles ist eine Frage des Grades. Aber wer legt jenseits des Rechts die Grenze fest, bis zu der das Recht übertreten werden darf? Eine Justizministerin nach eigenem Gutdünken? Ein Journalist, der sich selbst und einem Großteil seiner Mitbürger die Zurechnungsfähigkeit abspricht? Oder Klimaaktivisten, für die der hehre Zweck fast jedes Mittel heiligt?

Ob es um die beschriebenen Fälle, ob es um Morddrohungen gegen Tierhalter durch überzeugte Veganer (vgl. Dürnberger 2019) oder um Falschinformation der Öffentlichkeit durch unseriöses Verhalten von NGOs (vgl. Klein 2019, S. 2010 f.) geht, stets ist es eine Mischung aus Moral und Nachhaltigkeit, die als Zweck das Mittel heiligen soll. Problematisch hieran ist: Die Überzeugung nicht nur im Sinne des *Wohles* aller, sondern auch im Sinne der *Überzeugungen* der meisten – gemeint sind die Überzeugungen des erfundenen Verbrauchers – zu handeln, begünstigt die Intoleranz gegenüber Gegenpositionen und verringert die Bereitschaft, die eigene Position zu hinterfragen. Denn man glaubt sich im Recht, weil man die vermeintliche Mehrheitsmeinung des erfundenen Verbrauchers hinter sich zu wissen glaubt. Es entsteht eine Tendenz zum Haltungstotalitarismus. Wen interessiert noch die Meinung weniger Verirrter, wenn es darum geht, die Welt vor dem Untergang durch eine Klimakatastrophe oder hilflose Tiere vor einem qualvollen Leben und Sterben in der Massentierhaltung zu retten?

Ist die eigene Überzeugung indes erst einmal zur einzig wahren geworden, dann können auch keine Sachargumente mehr das totalitäre Bollwerk ins Wanken bringen. Zu den zu verwerfenden Gegenpositionen zählen für Haltungstotalitaristen nun nicht mehr nur die Überzeugungen von Nachhaltigkeitsgegnern, sondern jetzt auch jener, die ökologische Nachhaltigkeit zwar erreichen wollen, aus sachlichen Gründen aber einen anderen Weg favorisieren. Die Tendenz zum Haltungstotalitarismus hat eine Tendenz zur Entsachlichung zur Folge. Freilich ist der erfundene Verbraucher nicht die einzige Ursache, vielleicht auch nicht die Hauptursache für die in einer gespaltenen deutschen Gesellschaft grassierenden Tendenzen zu Haltungstotalitarismus und Entsachlichung. Dessen ungeachtet glaube ich gute Gründe aufgezeigt zu haben, warum das Konzept des erfundenen Verbrauchers als ein Treiber für diese Tendenzen angesehen werden kann. Vor diesem Hintergrund lautet meine zweite These: *Das Konzept des erfundenen Verbrauchers widerspricht nicht nur der Wirklichkeit, sondern legitimiert die deutsche Gesellschaft spaltende Tendenzen.*

Annäherung an den realen Verbraucher

Die Regeln in der kommunikativen Dimension haben sich geändert. Der öffentliche Diskurs ist zur Debatte im eigentlichen Sinne geworden. Meinung und Haltung ersetzen weitgehend Fakten und sachliche Argumente (vgl. Klein 2019). Dieser Situation passen sich auch zunehmend Unternehmen an, indem sie öffentlich eine Haltung einnehmen. Die steigendende Tendenz, in der Wirtschaft kommunikativ Haltung zu beweisen, klare Kante zu zeigen, sich politisch zu positionieren, kann indifferente Menschen zu Fans machen. Zugleich zieht sie – dies ist meine dritte These – stets das Risiko nach sich, *wichtige Stakeholdergruppen aus einer Position der Indifferenz in eine Position der Abneigung zu bewegen. Wenn Unternehmen mit dem Konzept des erfundenen Verbrauchers arbeiten, kann das dieses Risiko in zweifacher Hinsicht erhöhen*:

1. Der Irrglaube, im Sinne einer Mehrheit zu sprechen, führt dazu, dass bei provokanten oder besonders starken Positionen gegen eine größere Gruppe gesprochen werden kann, als beabsichtigt war. Die Gefahr, sich durch eine allzu eindeutige Positionierung bei wichtigen Stakeholdern unbeliebt zu machen, steigt.
2. Der Irrglaube, im Sinne einer Mehrheit zu handeln, kann durch das tatsächliche Verhalten enttäuscht werden und zu wirtschaftlichen Verlusten führen. Wer z. B. glaubt, dass eine Mehrheit der Verbraucher bereit ist, wesentlich mehr Geld für Fleisch aus tiergerechter Haltung zu bezahlen, läuft Gefahr, nicht mehr kostendeckend arbeiten zu können, wenn die Produktion an diesem Glauben ausgerichtet wird.

Die Vermutung liegt nahe, dass sich diese Risiken umgehen lassen, wenn Unternehmen statt mit dem Konzept des erfundenen Verbrauchers mit dem des realen Verbrauchers arbeiten. Hier gibt es jedoch eine Schwierigkeit, die zugleich die Verlockung aufzeigt, mit der das Konzept des erfundenen Verbrauchers aufwarten kann. Dem realen Verbraucher ist Nachhaltigkeit zwar wichtig. In konkreten Entscheidungssituationen – und zu diesen gehören die wirtschaftlich relevanten Kaufentscheidungen – gibt es jedoch häufig andere Themen, die ihm wichtiger sind. Unternehmen, Politiker und Medien können aber nur schwer einschätzen, was in diesen Situationen wirklich das Wichtigste für den einzelnen Verbraucher ist. Der Widerspruch zwischen Umfrageergebnissen und tatsächlichem Handeln lässt diese Schwierigkeit zutage treten.

Beim Konzept des erfundenen Verbrauchers tritt diese Schwierigkeit nicht auf. Denn diesem Konzept zufolge weiß man, was den Verbrauchern wirklich wichtig ist: Nachhaltigkeit. Dieses vermeintliche Wissen, das sich durch zahlreiche Umfragen wissenschaftlich belegen lässt, macht den Charme dieses Konzepts aus. Der erfundene Verbraucher ist ein gerüttelt Maß berechenbarer als der reale Verbraucher. Hier entsteht die Versuchung für Unternehmen, Politik und Medien, dem realen Verbraucher die Realität abzusprechen. Die Rache des für unreal erklärten Realen vollzieht sich dann beim Einkauf, an der Wahlurne und in den sozialen Medien.

Nun gibt es neben der soeben beschriebenen Versuchung, die durch Berechenbarkeit entsteht, noch eine weitere. Die Berechenbarkeit bedeutet einen zunächst internen Vorteil für die Kommunikatoren aus Politik, Medien und Unternehmen sowie für die Produktentwickler in denselben. Ihre Botschaften und Produktkonzepte lassen sich verhältnismäßig gut auf eine breite Zielgruppe zuschneiden und sich durch die entsprechenden Umfragen rechtfertigen. Neben dieser internen Versuchung geht vom Konzept des erfundenen Verbrauchers darüber hinaus eine externe Versuchung aus.

Wie ich an anderer Stelle beschrieben habe (vgl. Klein 2019, S. 2017 ff.), hat sich in der kommunikativen Dimension ein Paradigmenwechsel vollzogen: Meinung wird immer häufiger, lauter und provokanter kommuniziert und ersetzt zunehmend Information und Nachrichten. Nur wer auf Meinung und Haltung setzt – so scheint es – vermag dem eigenen Standpunkt noch Gehör zu verschaffen. Peter Huth, Chefredakteur der Welt am Sonntag, attestiert den Deutschen, in einer Gesellschaft zu leben, „(…), die in der Geschwindigkeit und Härte ihrer Urteile immer drastischer wird, der Fakten zunehmend egal, Stimmung aber alles ist" (Huth 2017). Der öffentliche Diskurs ist so zur Debatte geworden. Die Unternehmen, zu deren Rollenbild eine Enthaltsamkeit zu gesellschaftspolitischen Fragen gehört, stehen vor der Frage, wie ihre Botschaften angesichts des neuen Paradigmas noch gehört werden können (vgl. Klein 2019). Sowohl für Unternehmen als auch für andere Teilnehmer am öffentlichen Diskurs entstehen vor diesem Hintergrund grundsätzlich die Möglichkeit, aber auch die Versuchung, die Teilnahme am öffentlichen Diskurs über eine meinungs- und haltungsbasierte Kommunikation zu gestalten.

Hier bietet das Konzept des erfundenen Verbrauchers Vorteile. Wenn ich weiß, welche Haltung von den meisten Verbrauchern geteilt wird, kann ich mir als Unternehmen des Maximums an Applaus sicher sein, wenn auch ich diese Haltung im öffentlichen Diskurs einnehme. Wenn etwa der Verbraucher ein echter Nachhaltigkeitsfan ist, dann wird er gegen eine CO_2-Steuer nichts einzuwenden haben. Im Gegenteil müsste er sie sogar begrüßen. So positioniert sich der Vorstandsvorsitzende der Deutschen Post im Sommer 2019, also zu jener Zeit, da die Klimabewegung „Fridays For Future" in aller Munde ist, klar für die Einführung einer CO_2-Steuer: „Wir brauchen in Europa oder in allen Industriestaaten eine

Der erfundene Verbraucher und die Spaltung der Gesellschaft 175

CO_2-Steuer, die berechenbar langfristig steigt" (Zeit Online 2019). Diese Haltung ist bemerkenswert aus zwei Gründen:

1. Hier fordert ein Manager eine Steuer, die aller Voraussicht nach die Produkte und Dienstleistungen des eigenen Unternehmens verteuern und damit u. U. auch den Absatz verringern würde.
2. Darüber hinaus würde die Steuer von Kunden der Deutschen Post direkt oder indirekt getragen werden müssen. Wer sich zum Anwalt der neuen Steuer aufschwingt, muss daher auch mit Sympathieentzug durch Kunden rechnen.

Erklärbar wird diese Kommunikation dann, wenn Appel in der öffentlichen Debatte eine Haltung demonstrierte, die von den meisten Menschen goutiert würde. Tatsächlich ist es die Haltung des erfundenen Verbrauchers. Ob es wirklich die externe Versuchung durch das Konzept des erfundenen Verbrauchers war, die Appel zu jenen Äußerungen verleitet hat, oder ob er echte strategische Gründe hatte, kann hier nicht beurteilt werden. Das Beispiel soll lediglich zeigen: Das Konzept des erfundenen Verbrauchers kann die haltungsbasierte Teilnahme am öffentlichen Diskurs erleichtern und hat so einen Vorteil gegenüber dem Konzept des realen Verbrauchers. Zugleich birgt es aber das Risiko des Sympathieverlustes, wie sich ebenfalls am Beispiel zeigen ließ.

Für Unternehmen gilt, was Julian Lambertin konstatiert: „Insgesamt gibt es in Deutschland einen klaren Wunsch danach, dass Marken und Unternehmen bei der Lösung gesellschaftlicher Herausforderungen eine Rolle spielen. Im Hinblick darauf, ob Markenunternehmen allerdings auch öffentlich Stellung zu diesen Herausforderungen beziehen und Haltungen einnehmen sollen, ist Deutschland gespalten" (Lambertin 2019, S. 63 f.). Berechenbarkeit der Zielgruppe und inhaltliche Planbarkeit haltungsbasierter Kommunikation – das sind die vermeintlichen Vorteile des Konzepts des erfundenen Verbrauchers. Sie können die Attraktivität des Konzepts aus kommunikativer Sicht erklären. Die Risiken wurden ebenfalls hinreichend beschrieben. Zu klären bleibt mithin die Frage, wie diese sich vermeiden lassen. Oder anders ausgedrückt: Wie muss sich eine am realen Verbraucher ausgerichtete Kommunikation gestalten?

Der reale Verbraucher ist kein Nachhaltigkeitsfeind. Ganz im Gegenteil ist ihm dieses Thema sogar sehr wichtig. Das belegen zahlreiche repräsentative Studien zum Thema. Ebenfalls glaube ich gezeigt zu haben, dass in konkreten Entscheidungssituationen andere Motive für die Verbraucher häufig relevanter als Nachhaltigkeit sind. Es gibt für die professionelle Kommunikation in Wirtschaft, Politik, NGOs und Medien drei mögliche Wege, mit dieser Erkenntnis umzugehen:

1. **Der ideologische Weg:** Weil nicht sein kann, was nicht sein darf, wird hier die Existenz des realen Verbrauchers entweder geleugnet oder doch zumindest moralisch diskreditiert. Im ersten Fall wird ein Schuldiger gesucht, der dann als Erklärung für das Verbraucherverhalten herangezogen wird. Die Werbung hat den Verbraucher getäuscht, die Großkonzerne handeln gegen den eigentlichen Willen der Verbraucher oder informieren sie schlecht, die Politik erlässt nicht die richtigen Gesetze – so ist rasch erklärt, was Nachhaltigkeit verhindert, ohne dass der Verbraucher unmittelbar verurteilt werden muss. Viele NGOs arbeiten nach diesem Prinzip und positionieren sich als David im Kampf gegen einen übergroßen, moralisch als böse zu positionierenden Goliath (Großkonzerne, industrielle Landwirtschaft, Staaten usw.). Im zweiten Fall – die Verbraucher werden moralisch verurteilt – gilt der erfundene Verbraucher als Idealbild, an dem sich der reale Verbraucher ausrichten muss. Weil er das aber noch nicht tut, ist er schuldig: durch sein Flugverhalten an der Klimaerwärmung, durch den Fleischkonsum am Brand des Amazonas, durch die Kolonialpolitik seiner Urgroßväter an den Fluchtursachen in Afrika. Ein entsprechendes Framing der Angst sorgt dabei für entsprechenden Druck: Die Reden von „Klimaleugner", „Klimakatastrophe" und „Klimanotstand" seien hier als Beispiele angeführt. Aus der durch den Ideologen empfundenen Diskrepanz zwischen dem Idealbild des erfundenen Verbrauchers und der Wirklichkeit des realen Verbrauchers heraus wird übrigens auch das Phänomen „Greta Thunberg" erklärbar. Es stellt eine Symbiose der beiden ideologischen Wege dar. Sie tritt als junges Mädchen, als David, gegen die falsch handelnde Weltpolitik, den Goliath, an, wobei sie zugleich den realen Verbraucher, die Generation der Älteren, moralisch verurteilt.

2. **Der agnostische Weg:** Er besteht darin, dass wir andere entscheidungsrelevante Motive als Nachhaltigkeit anerkennen. Da uns jedoch die Kenntnis darüber fehlt, was die Verbraucher anstelle der Nachhaltigkeit mehrheitlich wirklich antreibt, gilt es, sich in der Positionierung zum Thema Nachhaltigkeit so lange zurückzuhalten, bis wir wirklich wissen, wie die tatsächliche Motivlage der Verbraucher ist. Dieser Weg besteht wesentlich in dem Appell, mehr über die Verbraucher herauszufinden und dafür ggf. andere Methoden anzuwenden als bislang geschehen.

3. **Der pragmatische Weg:** Dieser besteht nun darin, dass wir wie unter 2. anerkennen, dass es neben dem Thema der Nachhaltigkeit, weitere, entscheidungsrelevantere Motive für die Mehrheit der Verbraucher gibt. Allerdings zieht der Pragmatiker hieraus andere Schlüsse als der Agnostiker. Der Pragmatiker setzt in der Kommunikation zwar auf das Thema Nachhaltigkeit, vertritt dabei jedoch keinen Haltungstotalitarismus. Er formiert Angebote an die Gesellschaft, nicht Forderungen. Er schlägt Lösungen vor, die keinen Exklusivitätsanspruch haben.

Beispielsweise wäre es unter dem Gesichtspunkt der Nachhaltigkeit sicherlich das Beste, auf Flüge zu verzichten. Anstatt wie der Ideologe die Verbraucher dafür zu verurteilen, dass sie nicht verzichten, akzeptiert der Pragmatiker die Entscheidung des realen Verbrauchers und schafft ihm das Alternativangebot einer Kompensation. So bietet etwa das Unternehmen myclimate privaten Verbrauchern an, die durch ihre Flüge entstehenden CO_2-Emissionen durch Spenden für Klimaschutzprojekte zu kompensieren.

Diese drei Wege haben jeweils Vor- und Nachteile, die sich wiederum auf die Kommunikation auswirken. Der ideologische Weg bietet den Vorteil, aus einer Position der moralischen Überlegenheit heraus zu kommunizieren. Dieses Gefühl der Überlegenheit beschreibt die Attraktivität dieses Ansatzes. Psychologisch fühlt man sich gut, wenn man der moralisch Gute ist, kommunikativ kann man sich leicht der „richtigen" Seite zugehörig positionieren. Insbesondere für Medien hält der ideologische Weg die Vorzüge bereit, dass sich aus Sicht eines Idealbilds sehr viel in der Realität als vermeintlicher Missstand aufdecken lässt. Das erleichtert Journalisten die Rolle, als vierte Macht im Staat aufzutreten.

Zugleich hält der ideologische Weg Gefahren bereit. Denn stets bedarf es eines Angeprangerten. Entweder es handelt sich hier um den bereits beschriebenen Goliath oder um den Verbraucher selbst. Da es sich um ein moralisches Anprangern handelt, lässt es den Angeprangerten, wenn die Vorwürfe aus dessen Sicht zu Unrecht erhoben wurden, in einem Gefühl der Ohnmacht zurück. Eine Grundbefindlichkeit der Ungerechtigkeit breitet sich aus und verhärtet die Fronten. Landwirte, Fleischesser oder Autobauer etwa fühlen sich pauschal verurteilt und extremistische Gruppen treiben die Verurteilung unter dem Banner des Moralischen weiter bis ins offenkundig Unmoralische. Unter dem Deckmantel des Tierschutzes werden beispielsweise Morddrohungen gegenüber Tierhaltern ausgesprochen und deren Kinder gemobbt (vgl. Klein 2019).

Kurzum: Der ideologische Weg bietet den kurzfristigen Benefit der moralischen Überlegenheit, dies allerdings zum Preis der mittel- bis langfristigen Spaltung der Gesellschaft. Diese Spaltung läuft jedoch selten genau entlang der Zielgruppengrenze von Unternehmen und anderen Organisationen. Durch den ideologischen Weg laufen Unternehmen, Politiker und Medien Gefahr, einen Teil der Gesellschaft für ihre Sache zu verlieren. Der erfundene Verbraucher mag ein schönes Ideal sein, die Produkte eines Unternehmens aber kauft, das Kreuz auf dem Wahlzettel macht und die Knöpfe der TV-Bedienung drückt stets nur der reale Verbraucher.

Der agnostische Weg kennt diese Gefahren nicht. Allerdings birgt er auch das geringste Motivationspotenzial. Aufgrund der selbstdiagnostizierten Erkenntnisgrenze zieht sich der Agnostiker auf eine Position des Zurückhaltens zurück. Man wird zwar weniger angreifbar, allerdings bietet dieser Ansatz auch kaum Möglichkeit zur Positionierung. Und angesichts der Lautstärke des gesellschaftspolitischen Diskurses läuft der Agnostiker Gefahr, nicht mehr gehört zu werden. Er mag am engsten an der Wahrheit bleiben, aber er bleibt auch am unsichtbarsten. Für Wissenschaft und Politik mag dieser Weg dessen ungeachtet der richtige sein. Denn eine Wissenschaft, die mit dem Konzept des erfundenen Verbrauchers arbeitet, statt sich der Erkenntnisgrenzen bewusst zu sein, verliert vollständig ihre Glaubwürdigkeit. Eine Politik, die Gesetze für die real nicht existente Mehrheit des erfundenen Verbrauchers macht, macht womöglich Gesetze gegen einen Großteil der Bevölkerung. Politikverdrossenheit und Protestwahlen sind wahrscheinliche Konsequenzen. Daher wäre auch die Politik gut beraten, dem Thema Nachhaltigkeit nicht alle anderen Themen unterzuordnen. Denn klar ist: Der Wähler tut dies auch nicht.

Der pragmatische Weg akzeptiert die Grenzen dessen, was wir derzeit über Verbraucher wissen. Auch hier wird wie beim agnostischen Weg die Existenz des realen Verbrauchers nicht geleugnet. Allerdings ist jetzt das oberste Ziel nicht Erkenntnisgewinn, wie in der Wissenschaft, oder eine gesicherte Handlungsbasis, wie in der Politik, sondern gleichsam, das Beste aus der Situation zu machen. Während der agnostische Ansatz durchaus ein gangbarer Weg für Wissenschaft und Politik sein kann, gilt das nicht für Wirtschaft, NGOs und Medien. Unternehmen müssen handeln, NGOs müssen Spendengelder akquirieren und Medien müssen berichten. Wie könnte sich ein pragmatischer Umgang mit dem realen Verbraucher in diesen drei Gruppen gestalten?

Beginnen wir bei den Unternehmen und mit einem Beispiel. Ich habe bereits berichtet, dass aus Umfragen hervorgeht, dass das Thema Tierwohl den Verbrauchern sehr wichtig ist, zugleich sich jedoch auch am Einkaufsverhalten derselben zeigt, dass die Zahlungsbereitschaft eher gering ist. Der Ideologe würde nun entweder die geringe Zahlungsbereitschaft leugnen oder die Verbraucher öffentlich anprangern. Der Agnostiker würde sich zurückhalten, um zunächst die Gründe für diese Diskrepanz zwischen geäußerten Wünschen und tatsächlichem Handeln herauszufinden. Erst dann würde er entsprechend handeln. Der Pragmatiker indes sucht nach einer Lösung, um auf der vorhandenen Basis handeln zu können.

Als Beispiel für einen pragmatischen Ansatz soll hier die 2015 gegründete Initiative Tierwohl – das Bündnis von Landwirtschaft, Fleischwirtschaft und Lebensmitteleinzelhandel für eine tiergerechtere Haltung – herangezogen werden. Hier zahlt der Lebensmitteleinzelhandel Geld in einen Fonds ein, aus dessen Mitteln dann den Landwirten ermöglicht wird, über das gesetzliche Mindestmaß hinausgehende Maßnahmen für mehr Tierwohl in ihren Ställen umzusetzen. Durch dieses Fondsmodell sind die Ausgaben des Handels nicht notwendigerweise an den Preis des einzelnen Produkts gebunden. Das bedeutet: Dem Verbraucherwunsch nach mehr Tierwohl kann nachgegangen werden, ohne dass Preiserhöhungen des jeweiligen Produkts die notwendige Folge wären. Das Modell akzeptiert zugleich den Wunsch des Verbrauchers nach mehr Tierwohl und die geringe Bereitschaft, hierfür wesentlich mehr zu bezahlen. Ein weiteres Beispiel: Die 2006 gegründete vom Zentrum für Nachhaltigkeit der ETH und dem schweizerischen Bundesamt für Energie getragene Organisation myclimate verfolgt ebenfalls einen ähnlich pragmatischen Ansatz. Wer z. B. durch Flüge CO_2 emittiert, kann diese Emissionen über myclimate kompensieren. Die Organisation investiert dann in Klimaschutzprojekte.

Freilich sind solche pragmatischen Ansätze aus ideologischer Sicht leicht zu kritisieren. Denn sie werden zwar der Realität, aber eben nicht dem Ideal gerecht. Oder anders ausgedrückt: Ihre Zielgruppe ist nicht der erfundene, sondern der reale Verbraucher. Aber eben das ist ihre wichtigste Stärke. Dazu kommt, dass der pragmatische Ansatz in der Wirtschaft durchaus mit dem agnostischen Ansatz in Wissenschaft und Politik vereinbar ist. Der ideologische Ansatz dagegen spaltet die Gesellschaft in Gute (Anhänger des Ideals) und Böse (jene, die einen anderen Ansatz bevorzugen).

Wie aber liegen die Dinge bei den NGOs? Sind sie nicht schon per definitionem dazu verdammt, den ideologischen Ansatz zu vertreten? Angesichts der Tatsache, dass sich die meisten NGOs über Spendengelder finanzieren, sind sie darauf angewiesen, durch klare Positionen öffentlichkeitswirksam auf sich aufmerksam zu machen. Der agnostische Weg scheidet daher meistens aus. Viele NGOs, die im Kontext von Nachhaltigkeitsthemen arbeiten, finden sich heutzutage mit einer Dilemmasituation konfrontiert. Einerseits können sie als Erfolg verbuchen, dass das Bewusstsein für Nachhaltigkeitsthemen in Deutschland so deutlich ausgeprägt ist wie wohl niemals zuvor. Zugleich stellt sie das vor die Herausforderung, dass die gleichsam den Finger in die Wunde legenden Kampagnen mit dem Ziel, Missstände bewusst zu machen, nachgerade überflüssig geworden sind. Wie ich an anderer Stelle gezeigt habe (vgl. Klein 2019), ergeben sich für die betreffenden NGOs hieraus zwei Optionen:

1. NGOs können weiter auf das bewährte Rezept setzen und zur Akquirierung von Spenden aufmerksamkeitsstarke Kampagnen initiieren. Diese müssen allerdings aufgrund der veränderten Rahmenbedingungen in Medien, Politik und Gesellschaft – der Ton der öffentlichen Debatte ist lauter und provokanter geworden, das eigentliche Ziel des Bewusstseins von Nachhaltigkeitsthemen ist erreicht – schriller, drastischer und provokanter sein als jemals zuvor. Das birgt das enorme Risiko, über die Stränge zu schlagen, in sich.

2. Nun, da das Bewusstsein für Nachhaltigkeitsthemen vorhanden ist, gilt es, Taten folgen zu lassen. Energiewende, Atomausstieg, Tierwohl, moderne Lebensmittelproduktion – allenthalben gilt es, aktiv zu werden. Hier entsteht für NGOs die große Chance, als seriöse Ansprechpartner wahrgenommen zu werden und bei gesellschaftspolitischen Prozessen nicht nur Beobachter (die traditionelle Rolle), sondern auch Mitgestalter (die vielleicht neue Rolle) zu werden.

Im traditionellen Rollenbild bleiben jene mit Extrempositionen, wie z. B. die Tierrechtsorganisation PETA, verhaftet. Für sie bleibt nur die Option 1 und damit der unsere Gesellschaft spaltende ideologische Weg. NGOs, wie Greenpeace oder auch foodwatch, zeigen Anzeichen dafür, dass die Option 2 für sie eine Möglichkeit zur Weiterentwicklung darstellen könnte (vgl. Klein 2019). In diesem Fall müssen sie den realen Verbraucher jedoch als reale Größe akzeptieren und – zumindest ein Stück weit – den ideologischen Weg zugunsten des pragmatischen verlassen.

Mit Joep Cornelissen kann man die Stakeholder-Management-Strategie der meisten NGOs mit Kampagnenfokus heute als eine *Persuasive Strategy* beschreiben, deren Hauptziel die Überzeugung der entsprechenden Stakeholder ist (vgl. Cornelissen 2017, S. 71 f.). Wer als NGO aber Mitgestalter sein will, der muss seine Stakeholder als Partner ansehen, auf deren Vorstellungen und Interessen es zuzugehen gilt. Die *Persuasive Strategy* muss zur *Dialogue Strategy* werden (vgl. Cornelissen 2017, S. 71 f.). Nur dann bietet sich die Gelegenheit, zum ernstgenommenen Mitgestalter gesellschaftspolitischer Entwicklungen zu werden. Kurzum: Wenn NGOs konstruktive, ernst zu nehmende Vorschläge machen, anstatt lediglich zu bewerten und anzuprangern, dann kann sich der pragmatische Umgang mit dem realen Verbraucher auch für sie lohnen.

Betrachten wir die jüngsten Entwicklungen der deutschen Medienlandschaft, so stellen wir fest, dass viele Journalisten diesen Rollenwechsel vom bloßen Beobachter zum gesellschaftspolitischen Mitgestalter in gewisser Hinsicht bereits vollzogen haben. Da die Funktion von Medien in einer Demokratie jedoch darin besteht, gesellschaftspolitische Akteure zu beobachtenden und kritisch zu begleiten, nicht aber darin, selbst zu Akteuren zu werden, manifestiert sich hier ein Rollenkonflikt. Während die NGO den ideologischen Weg verlässt, wenn sie zum Mitgestalter wird, betritt der Journalist den ideologischen Weg erst, wenn er vom gesellschaftspolitischen Beobachter zum Akteur wird. Wie äußert sich das? Jochen Bittner (2019) drückt es so aus: „Berichterstatter sind Schiedsrichter der öffentlichen Debatte. Fallen sie aus der Rolle, indem sie dem Ball einer Mannschaft einen Schubs geben, leidet ihre Autorität. Und darunter leidet das Vertrauen darin, dass Journalisten sich um Objektivität wenigstens bemühen."

Georg Restle, der für die ARD das Politmagazin „Monitor" moderiert und leitet, sieht das anders. Er ist der Überzeugung, dass neutrale Berichterstattung ohnehin selten gelingt und allenfalls der Stärkung bedrohlicher Tendenzen in Medien und Politik Vorschub leistet. Er fordert einen „werteorientierten Journalismus", „(…) statt blinder Neutralität. Damit wäre schon eine Menge erreicht in tendenziell eher finsterer werdenden Zeiten" (Restle 2018, S. 45). Was aber, wenn der werteorientierte Journalist aus allgemein anerkannten Werten individuelle Schlüsse zieht? Was, wenn die Ableitung dieser Schlüsse aus den anerkannten Werten Grund zum Zweifel, vielleicht sogar Grund zu der Annahme gibt, dass die Schlüsse in eine andere Richtung führen, als die Werte deuten? Der Journalist ist Mensch und damit fehlbar. Die moralische Haltung eines Journalisten ist nicht per definitionem die richtige. Und es gibt keinen Hinweis darauf, dass die Ableitung der Beurteilung einer konkreten Situation aus allgemein anerkannten Werten besser gelingt als der Versuch, neutral zu berichten.

Wenn Georg Restle sich auf Demonstrationen gegen Rechtsextremismus einsetzt, mag man ihm noch folgen. Wenn er aber „politisch rechts" und „rechtsextrem" in einen Topf wirft (vgl. Restle 2018), schimmern die ersten haltungsbedingten Unschärfen durch. Wenn er dann, wie im Januar 2019, die Landwirtschaft aufgrund einer wissenschaftlich zweifelhaften und zu diesem Zeitpunkt unveröffentlichten Studie für Feinstaubtote verantwortlich macht, dann geht er vermutlich zu weit. Er lässt seine These zwar als Frage formulieren, die Botschaft indessen ist klar: „50.000 vorzeitige Todesfälle durch Feinstaub? Verursacht von der Landwirtschaft? Ein Befund, der für Landwirte schwer zu ertragen ist" (Kordes et al. 2019). Da selbst der für die zugrunde liegende Studie verantwortliche Wissenschaftler einräumt, „(…) dass es in solchen Studien immer statistische Unsicherheiten gebe" (Kordes et al. 2019), darf man bei Restle und seinem Team für die klare Botschaft andere Motive als Neutralität vermuten.

Wer wie Georg Restle das Neutralitätsbemühen von Journalismus verwirft, weil es nicht immer vollständig gelingt, verkennt, dass allein das Streben nach Neutralität die Basis des Vertrauens in den Journalismus ausmacht. Warum ist das so? In diesem Zusammenhang lohnt ein Blick in das Werk Martin Heideggers. Heidegger beschreibt in „Sein und Zeit" das Wesen des Menschen als Sorge. Immer und überall sorgt sich der Mensch in gewisser Weise. Verhält sich der Mensch sorgend zu seinen Mitmenschen, so definiert Heidegger das als „Fürsorge". Diese Fürsorge kann sich in zwei extremen Formen ausdrücken: „Sie kann dem Anderen die ‚Sorge' gleichsam abnehmen (…) und sich an seine Stelle setzen, für ihn *einspringen*" (Heidegger 1993, S. 122). Dem gegenüber steht die „eigentliche Fürsorge". Sie „verhilft dem Anderen dazu, *in* seiner Sorge sich durchsichtig und *für* sie *frei* zu werden" (Heidegger 1993, S. 122). Die erste Form der Sorge ist laut Heidegger

(1993, S. 122) „einspringend-beherrschend", die zweite „vorspringend-befreiend". Kurzum: Bei der uneigentlichen Fürsorge geht es um Beherrschung des anderen, indem man sich um ihn und seine Angelegenheiten kümmert; bei der eigentlichen Fürsorge darum, den anderen zu einem freien Menschen zu machen, indem man ihm dabei hilft, sich selbst zu kümmern.

Das Menschenbild der eigentlichen Fürsorge ist das der Aufklärung. Der eigentlich Fürsorgende hilft dem Menschen heraus aus „seiner selbstverschuldeten Unmündigkeit" (Kant 1999, S. 20) und macht ihn zu einem mündigen Menschen. Überträgt man diese Dichotomie der Fürsorge auf die Positionen von Restle und Bittner, so zeigt sich eine zutiefst antiaufklärerische Tendenz in den Forderungen Restles. Er schreibt: „Und meinen wir wirklich, neutral und ausgewogen zu sein, wenn wir nur alle zu Wort kommen lassen, weil die Wahrheit schließlich immer in der Mitte liegt? Und wenn die Mitte immer weiter nach rechts wandert, liegt die Wahrheit eben bei den Rechten? Und wenn die Mitte verblödet, bei den Blöden?" (Restle 2018, S. 44). Deutlich spürbar ist hier die Tendenz, die Medienrezipienten davor schützen zu wollen, eine möglichst neutrale Berichterstattung falsch – in diesem Fall „rechts" oder „blöd" – auszulegen. Dann soll der Journalismus die Auslegung der geschilderten Realität doch besser gleich mitliefern. Es wird zweierlei klar:

1. Der von Restle geforderte Haltungsjournalismus betrachtet den Medienkonsumenten in seiner Haltung als gefährdet. Es muss dafür gesorgt werden, dass er nicht das falsche, sondern das richtige Bild von der Wirklichkeit bekommt. In dieser Hinsicht soll der Journalist den Medienkonsumenten fürsorgend „beherrschen".
2. Indem der Journalist die Interpretation der Wirklichkeit im Sinne einer bestimmten Haltung gleichsam mitliefert, verhindert er, dass der Medienkonsument sich selbst ein Bild macht. Der Medienkonsument wird intellektuell entmündigt.

Noch eine andere Gefahr geht von der Position Restles aus. Diese liegt begründet in der exponierten Funktion, die Medien für eine freiheitliche Demokratie haben. Jan Dirk Kemming formuliert diese Gefahr – allerdings mit Bezug auf Unternehmen – so: „Gegen eine stärkere politische Rolle von Marken muss aber vor allem das egalitäre Gleichheitsgebot, demzufolge alle Bürger einer Demokratie das gleiche Recht oder die gleiche Möglichkeit haben müssen, an öffentlichen Diskursen teilzunehmen, gewürdigt werden" (Kemming 2019, S. 136). Was für die Politisierung unternehmerischen Handelns gilt, gilt auch für die Politisierung des Medialen: Wenn Haltungsjournalismus nicht mehr „nur alle zu Wort kommen" (Restle

2018) lässt, sondern die „richtige" politische Haltung zum Kriterium des medialen Stattfindens und Bewertens macht, dann missbraucht der Journalist seine Gate-Keeper-Funktion in demselben Sinne, wie ein Unternehmen seine wirtschaftlichen Mittel missbraucht, um dort Ungleichheit zu erzeugen, wo im Sinne einer Demokratie eigentlich Gleichheit herrschen sollte.

Jochen Bittner dagegen räumt dem Journalismus weniger und dem Medienkonsumenten mehr Raum ein als Georg Restle. Der Journalist ist ja „Schiedsrichter", während der Medienkonsument „Spieler" ist. In diesem Gleichnis erinnert der Journalist die Menschen daran, dass es gewisse Regeln gibt, und zeigt Verstöße auf. Aber der Journalist greift nicht selbst ins Spielgeschehen ein. Das Spiel ist die gesellschaftspolitische Interpretation der Wirklichkeit, dass der Aufgeklärte selbst spielen muss. Eigentlich fürsorgend kann der Journalist lediglich dabei helfen, die Rahmenbedingungen aufrechtzuerhalten. So schreibt er: „Der Kampf von Journalisten (…) für Freiheit, Wahrheit und Gerechtigkeit besteht nicht im politischen Aktivismus für diese Werte, sondern in der kritischen Wacht über alle politisch Aktiven" (Bittner 2019).

Der Ansatz von Bittner steht in gewisser Hinsicht für einen pragmatischen Ansatz. Die Grenzen des Journalismus hinsichtlich der Einflussnahme auf den Verbraucher werden klar definiert. Der Verbraucher soll sich selbst ein Bild machen können. So wird auch hier der Verbraucher als selbstbestimmtes Wesen anerkannt, dessen Entscheidungen es zu akzeptieren gilt. Der ideologische Weg, den Verbraucher moralisch formen zu wollen, weil er sich selbst nicht so formt, wie es der Haltung des jeweiligen Journalisten entspricht, wird verworfen. Zwar arbeitet der Haltungsjournalismus nicht mit dem Konzept des erfundenen Verbrauchers, indem er ihn für real hält. Dennoch geht diese Form des Journalismus den ideologischen Weg. Denn der erfundene Verbraucher, als moralischer Nachhaltigkeitsfan, gilt haltungsorientiert arbeitenden Journalisten häufig als Idealbild, in dessen Richtung der reale Verbraucher auch durch die entsprechende Berichterstattung und durch die Politik erzogen werden muss. Vor diesem Hintergrund werden die Rufe von Lorenz Beckhardt verständlich: „Deshalb die Bitte: Macht Autofahren, Fleisch und Fliegen so verdammt teuer, dass wir davon runterkommen. Bitte. Schnell. Dann wählen wir auch euch alle" (Beckhardt 2019). Es ist der Ruf nach der Heideggerschen uneigentlichen Fürsorge durch Medien und Politik, der hier zu hören ist und den realen Verbraucher dadurch bevormunden will, dass er ihm den erfundenen Verbraucher zum Vorbild aufzwingt.

Für die freilich hier nur grob berührten Bereiche von Medien, Politik, Wirtschaft, NGOs und Wissenschaft lässt sich Folgendes festhalten: Mit der Erkenntnis, dass es den erfundenen Verbraucher nicht, dafür aber den realen Verbraucher gibt, lässt sich ideologisch, agnostisch oder pragmatisch umgehen. Der ideologische

Ansatz in seinen zwei Ausprägungen des Leugnens der Erkenntnis und des Verurteilens des realen Verbrauchers spaltet die Gesellschaft, entmündigt den Menschen und zeigt dergestalt totalitaristische Tendenzen. Der agnostische Ansatz kann eine echte Option für Politik und Wissenschaft sein, um spalterischen und entmündigenden Tendenzen entgegenzuwirken. Für Medien, NGOs und Wirtschaft empfiehlt sich tendenziell der pragmatische Ansatz. Medien akzeptieren die Grenzen der eigenen Wirksamkeit und tragen dergestalt zur Mündigkeit des Menschen bei. NGOs werden zu respektablen Mitgestaltern. Und die Wirtschaft entwickelt Lösungen, die Fortschritt in Sachen Nachhaltigkeit bedeuten, zugleich aber auch im Markt funktionieren und damit selbst ökonomisch nachhaltig sind. Der pragmatische Ansatz zeichnet sich im Grunde dadurch aus, dass er den Verbraucher so nimmt, wie er ist. Anders ausgedrückt: Der Verbraucher wird als gleichberechtigte Instanz zu Politik, Medien, Wirtschaft, NGOs und Wissenschaft angesehen. Das bedeutet jedoch nicht, dass Veränderungen völlig dem Zufall überlassen werden müssen. Jan Rommerskirchen drückt das so aus:

> „Eine bessere Welt und bessere Gesellschaften bedürfen der Macht zu handeln und zu verändern. Die asymmetrische Macht über andere durch eine symmetrische Macht als Ermöglichung zu gemeinsamem Handeln zu ersetzen ist ein sozialer Fortschritt." (siehe den Beitrag von Jan Rommerskirchen in diesem Band)

Es ist diese Machtsymmetrie zwischen den Instanzen Wirtschaft, Medien, Politik, Wissenschaft und NGOs und dem Verbraucher, die den pragmatischen Ansatz und die Akzeptanz der Realität des realen Verbrauchers auszeichnet. Sie ist es, die einen aufgeklärten Verbraucher zugleich benötigt und ermöglicht. Vor diesem Hintergrund formuliere ich meine vierte und abschließende These kurzum wie folgt: *Der ideologische Umgang mit dem erfundenen Verbraucher ist zu verwerfen, der agnostische für einige Bereiche der Gesellschaft, der pragmatische für andere Bereiche empfehlenswert. Aufklärung und Ideologie widersprechen einander. Und der erfundene Verbraucher ist ein Vehikel, auf dem unsere Gesellschaft abzudriften droht in präaufgeklärte Stadien.*

Literatur

Aachener Nachrichten. (2019). Angreifer werfen Steine auf RWE-Mitarbeiter. *Aachener Nachrichten* vom 18.06.2019. https://www.aachener-nachrichten.de/nrw-region/braunkohle/angreifer-werfen-steine-auf-rwe-mitarbeiter_aid-39514461. Zugegriffen am 08.09.2019.

Der erfundene Verbraucher und die Spaltung der Gesellschaft 185

Ashelm, M. (2019). Aufstand gegen die Windkraft. *Frankfurter Allgemeine Zeitung* vom 08.07.2019. https://www.faz.net/aktuell/wirtschaft/gesundheitsrisiko-windraeder-aufstand-gegen-die-windkraft-16273196.html. Zugegriffen am 08.09.2019.

Beckhardt, L. (2019). Kommentar. *Tagesthemen* vom 29.07.2019. https://www.tagesschau.de/multimedia/video/video-574353.html. Zugegriffen am 08.09.2019.

Bittner, J. (2019). Fahnen runter! *Zeit Online* vom 10.04.2019. https://www.zeit.de/2019/16/journalismus-reporter-politischer-aktivismus-verantwortung. Zugegriffen am 08.09.2019.

Brüggemann, C. (2019). Bio-Fleisch mit niedrigen Marktanteilen. *topagrar* vom 20.03.2019. https://www.topagrar.com/markt/news/bio-fleisch-mit-niedrigen-marktanteilen-11501445.html. Zugegriffen am 08.09.2019.

Cornelissen, J. (2017). *Corporate communications. A guide to theory and practice*. London: Sage.

Deekeling, E., & Arndt, O. (2014). CEO-Kommunikation: Aufgaben und Strategien für Vorstände und Geschäftsführer. In M. Piwinger & A. Zerfaß (Hrsg.), *Handbuch Unternehmenskommunikation* (S. 1237–1251). Wiesbaden: Springer Gabler.

Destatis. (2019). Pressemitteilung Nr. 022 vom 17. Januar 2019. *Destatis*. https://www.destatis.de/DE/Presse/Pressemitteilungen/2019/01/PD19_022_464.html. Zugegriffen am 08.09.2019.

Dürnberger, C. (2019). ‚You should be slaughtered!' Experiences of criticism/hate speech, motives and strategies among German-speaking livestock farmers using social media. *Unit of Ethics and Human Animal Studies*. MesserliResearch Institute, University of Vienna. https://academicjournals.org/journal/IJLP/article-full-text-pdf/D18D7D860706. Zugegriffen am 08.09.2019.

Enneking, U. (2019). *Kaufbereitschaft bei verpackten Schweinefleischprodukten im Lebensmitteleinzelhandel*. Osnabrück: Hochschule Osnabrück.

Focus Online. (2019a). Polit-Talkshows: Grünenchef Habeck häufigster Gast bei ARD und ZDF. *Focus Online* vom 10.01.2019. https://www.focus.de/politik/deutschland/auswertung-von-polit-talkshows-gruenen-chef-habeck-haeufigster-gast-in-polit-talkshows-von-ard-und-zdf_id_10164045.html. Zugegriffen am 08.09.2019.

Focus Online. (2019b). Lob für Klimaschutz-Proteste. Justizministerin Barley für Herabsetzung des Wahlalters. *Focus Online* vom 02.03.2019. https://www.focus.de/politik/deutschland/lob-fuer-klimaschutz-proteste-justizministerin-barley-fuer-herabsetzung-des-wahlalters_id_10397842.html. Zugegriffen am 08.09.2019.

Gschoßmann, C. (2019). Möhrenfeld-Zoff: „Elitär, ignorant, respektlos" – Klöckner holt gegen Klima-Aktivisten aus. *Merkur* vom 25.06.2019. https://www.merkur.de/politik/tagebau-protest-von-ende-gelaende-bauer-frustriert-ueber-zertrampeltes-moehrenfeld-zr-12666818.html. Zugegriffen am 08.09.2019.

Heidegger, M. (1993). *Sein und Zeit*. Tübingen: Niemeyer.

Huth, P. (2017). Das deutsche Kämpferherz ist leicht entflammbar. *Welt Online* vom 02.12.2017. https://www.welt.de/debatte/kommentare/article171198033/Das-deutsche-Kaempferherz-ist-leicht-entflammbar.html. Zugegriffen am 08.09.2019.

Kant, I. (1999). Beantwortung der Frage: Was ist Aufklärung? In *Immanuel Kant: Was ist Aufklärung? Ausgewählte kleine Schriften*. Hamburg: Meiner.

Kemming, J. D. (2019). Politische Aktivität von Marken im Demokratiemodell. In J. D. Kemming & J. Rommerskirchen (Hrsg.), *Marken als politische Akteure* (S. 131–147). Wiesbaden: Springer Gabler.

Klein, P. (2019). Unternehmensmarken und NGOs im gesellschaftspolitischen Diskurs. In J. D. Kemming & J. Rommerskirchen (Hrsg.), *Marken als politische Akteure* (S. 205–223). Wiesbaden: Springer Gabler.

Kordes, H., Kovacsics, M., & Schmitt, J. (2019). Feinstaub durch Landwirtschaft: Seit Jahren verharmlost. *Monitor* vom 17.01.2019. https://www1.wdr.de/daserste/monitor/sendungen/feinstaub-128.html. Zugegriffen am 08.09.2019.

Lambertin, J. (2019). Bestandsaufnahme 3: Empirische Erkenntnisse zur Rezeption von Marken als politischen Akteuren in Deutschland. In J. D. Kemming & J. Rommerskirchen (Hrsg.), *Marken als politische Akteure* (S. 49–67). Wiesbaden: Springer Gabler.

Restle, G. (Juli/August 2018). Plädoyer für einen werteorientierten Journalismus. *Print. Das Magazin des WDR*.

RTL. (2019). rtl/n-tv-Trendbarometer vom 19.08.2019. *RTL*. https://www.rtl.de/cms/klimawandel-fluechtlinge-politik-was-bewegt-die-deutschen-4390111.html. Zugegriffen am 08.09.2019.

Schareika, N. (2019). Warum immer mehr Unternehmen „gut" sein wollen. *Wirtschaftswoche Digital* vom 11.01.2019. https://www.wiwo.de/erfolg/management/nachhaltigkeit-warum-immer-mehr-unternehmen-gut-sein-wollen/23850962.html. Zugegriffen am 08.09.2019.

Zeit Online. (2019). Klimaschutz: Erste deutsche Manager plädieren für CO2-Steuer. *Zeit Online* vom 12.07.2019. https://www.zeit.de/news/2019-07/12/erste-deutsche-manager-plaedieren-fuer-co2-steuer. Zugegriffen am 08.09.2019.

Zentes, J., Lonnes, V., & Whitaker, D. (2014). Nachhaltige Markenführung – Neugestaltung der Wertschöpfungskette. *idw – Informationsdienst Wissenschaft*. https://idw-online.de/de/news580306. Zugegriffen am 08.09.2019.

Dr. Patrick Klein ist seit 2017 Pressesprecher der Initiative Tierwohl und Dozent an der Hochschule Fresenius. Er ist Kommunikationsprofi, Dozent und Autor. In Bonn hat er Philosophie, Germanistik und Sprachwissenschaften studiert und über Moraltheorie promoviert. Danach folgten Stationen als Wissenschaftlicher Mitarbeiter, Wirtschaftsredakteur (Unternehmermagazin) und Kommunikationsberater (Havas PR, Weber Shandwick, fischerAppelt).

Ausgewählte Veröffentlichungen

- KIein, Patrick (2019). Unternehmensmarken und NGOs im gesellschaftspolitischen Diskurs. In J. D. Kemming & J. Rommerskirchen (Hrsg.), *Marken als politische Akteure* (S. 205–223). Wiesbaden: Springer Gabler.

Power to the People – Souveränität durch oder trotz Daten?

Ann Cathrin Riedel und Caroline Krohn

> Habe Mut, die eigene Hoheit über Deine Daten zurück zu gewinnen! (Cap 2017, S. 252, in Anlehnung an Immanuel Kant)

Eine Billion Euro. So hoch schätzt die Boston Consulting Group in einer Studie den Wert von personenbezogenen Daten im Jahr 2020 allein in Europa. Dieser Marktwert betrifft vornehmlich Daten, die für gezielte Werbung und Verkauf im Internet verwendet werden (vgl. Hafen und Brauchbar 2014). Doch wurden Konsumentinnen und Konsumenten im Netz angemessen an dem Wert ihrer Daten beteiligt? Haben sie sie überhaupt freiwillig zur Verfügung gestellt, wissen sie überhaupt um den Wert ihrer Daten und wo sie diese überall preisgeben?

Das bereits 1983 durch das Bundesverfassungsgericht im „Volkszählungsurteil" manifestierte Recht auf informationelle Selbstbestimmung ist heute essenzieller denn je. Es betrifft nicht nur das Recht auf informationelle Selbstbestimmung

---

A. C. Riedel (✉)
LOAD e.V. Verein für liberale Netzpolitik, Berlin, Deutschland
E-Mail: ann-cathrin.riedel@load-ev.de

C. Krohn
Vindler GmbH, Braunfels, Deutschland
E-Mail: caroline.krohn@vindler.de

© Springer Fachmedien Wiesbaden GmbH, ein Teil von Springer Nature 2020
J. Rommerskirchen (Hrsg.), *Die neue Macht der Konsumenten*,
https://doi.org/10.1007/978-3-658-28559-3_10

gegenüber dem Staat, sondern auch gegenüber anderen Akteuren, wie z. B. privatwirtschaftlichen Unternehmen. In einer vollkommen vernetzten Welt, in der drei von vier Deutschen ein Smartphone mit persönlichen Daten, wie Name und Telefonnummer, von anderen besitzen, in der 38 % mindestens einmal pro Woche online shoppen und vermutlich noch viel häufiger die Online-Shops aufsuchen (vgl. Initiative D21 2019), werden jetzt schon abertausende Daten unbemerkt ausgetauscht. Die Tendenz ist nicht nur durch immer mehr vernetzte Geräte stark steigend. Welche Macht haben Konsumentinnen und Konsumenten noch über ihre Daten und wie selbstbestimmt können sie agieren? Hat der Konsument oder die Konsumentin überhaupt noch die Chance, als Individuum selbstbestimmt zu sein, oder müssen wir in der vernetzten Welt andere Ansätze heranziehen, um Selbstbestimmung zu gewährleisten?

Dass es bei der informationellen Selbstbestimmung nicht nur um das Individuum, sondern auch um das Gemeinwohl, ja gar das demokratische Gemeinwesen als solches geht, erwähnte das Bundesverfassungsgericht bereits in der Begründung besagten Volkszählungsurteils. Dieser zweite Aspekt, die Bedeutung für eine funktionierende Demokratie und das Gemeinwesen, wird jedoch in der juristischen Kommentarliteratur zum Grundgesetz und Bundesdatenschutzgesetz quasi nicht behandelt (vgl. Winter 2017). Doch dies ist ein enorm wichtiger Aspekt, wie der Philosoph Max Winter herausgearbeitet hat. Meinen Menschen doch zu gerne, dass sie „frei" seien, wenn sie die Möglichkeit haben, über sich und ihre Daten (vermeintlich) selbstbestimmt zu entscheiden. Doch: „Selbstbestimmt sind Bürger nicht dann, wenn sie ‚frei' über ihre persönlichen Daten verfügen können, sondern nur in einer Gesellschaftsordnung, die politische Willensbildung ohne verzerrende Einflüsse von Ängsten oder Einschüchterungen gewährleistet, wie sie mit einer externen Informationsasymmetrie einhergehen." (Winter 2017) Wie sehr politische Willensbildung und Konsum- und/oder Surfverhalten im Netz miteinander zusammenhängen, zeigen u. a. die Manipulationsversuche mithilfe von Cambridge Analytica bei den US-amerikanischen Wahlen 2016 und dem Brexit-Referendum im selben Jahr.

Um die Freiheit der oder des Einzelnen nicht nur als Bürgerin oder Bürger an sich, sondern auch als Konsumentin oder Konsument zu gewährleisten, müssen also Mechanismen und/oder Regulierungen gefunden werden, die die massenweise unbemerkte Nutzung personenbezogener Daten unterbinden und eine wirkliche Selbstbestimmung von Individuen ermöglichen. Die europäische Datenschutzgrundverordnung kann da nur ein Ansatz sein. Vielmehr müssen wir überlegen, wie mit personenbezogenen Daten umgegangen werden soll – was eben auch bedeuten muss, ein Datenrecht zu entwickeln, dass eben auch die Nutzung dieser ermöglicht.

Geht es um Konsumentinnen und Konsumenten, kommt man schnell auf das Thema Verbraucherschutz. Klar ist, dass auch hier neue Herangehensweisen (vgl. z. B. Philipps 2019) notwendig sind, die für das digitale Zeitalter passen. Doch reicht Verbraucherschutz allein in der Datenökonomie? Der Soziologe Jörn Lamla plädiert dafür, Verbraucherschutz und Selbstbestimmung in neuer Weise zusammenzudenken. Er sagt ebenfalls, dass angesichts der Asymmetrie von Kontrollpotenzialen und der Dezentrierung Selbstbestimmung nicht länger als Sache einzelner Bürgerinnen und Bürger betrachtet werden kann. Stattdessen müsse sich Verbraucherpolitik hin zu einer „Verbraucherdemokratie" erweitern, die die Gestaltung von Regeln und Konventionen an Prozeduren öffentlicher Aushandlung rückbinde (vgl. Lamla 2019).

Wir befinden uns erst am Anfang der sogenannten Datenökonomie. Daten können und sollen genutzt werden. Durch sie können wir viele neue wissenschaftliche Erkenntnisse generieren, die der Menschheit dienen. Und auch das Wecken von Bedürfnissen von Konsumentinnen und Konsumenten ist in einem kapitalistischen Wirtschaftssystem erstmal nicht per se unredlich. Doch dies darf nicht zu Ausbeutung und Missbrauch führen. Um Machtasymmetrien zu verringern, wurden im Kapitalismus schon immer gesetzliche Regularien eingeführt. Dazu gehören z. B. das Verbot von Kinderarbeit, Arbeitnehmerschutz-Regelungen, aber auch Hygienevorschriften. Warum das Datenschutzrecht ebenfalls ein wichtiger Bestandteil dieser Schutzmechanismen und essenziell für die Sicherung der Grundrechte Einzelner – aber auch des demokratischen Gemeinwesens an sich – ist, die bisherigen Regularien aber unzureichend sind, inklusive der Auffassung, Menschen müssten bloß die Datenschutzerklärungen lesen und könnten dann informierte, selbstbestimmte Entscheidungen treffen, illustriert der Wissenschaftler Rainer Rehak an einem eingängigen Beispiel: Niemand komme auf die Idee zu sagen, dass Hygienevorschriften ein zu hoher Aufwand für Unternehmen seien und man Konsumentinnen und Konsumenten beim Restaurantbesuch einfach und ausschließlich ermöglichen könnte, sich selbstständig vor dem Bestellen einen Eindruck von der Sauberkeit der Küche zu verschaffen. Wer sich die Mühe macht, einen Blick hineinzuwerfen, wird vielleicht eine im ersten Moment sauber erscheinende Küche vorfinden. Doch wo sind die Tücken, woraug sollte man einen besonderen Blick werfen? Das wissen Konsumentinnen und Konsumenten in der Regel nicht und vermutlich würde auch jeder sagen, dass es zu viel verlangt wäre, sich Wissen über Hygiene in Betrieben, in denen Lebensmittel verarbeitet werden, für lediglich gelegentliche Restaurantbesuche anzueignen (vgl. Rehak 2018). Ganz ähnlich sollte auch mit dem Datenschutzrecht umgegangen werden.

Die Selbstbestimmung erliegt der Komplexität

Wie viele Datenschutzerklärungen haben Sie schon gelesen? Wie oft ist ihnen bewusst, dass ein Gerät überhaupt Daten von Ihnen sammelt und sie verwertet? Haben Sie die 13 Seiten der Datenschutzerklärung von Facebook vor Ihrer Anmeldung gelesen? Die 24 Seiten von PayPal? Die zehn Seiten Ihres Samsung Smart TVs? Wissen Sie, welche Daten Ihr Auto speichert und sendet? Wie sieht es mit Ihrem Smartphone aus und den ganzen Apps, die Sie installiert haben? Wissen Sie, wo Sie überall Nutzerkonten angelegt und Ihre persönlichen Daten hinterlegt haben?

Sich mit den eigenen Daten auseinanderzusetzen, ist sehr aufwändig. Es mag selbstbestimmt sein zu entscheiden, die Datenschutzerklärung für einen Service nicht zu lesen, sondern sie zu ignorieren. Sich nicht sorgen zu wollen, was alles mit den eigenen Daten passiert und wer sie für welche Zwecke nutzt. Aber wie selbstbestimmt sind Konsumentinnen und Konsumenten wirklich bei der überbordenden Masse an Datenschutzerklärungen, AGB und Cookie-Richtlinien, die sie alle nicht nur lesen, sondern auch verstehen müssen – und das Ganze nicht nur bei der Anmeldung, sondern auch bei jeder Aktualisierung dieser Dokumente? Wir stellen hier die Hypothese auf, dass die regelmäßige und massenübergreifende Entscheidung, Datenschutzerklärungen nicht zu lesen, weniger etwas mit Selbstbestimmung, sondern vielmehr mit Überforderung zu tun hat. Dass Datenschutzerklärungen von Angeboten im Internet nie gelesen bzw. nur überflogen werden, bestätigt eine Umfrage von DIVSI aus dem Jahr 2015. Demnach geben 25,2 % der Befragten an, Datenschutzerklärungen nie zu lesen, und 43,8 % überfliegen sie grob (vgl. DIVSI 2015). Die Zahlen wirken umso erschreckender, wenn man bedenkt, dass laut einer Studie vom Branchenverband Bitkom 74 % der Befragten der Meinung sind, dass sie selber für ihre personenbezogenen Daten im Internet verantwortlich sind. 22 % schreiben diese Verantwortung dem Staat zu und nur drei % den Internetanbietern oder Herstellern von Hard- oder Software (vgl. Bitkom 2019).

„Das Datenschutzrecht hat im Laufe der 40 Jahre seines Bestehens die Bodenhaftung verloren" (Schallbruch 2018, S. 60), sagt Martin Schallbruch, ehemaliger Abteilungsleiter für Informationstechnik im Bundesinnenministerium, in seinem Buch „Schwacher Staat im Netz". Dort erläutert er auf neun Seiten, wo und wann Datenschutzbestimmungen bei der Nutzung der App „finanzblick" der Firma Buhl zum Tragen kommen – schließlich interagiert diese App nicht nur mit Konten bei Banken, sondern auch mit den Servern der Geräteherstellern, wenn diese Push-Nachrichten senden, oder mit Cloud-Services, wenn der Nutzer dort seine Daten z. B. zu Back-up-Zwecken hinterlegt. Hinzu kommen diverse rechtliche

Regelungen aus dem Telemediengesetz, Regelungen zum Datentransfer in Drittstaaten, wie das umstrittene „Privacy Shield" für die Datenübertragung in die USA oder das Telekommunikationsrecht bezüglich der Speicherung von Metadaten. Für die Nutzung einer App müssen also – je nach Nutzung der angebotenen Services mit Drittanbietern, oder nur der vom Smartphone angebotenen Funktionen – weitere Datenschutzerklärungen gelesen, beachtet und verstanden werden. Zuzüglich zu all den gesetzlichen Regelungen, die dennoch – wenn auch teilweise nur unter Ausnahmebedingungen – den Zugriff auf den eigenen Datentransfer ermöglichen. Schallbruch vergleicht das Ausmaß an Paragrafen, das hier bei einer einzelnen Handlung, ggf. eines einzigen Vertrags, beachtet werden muss, mit dem Kauf eines Autos oder einer Immobilie, welche in der Regel einen deutlich höheren Wert hat als der Vertragsabschluss im Netz. Obwohl hier viel höherwertige Dinge gehandelt werden, stütze sich dieser Kauf, so Schallbruch, nur auf wenige Paragraphen – selbst wenn man noch die Regelungen zur Makler-Beauftragung oder Kfz-Zulassung sowie steuerrechtliche Regelungen hinzunehmen würde (vgl. Schallbruch 2018, S. 60 f.).

> „Selbst beim auf ein Wochenende konzentrierten Shopping von Weihnachtsgeschenken schließe ich – wenn es hoch kommt – 20 Kaufverträge an einem Tag. Und ich weiß noch so einigermaßen, was ich tue und ob sich die Verkäufer mir gegenüber korrekt verhalten. Anders beim Datenschutz: Ein Analytiker von Apple hat schon 2015 ermittelt, dass ein iPhone im Schnitt 80-mal pro Tag entsperrt wird. Jede dieser Benutzungshandlungen löst in der Regel mehrere datenschutzrechtlich relevante Vorgänge aus. Niemand kann für jeden dieser Vorgänge die Prüfung anstellen, die wir […] für ‚finanzblick' durchgeführt haben." (Schallbruch 2018, S. 60 f.)

Diese Überforderung kommt jedoch nicht nur auf, wenn man sich mit den Bedingungen zur Nutzung einer Finanz-App auseinandersetzen möchte. Der Netzaktivist Wolfie Christl setzt sich regelmäßig mit Online-Tracking auseinander. In einem Twitter-Thread zeigt Christl (2019b), wie die österreichische „Kleine Zeitung" Ende Mai 2019 beim Aufrufen der Webseite stolze 660 Cookies beim Nutzer setzen möchte. Allein über die schiere Anzahl informiert das eingesetzte Cookie-Banner nicht; Daten werden auch schon vor der Bestätigung übersendet, ein „Nein" steht nicht zur Auswahl. In der genaueren Betrachtung zeigt Christl, dass ein Großteil der Nutzer personenbezogene oder nur pseudonymisierte Daten überträgt, und zwar an Datenbroker wie Quantcast oder an die russische Suchmaschine Yandex. Selbst unter den nicht-abwählbaren Cookies – sofern ein Nutzer denn hiervon Gebrauch macht – sind solche, die einen Personenbezug haben und zum Tracking des Webseitenbesuchers eingesetzt werden.

Wie selbstbestimmt ist also jemand im Netz, der zum einen über die Anzahl der verwendeten Cookies nicht transparent informiert wird, dem nur eine Zustimmung oder Nichtnutzung bleibt – sofern die Datenübermittlung überhaupt noch nach dem Aufrufen unterbunden werden kann. Denn diverse Webseiten senden schon vor dem Betätigen des OK-Buttons auf dem Cookie-Banner Daten des Nutzers. Bei vielen ist dieses Banner lediglich ein „Schmuckstück". Und der zum anderen vermutlich selbst nach der Lektüre von 660 Datenschutzerklärungen nicht nachvollziehen kann, welche Daten genau von ihm erhoben werden, wohin diese gesendet werden und wofür diese Daten auch in Zukunft verwendet werden. Christl deutet in dem Twitter-Thread bereits an, dass das Vorgehen der Kleinen Zeitung wohl nicht den Vorgaben der DSGVO entspricht, und erwähnt ebenfalls, dass diese nach seinen Tweets ihre Cookie-Verwendung überarbeitet haben – wenn auch immer noch unzureichend. So werden auch heute, vier Monate später, weiterhin 92 Cookies gesetzt, und das, bevor der Nutzer oder die Nutzerin auf „OK" klickt.

„Wenn Du nichts bezahlen musst, bist Du das Produkt" – diesen Satz haben vermutlich alle schon mal gehört. Doch vermutlich sind wir eher – auch bei kostenpflichtigen Produkten – die unerschöpfliche Datenquelle für datengetriebene Unternehmen (also fast alle, die online agieren) und Datenbroker. Letztere werden bei der Diskussion um Datennutzung, -sammlung und -missbrauch häufig außer Acht gelassen. Stattdessen wird sich – zu Recht – häufig auf Facebook und Google, immer häufiger auch auf die chinesischen Internetriesen Baidu, Alibaba und Tencent (BAT) berufen. Kaum jemand kennt jedoch Unternehmen wie das bereits erwähnte Quantcast, Acxiom, Epsilo, Datalogix, RapLeaf, Reed Elsevier, BlueKai, Spokeo oder Flurry. Diese Unternehmen sammeln online und offline Daten und führen diese zusammen. Gemeinsam haben sie einen Jahresumsatz von über 156 Milliarden US-Dollar (Stand: 2015) (vgl. Goodman 2016, S. 82 f.). Zum Vergleich: Der gesamte Alphabet-Konzern, zu dem Google gehört, hatte im Jahr 2018 einen weltweiten Jahresumsatz von 136,8 Milliarden US-Dollar (vgl. Statista 2019b).

Auch wenn nicht erst durch die europäische Datenschutzgrundverordnung in Deutschland und Europa andere Regelungen gelten und galten als in den USA, so ist ein Blick auf die Datensammlungen, die diese Unternehmen in den Vereinigten Staaten betreiben, sinnvoll. Allein bei Acxiom werden 96 % der amerikanischen Haushalte in den Datenbanken erfasst, 700 Millionen Konsumenten weltweit. Jedes dieser Profile beinhaltet über 1500 Merkmale. So z. B. Geschlecht, Anzahl der Kinder, Alter, Beziehungsstatus, vergangene Einkäufe oder politische Ansichten (vgl. Goodman 2016, S. 82 f.). Der Netzaktivist Wolfie Christl machte bei dem Konkurrenten Quantcast eine Abfrage nach der DSGVO und bekam eine Excel-Liste mit 13.208 erfassten einzelnen Webseite-Besuchen, die wiederum mit 39

Spalten mit, wie er es nennt, „akribischen Detailinfos" versehen sind (vgl. Christl 2019c). Er verweist zudem auf das hier noch nicht erwähnte, aber in die Reihe passende Unternehmen Neustar, das ebenso agiert. Es vergibt an Nutzer sogenannte IDs und kann so Daten über verschiedene Services hinweg miteinander verknüpfen. Eingesetzt werden diese Daten nicht nur zu Werbezwecken, sondern auch zur Betrugserkennung und zum Risikomanagement (vgl. Christl 2019a). Nutzerprofile werden natürlich nicht einfach nur erstellt, sondern auch verkauft. Acxiom z. B. verkauft diese Profile in den Vereinigten Staaten an zwölf der 15 größten Kreditkartenanbieter, an sieben der zehn größten Banken im Privatkundensektor, an acht der zehn größten Telekommunikationsunternehmen und an neun der zehn größten Versicherer (vgl. Goodman 2016, S. 82 f.).

Das Ganze illustriert schon in Ansätzen das Problem. Mag es durchaus legitim sein, dass Unternehmen versuchen, sich gegen Betrug und vor Ausfallrisiken zu schützen. So ist es für Konsumenten, nämlich Nutzer des Webs, doch eher undurchsichtig, dass sie mit ihrem Surfverhalten eventuell ihre Vertrauenswürdigkeit bei der Kreditvergabe oder dem Abschluss einer Versicherung beeinflussen.

Durch die Auskunftsansprüche durch die DSGVO wird nun Transparenz darüber erlangt, was Unternehmen über jeden einzelnen Menschen speichern; vorausgesetzt, wir vertrauen darauf, dass die zugestellten Daten vollständig und richtig sind. Die Bürgerrechtlerin Katharina Nocun hat in ihrem Buch „Die Daten, die ich rief" ausführlich über die Daten berichtet, die Amazon über sie gesammelt hat:

> „Nach und nach realisiere ich, dass ich gerade in den 15.365 Zeilen vor mir alle meine bei Amazon in dem ausgewerteten Zeitraum getätigten Klicks sehe. An einem Tag sind das mehr als hundert betrachtete Seiten mit mehr als einem Dutzend Einträge pro Minute gewesen. Zu jedem Klick finden sich bis zu 50 zusätzliche Angaben, wie etwa Uhrzeit, Warenkategorie, die Artikelnummer, die davor und danach bei Amazon angesteuerten Webseiten, ob ich etwas in den Warenkorb gelegt habe oder eine Suche getätigt habe, die Webadresse, von der ich auf Amazon gestoßen bin, wie viele Millisekunden mein Browser zum Laden der Seite brauchte, meine Spracheinstellungen, ob ich per PC oder mobil eingeloggt war, in welchem Land ich mich anhand meiner IP-Adresse wahrscheinlich aufgehalten habe und welchen Internet-Anbieter ich genutzt habe.
>
> Hier finden sich selbst Produkte, die ich mit bei Amazon lediglich angeschaut habe, um sie später doch irgendwo anders zu kaufen. Oder Rezensionen, die ich studiert habe. Am 08.12.2016 habe ich nach Baby-Kleidung gestöbert – es sollte ein Geschenk für eine Freundin sein. Am 02.04.2017 bin ich über einen Link bei Spiegel-Online auf das Buch *Couchsurfing in Russland* aufmerksam geworden. Am 08.02.2016 habe ich mich aus Großbritannien eingeloggt, wenig später über die ‚Bahamas Telecommunications Corporation'. Amazon kann also auch meinen Urlaub nachvollziehen. Am 25.10.2016 und vielen weiteren Tagen im Herbst und Winter war ich laut der IP-Adresse in Schleswig-Holstein unterwegs. Tatsächlich bin ich in dieser

Zeit regelmäßig gependelt. Der Amazon-Datensatz ist geradezu überwältigend. Alle Recherchen der letzten Monate, Klick für Klick." (Nocun 2018, S. 51)

Man stelle sich nun vor, was besagte Daten-Broker an Wissen über einen Menschen haben, sobald dieser „OK" bei der Information über verwendete Cookies klickt.

Wie komplex die Nutzung der eigenen Daten durch Unternehmen bereits ist, zeigt auch das in Hamburg ansässige Unternehmen Kreditech, das Kunden in Spanien, Polen, Russland, Mexiko und Indien bedient. Während vielleicht nicht direkt drauf zu kommen ist, dass Kreditunternehmen (oder Facebook, vgl. Vasilogambros 2015) anhand von Social-Media-Freunden auf die Kreditwürdigkeit schließen (vgl. Vasagar 2016), ist doch die Logik dahinter erkennbar, wenn man an Sprichwörter wie „Gleich und gleich gesellt sich gern" denkt – völlig unabhängig davon, ob die Beurteilung aufgrund des persönlichen Netzwerks fair ist oder nicht. Dass die Tippgeschwindigkeit beim Ausfüllen eines Formulars oder die Häufigkeit der Korrektur von Eingaben Auswirkungen auf die Kreditwürdigkeit hat, erschließt sich hingegen nicht so leicht. Genau so arbeitet das Unternehmen Kreditech aber, um die Kreditwürdigkeit seiner künftigen Kundinnen und Kunden zu beurteilen (vgl. Dräger und Müller-Eiselt 2019). Andere Unternehmen nutzen sogar den Smartphone-Akku als Indikator für die Kreditwürdigkeit (vgl. King 2016). Zwar mag es durchaus fair sein, wenn gerade so Menschen mit nicht so gutem klassischen Bonitätsrating, wie in Deutschland etwa durch die – ebenfalls äußerst undurchsichtig arbeitende – Schufa ermittelt, eine Chance auf einen Kredit haben, denn wie der Finanzchef von Kreditech richtigerweise sagt: *„Historic behaviour may be an indicator for the future, but for most people it's not, because for most people a better indicator is how they are behaving nowadays and how this is likely to develop."* (Vasagar 2016). Doch ist es oder wird es Kunden bewusst sein, wie sehr ihre (finanzielle) Zukunft auf Daten basiert, die aufgrund ihres Verhaltens in einem Formularfeld generiert wurden?

Die Komplexität nimmt sogar noch mehr zu, wenn Menschen erfahren, dass z. B. das eigene Smartphone nicht nur Daten sendet, wenn sie es benutzen, sondern auch, wenn es nachts unberührt neben einem liegt (vgl. Fowler 2019), oder es gar „nur" die Information sendet, dass es hochgehoben wurde. Ein Selbstversuch des Informatik-Professors Clemens H. Cap gibt darüber Aufschluss:

„Bereits das Aufheben des am Tisch liegenden Geräts führte im Experiment regelmäßig zum Versand von Datenpaketen an den Hersteller. Die Verwendung einfacher Apps wie Taschenlampe oder Kompass, die keinerlei Netzzugang benötigen, bewirkte eine Kontaktaufnahme mit dem App-Hersteller und das Nachladen von Werbeeinblendungen. Die Nutzung einer weit verbreiteten Spiele-App, die im elterlichen

Umfeld des Autors als Gedächtnistrainings-App eingesetzt wurde, führte zu Datenversand an eine bestimmte IP-Adresse. Recherchen in IP-Datenbanken und Unternehmensregistern verwiesen auf eine Firma zur Vermarktung von Produkten für Demenzkranke. Einer Datensammlung war nie zugestimmt worden. Aufgrund verschlüsselter Übertragung konnte nicht erkannt werden, ob anonymisierte Nutzungsdaten, kognitive Leistungsprofile, finanzielle oder persönliche Informationen übertragen wurden." (Cap 2017, S. 251)

Wenn also Daten gesendet werden, ohne dass irgendwie ersichtlich ist, dass bei der Handlung, die gerade durchgeführt wird, überhaupt Daten generiert werden könnten, wenn massenhaft Datenpunkte bei nur einer Handlung erfasst und gespeichert werden – sei diese auch noch so banal, wie ein Webseiten-Klick oder die Geschwindigkeit beim Ausfüllen eines Formulars, wenn mit Daten gehandelt wird, komplexe Profile erstellt werden und Daten auf nur schwer nachvollziehbare Weise um die Welt geschickt werden, wenn das Lesen von umfangreichen Datenschutzerklärungen und die Kenntnis mehrerer Rechtsgrundlagen notwendig ist, wenn Buttons zur Akzeptanz von Cookies nur Schein sind und Alternativen zur trackingfreien Nutzung nicht angeboten werden, wenn Transparenz nur Schein ist oder tausende Zeilen lange Excel-Tabellen bedeuten – wie selbstbestimmt können Konsumenten noch in der digitalen Welt agieren? Inwiefern ist dann Selbstbestimmung im digitalen Raum nur noch eine Suggestion, von der versucht wird, sie noch möglichst lange aufrechtzuerhalten?

Das Ende der (individuellen) Freiheit?

Wenn schon die Komplexität den Einzelnen überfordern muss, wie sieht es dann in einer vernetzen Welt aus, in der ein jeder auch für all die Daten von anderen verantwortlich ist, die er oder sie mit sich herumträgt?

Der Messengerdienst WhatsApp hat in Deutschland rund 18,1 Mio. Nutzerinnen und Nutzer (aktive monatliche Nutzer von Android und iOS zusammen: vgl. Statista 2019b und Statista 2019c). Er ist mit Abstand der beliebteste Messenger in Deutschland. 97 % der Menschen, die Messenger-Dienste nutzen, nutzen WhatsApp. Auf Platz zwei folgt mit 47 % der Facebook Messenger (vgl. Statista 2019a). Vielen ist mittlerweile bekannt, dass die beiden beliebtesten Messenger zum Facebook-Konzern gehören. Damit es auch wirklich jeder mitbekommt, plant Facebook, diesen umzubenennen und fortan „WhatsApp von Facebook" zu nennen (vgl. Dörner 2019).

Als Facebook den Messenger 2014 für 22 Milliarden US-Dollar kaufte, versprach der CEO Mark Zuckerberg, dass WhatsApp unabhängig bleiben würde.

Fünf Jahre später ist von diesen und anderen Versprechungen nichts mehr übrig. Am Schlimmsten ist offenbar der Datenaustausch zwischen den beiden Plattformen, den europäische Datenschutzbehörden 2016 zwar kurz unterbanden. Heute, im Jahr 2019, tauschen Facebook und WhatsApp aber wieder sowohl Telefonnummern als auch Daten zum Nutzungsverhalten miteinander aus (vgl. Oehl und Kleine Wächter 2019). Warum ist das problematisch?

Im Gegensatz zu datenschutzkonformen Messengern erzwingt WhatsApp schon bei der Installation die Freigabe und damit das Hochladen des eigenen Adressbuches auf die Server von WhatsApp. Damit gibt der Nutzer, der den Messenger installiert, fremde Kontaktdaten ohne Einwilligung an den Facebook-Konzern weiter. Dies widerspricht den gesetzlichen Vorgaben aus der europäischen Datenschutzverordnung, die am 24. Mai 2016 in Kraft getreten ist und seit dem 25. Mai 2018 auf die personenbezogenen Daten aller Europäerinnen und Europäer anzuwenden ist. Es kann zu Recht festgestellt werden, dass Messenger nur dann funktionieren, wenn mit anderen kommuniziert wird und z. B. angezeigt wird, ob die eigenen Kontakte auch diesen Messenger nutzen. Dazu muss in der Tat ein Abgleich erfolgen – allerdings keine Speicherung der Daten respektive der Telefonnummern aus dem Adressbuch. WhatsApp bzw. Facebook behalten sich außerdem das Recht vor, diese Daten u. a. zur Vermarktung ihrer Dienste und Angebote zu nutzen. WhatsApp-Nutzer geben also personenbezogene Daten von Dritten an einen Konzern, die weder das Einverständnis erteilt haben, die personenbezogenen Daten an Facebook zu geben, noch darüber informiert wurden. Facebook hat also über seine Dienste wie WhatsApp (aber auch Facebook-Einbindungen auf Webseiten) personenbezogene Daten von Menschen weitergegeben, die dieser Aushändigung und Nutzung niemals zugestimmt haben und vielleicht auch niemals werden. Facebook sammelt personenbezogene Daten von Personen, die keine Chance haben, sich dagegen zu wehren – außer indem sie niemals jemandem die eigene Telefonnummer geben. Ein unrealistisches, unverhältnismäßiges und utopisches Unterfangen. Das bedeutendste Wesensmerkmal des sozialen Miteinanders liegt in der Kommunikation – in der digitalisierten Welt wird dies zudem für Kommunikation über unterschiedliche Zeitzonen und unterschiedliche Entfernungen möglich gemacht. Die Konsequenz, nicht auf die eigene digitale Souveränität verzichten zu wollen, zwingt Menschen an den Rand ihres eigenen Sozialgefüges (vgl. derstandard 2018; Hartmann 2018). Dieser Preis ist zu hoch (vgl. Ripperger 2017).

Datenschutzkonforme Messenger wie Threema oder Wire speichern personenbezogene Daten nicht. Trotzdem ist es hier möglich herauszufinden, welche Kontakte diesen Messenger nutzen. Threema lädt das Adressbuch beispielsweise auf Wunsch nur als temporären Hash hoch und damit verschlüsselt und pseudonymisiert. Die Daten verbleiben nicht bei Threema, sondern werden nach dem Abgleich wieder vom Server gelöscht. Wire lässt sich nutzen, auch ohne das Adressbuch hochzuladen. Dafür reicht die Kenntnis des pseudonymisierbaren Benutzernamens der Gesprächspartner. Zwei (oder mehr) Menschen können so kommunizieren, ohne die Telefonnummer oder Email-Adresse des oder der anderen zu kennen. Eine Anmeldung mit einem der beiden Daten ist bei der Anmeldung bei dem Dienst allerdings von Nöten. Auch hier ist ein Abgleich mit dem eigenen Adressbuch möglich und auch hier werden die Daten verschlüsselt – d. h. für den Anbieter nicht einsehbar – übermittelt (vgl. verbraucherzentrale.de 2019).

Der Facebook-Konzern sammelt Daten von Menschen, die sich niemals bei Services dieses Konzerns registriert haben und erstellt somit sogenannte Schatten-profile dieser Personen. Diese wiederum haben nicht einmal die Chance, ihre Daten bei Facebook zu löschen, da sie für das Löschen erstmal das Wissen um die Existenz haben müssten. Die Problematik offenbart sich häufig dann, wenn Nutzer sich erstmalig bei Facebook registrieren: Überraschenderweise schlägt Facebook einem Freunde vor, die man wirklich kennt. Durch das verfügbare Kontaktnetz, das Facebook durch das Hochladen der Adressbücher (übrigens auch durch Facebook/ den Facebook Messenger selbst) erstellt, eine kinderleichte Aufgabe. Bedenkt man nun noch die Kooperation von Facebook mit den genannten Datenbrokern wie Ac-xiom, wird deutlich, wie durch webseitenübergreifende Handlungen umfassende Datenprofile erstellt werden können. Dazu trägt auch Facebooks Like-Button bei, den Webseiten-Betreiber auf ihren Seiten einbinden können. Darüber verfolgt der Konzern auch von Nicht-Facebook-Nutzern die IP-Adresse, von der aus diese Seite besucht wurde. Ist der Nutzer oder die Nutzerin sogar eingeloggt, speichert Face-book auch das Surf-Verhalten des Nutzers und wertet dies aus. Eine De-facto-Überwachung entsteht.

Facebook ist hier aber mitnichten das einzige Problem. Auch Google verfolgt, was Nutzerinnen und Nutzer – ob eingeloggt oder nicht – im Internet oder auf ihrem Smartphone (insbesondere bei androidbasierten) tun. Amazon speichert eine unge-ahnte Menge an Daten des Surf-Verhaltens und auch Microsoft sendet mit seinen Produkten jede Menge Daten „nach Hause". Die frühere Bundesbeauftragte für den Datenschutz und Informationsfreiheit, Andrea Voßhoff, bemängelte in ihrem Tätig-keitsbericht von 2015/16 beispielsweise, dass Microsoft Office 365 und andere Pro-dukte der Firma im großen Umfang personenbezogene Daten auf Microsoft-Server in die USA senden. Dort haben staatliche Akteure wie die NSA unter bestimmten Bedingungen Zugriff auf diese Daten. Ein Großteil der Daten, die gesendet werden, stellen Telemetriedaten dar, durch die umfassende Nutzungsmuster erstellt werden. Besonders brisant wird dieser Sachverhalt, wenn man bedenkt, dass Verwaltungen in Deutschland und Europa größtenteils Microsoft-Produkte wie Windows und Office einsetzen. Die Umstellung von Behörden-Computern von Windows 7 auf

Windows 10 gerät sogar in Verzug, weil mehrere europäische Datenschutzbehörden erhebliche Probleme bezüglich der Einhaltung des Datenschutzrechts sehen und das Senden von Daten an Microsoft nicht unterbunden werden kann (vgl. Welchering 2019). Ob Privatperson oder Behörde: Das Bewegen im digitalen Raum ohne massives Tracking des eigenen Verhaltens ist nicht mehr möglich. Dieses passiert ohne die Kenntnis des Großteils der einzelnen Nutzerinnen und Nutzer.

Im August 2019 veröffentlichte die Postbank ihre Digitalstudie, bei der herauskam, dass ein Drittel der Befragten nicht mehr weiß, bei welchem Online-Anbieter er oder sie welche Daten freigegeben bzw. preisgegeben hat. Außerdem würden 80 % der Befragten nur Daten für Online-Anwendungen freigeben, die für den Dienst erforderlich sind. Dies setzt natürlich voraus, das Nutzerinnen und Nutzer in der Lage sind, korrekt zu beurteilen, welche Daten ein Dienst zwingend braucht und welche nicht. Ebenso müssten sie darüber informiert sein, welche Daten zu welchem Zweck erhoben werden. Zwar behaupten laut der Studie 21 %, dass sie Datenschutzerklärungen immer genau lesen würden und dann entscheiden würden, ob sie einen Dienst nutzen oder nicht. Bei dem Ausmaß an Cookies, die bei dem Aufrufen einer Webseite aktiviert werden, wirkt dies allerdings eher wie eine Illusion, der sich diese 21 % hingeben. Es ist schier unmöglich, dies genau zu verfolgen, zu verstehen und zu bewerten.

Häufig geben Betreiber nicht genau an, welche Daten sie zu welchem Zweck nutzen wollen. Die Fitness-Plan-App Loox z. B. benachrichtigt den Nutzer nach der Installation darüber, dass Daten zur Verbesserung der App an den Hersteller gesendet werden, man dies aber in den Einstellungen deaktivieren könne. Nach datenschutzkonformen Standards wie der sogenannten „Privacy by Design" wäre es besser, hier aktiv zustimmen zu lassen (Opt-in) als auf das aktive Opt-out zu verweisen. Leider informiert der App-Anbieter in den Einstellungen nicht darüber, welche Daten denn zur Verbesserung der App gesendet werden. Lediglich die Information „Vielen Dank, dass du uns hilfst, unser Produkt zu verbessern und auf deine Bedürfnisse abzustimmen" bekommt der Nutzer und die Nutzerin zu Gesicht. Erst beim Deaktivieren der Funktion wird mitgeteilt, dass „keine Daten (inkl. IP-Adresse)" (LOOX Sports 2018) bei der Nutzung der App erfasst und verarbeitet werden. Die IP-Adresse, auch eine dynamische, ist ein personenbezogenes Datum; dies ist bestätigt durch ein Urteil des BGH (Urt. V. 16.05.2017, Az. VI ZR 135/13). Erst die Datenschutzerklärung der App gibt Auskunft darüber, dass die IP-Adresse anonymisiert wird. Über eine Anonymisierung der Geräte-ID, die ebenfalls übertragen wird, erfährt der Nutzer oder die Nutzerin jedoch nichts – auch wenn im letzten Aufzählungspunkt zugesichert wird, dass die eigene „Identität" nicht preisgegeben werde. Auch erfährt hier der Nutzer oder die Nutzerin, dass jegliche Suchbegriffe und aufgerufene Trainingspläne an den Hersteller übermittelt werden.

Grundlage hierfür sei nicht die Einwilligung des Nutzers oder der Nutzerin, sondern die technische Erforderlichkeit, „um dir die Funktionen unserer App anzubieten und die Stabilität und Sicherheit zu gewährleisten". (LOOX Sports 2018) Transparenz ist hier nur bedingt gegeben, Nutzerinnen und Nutzer haben aber die Möglichkeit, sich diesem Tracking zu entziehen (auch, wenn es nach eigenen Angaben technisch erforderlich ist). Andere Anbieter arbeiten hier mit einer „Friss oder stirb"-Philosophie. Ein Beispiel sind allein die Cookie-Banner, die häufig nur eine Akzeptanz dieser oder ein Verlassen der Seite zulassen (wenn sie nicht bereits gesetzt wurden und das Cookie-Banner nur „Schmuck" ist).

An dieser Stelle zeigt sich, dass das Problem der Macht des Konsumenten oder der Konsumentin sich in zwei schier unüberwindbaren Barrieren kompromittiert: Der Nutzer oder die Nutzerin muss ein ganz starkes Interesse und eine ebenso starke Fachkenntnis vorweisen, den Umgang des Anbieters mit den eigenen personenbezogenen Daten und mit den personenbezogenen Daten des Umfeldes zu begreifen, um eine adäquate Entscheidung zu treffen und das eigene informationelle Selbstbestimmungsrecht geltend zu machen (vgl. Hofmann und Bergemann 2017). Gleichzeitig müssen Unternehmen nicht nur deutlich transparenter sein, als sie es trotz der gegebenen Gesetzgebung zu sein bereit sind, und Nutzungsmöglichkeit von der eigenen Datenausbeutung unabhängig machen (vgl. Apple 2019). Der letzte Punkt kommt für Unternehmen jedoch nicht in Frage, weil hinter der Koppelung der Zustimmung zur Datennutzung und dem jeweiligen Köder des Angebots an die Kunden das eigentliche Geschäftsmodell steht. Wie kann also die Macht der Konsumentinnen und Konsumenten ausgeübt werden, wenn weder die Konsumentinnen und Konsumenten selbst in der Lage sind noch die Unternehmen bereit sind, sich der vermeintlich den Konsumentinnen und Konsumenten zugedachten Macht zu beugen?

Für Nutzerinnen und Nutzer wird die unbewusste Nutzung ihrer Daten besonders dann interessant, wenn sie online einkaufen gehen. Sie übermitteln dabei Daten, wie und welches Betriebssystem sie nutzen, welchen Browser und welche Version dessen, ob sie mobil oder am heimischen PC surfen, von wo aus sie auf eine Webseite zugreifen und den wievielten Besuch in jeweils welcher Verweildauer sie der Webseite abstatten. Dies ist nur eine kleine Auswahl an übermittelten Daten und wirkt zunächst wenig riskant. Gerade hier verbergen sich jedoch Nachteile für Konsumentinnen und Konsumenten. Schon lange besteht die Vermutung, dass Konsumentinnen und Konsumenten, die über ein Apple-Produkt online einkaufen gehen, einen höheren Preis zahlen, als wenn sie ein Gerät benutzen, das auf Android basiert. Die Verbraucherzentrale Brandenburg konnte hier in verschiedenen Kategorien – von Beauty über Spielzeug, bis hin zu Technik – Unterschiede feststellen. Allerdings weist sie darauf hin, dass hier auch die dynamische

Preisgestaltung über Algorithmen eine Bedeutung haben könnte (vgl. Verbraucherzentrale Bundesverband e. V. 2018). Tatsächlich ist es aber möglich, hier unterschiedliche Preise für Konsumenten mit unterschiedlicher Hardware anzuzeigen. Der Grund für diese unterschiedlichen Preise ist, dass angenommen wird, dass Besitzer von Apple-Produkten deutlich kaufkräftiger sind als Besitzer von Produkten anderer Hersteller.

Dynamische Preise, die u. a. auf dem Surf-Verhalten basieren, sind auch in anderen Bereichen bekannt. So verteuert sich eine Fahrt mit Uber, wenn an einem Ort eine besonders hohe Nachfrage herrscht. Uber-Fahrer nutzen dieses Wissen und manipulieren teilweise den Algorithmus zur Preisberechnung, indem sie sich an einem Ort versammeln und der Algorithmus so vermutet, dass hier eine besonders hohe Nachfrage herrscht. Kundinnen und Kunden zahlen dann eine höhere Rate für die jeweilige Fahrt. Auch auf Flugbuchungsportalen finden sich dynamische Preise, die mit dem eigenen Nutzungsverhalten zusammenhängen. Wer einen Flug sucht, ihn aber nicht bucht, etwas später nochmal nach dieser Verbindung sucht, findet in der Regel einen höheren Preis vor. Der Algorithmus geht hier davon aus, dass jemand unbedingt diese Reise antreten muss, und macht sich dieses Wissen zunutze: der Kunde scheint trotz seiner offenkundigen Unentschlossenheit bei der ersten Recherche wohl diesen einen Flug nehmen zu müssen und wird dann auch mehr bezahlen (vgl. Schwenn und Wieduwilt 2018). Das alles birgt ganz neue Probleme im Kartellrecht, denn Preisabsprachen durch Algorithmen sind nur schwer aufzudecken. Algorithmen können natürlich auch positive Wirkungen für Konsumenten haben; z. B. dann, wenn sie einem den günstigsten Preis unter allen Angeboten ermitteln und anzeigen können, wie es z. B. bei Vergleichsportalen der Fall ist. Diese sind jedoch in der jüngsten Vergangenheit aus anderen Gründen in Verruf geraten: Die vermeintliche Neutralität ist durch zunächst nicht kenntlich gemachte, aber werbefinanzierte Vorschläge unterminiert worden und Seiten wie Check24.de das Hotelbuchungsportal hrs.de und andere haben stark an Vertrauen eingebüßt (vgl. Klemm 2017).

Auch wenn jemand meint, er oder sie gebe keine Daten von sich preis, weil vielleicht ein Browser genutzt wird, der anonymes Surfen möglich macht, wird dieser Mensch aufgrund von Daten beurteilt. Wenn es nicht die eigenen Daten sind, dann sind es die von anderen, die ähnlich zu dem Profil des Konsumenten oder der Konsumentin sind. Deutlich wird dies z. B., wenn zwar anonym gesurft wird, aber für einen Kauf die eigenen Rechnungsdaten angegeben werden müssen. Wer hier in einem Gebiet wohnt, in dem die Nachbarschaft nur eine geringe Bonität aufweist, dem wird womöglich die Möglichkeit zur Zahlung auf Rechnung verwehrt, auch wenn er oder sie selbst eine gute Bonität aufweist (vgl. Martini 2019, S. 52 f.). Diese Bewertungen von Menschen sind aufgrund von statistischen Daten und

Wahrscheinlichkeiten schon lange und vor allem in anderen Bereichen bekannt. Oftmals ist gegen diese Verallgemeinerungen wenig einzuwenden, können sie doch Richtwerte für zu treffende Entscheidungen liefern oder z. B. bei repräsentativen Umfragen Meinungen widerspiegeln. Problematisch wird es, wenn einzelne Menschen auf Basis dieser beurteilt werden und weder wissen, dass sie statistisch eingeordnet werden, noch eine Möglichkeit zum Einspruch haben bzw. Daten einreichen können, die belegen, dass sie den gesammelten Indikationsdaten zum Trotz z. B. eine hohe Bonität haben. Ein einfaches Beispiel ist eine legitime Auseinandersetzung von Kreditbedingungen bei Banken – dies spricht in der Regel für einen verantwortungsvollen Umgang mit den eigenen Finanzen. Wenn aber eine bestimmte Zahl an Anfragen über vergleichbare Produkte an die Schufa gestellt wird, so sinkt die Bonitätsrate des Antragsstellers oder der Antragsstellerin (vgl. smava.de 2015).

Besonders diffizil kann so eine Praktik werden, wenn über die Zukunft eines Menschen entschieden wird. So werden in den USA z. B. algorithmische Systeme eingesetzt, die aufgrund von statistischen Daten beurteilen, ob ein verurteilter Sträfling wieder straffällig wird und ggf. die Dauer seiner Inhaftierung länger sein wird – obwohl er oder sie vorher noch nie straffällig war und eigentlich eine gute Sozialprognose hat. Hier wird nicht nur die individuelle Freiheit beschränkt, es werden auch Stereotype verfestigt, z. B., dass Afroamerikaner häufiger straffällig sind (vgl. O'Neil 2016). „Predictive Policing", bzw. „voraussagende Strafverfolgung" ist in vielerlei Hinsicht höchst umstritten; ein besonderer Aspekt in diesem Kontext ist jedoch die Tatsache, dass Daten als Beweismittel für Rückschlüsse gelten und diesen mehr geglaubt wird als persönlichen Stellungnahmen (vgl. zukunftsinstitut.de 2019). Damit kommt einem oder einer Betroffenen gar keine Macht zur Selbstbestimmung mehr zu.

Eine weitere Problematik durch die Generierung von Daten und mangelhaften Datenschutz zeigt sich, wenn staatliche Akteure Zugriff auf Daten von Verbraucherinnen und Verbrauchern bei Unternehmen bekommen oder sich diese verschaffen und/oder Unternehmen teilweise staatlich sind. Exemplarisch lässt sich dies bei den Protesten in Hongkong im Sommer 2019 aufzeigen. Die Demonstranten, die für den Erhalt ihrer demokratischen Rechte protestierten, nutzen beispielsweise nicht mehr ihre „Octopus-Card" (ähnlich wie die „Oyster-Card" in Großbritannien) mit der sie einfach und bequem ihre Fahrten mit der U-Bahn zahlen können. Die Karten können durch die Verknüpfung mit der für die Zahlung hinterlegten Kreditkarte eindeutig zugeordnet werden. Durch die Datenerfassung beim Ein- und Ausstieg aus den U-Bahnen kann vermutet werden, dass sich der Karteninhaber oder die Karteninhaberin an den von der chinesischen Regierung missbilligten Protesten beteiligt hat. Während die Ticket-Automaten sonst von kaum einem

Hongkonger genutzt wurden, bildeten sich während der Proteste lange Schlangen vor diesen, um mit Bargeld Einmal-Tickets zu kaufen, die keiner Person eindeutig zugeordnet werden können (vgl. Hui 2019). Falsche Rückschlüsse bzw. eine falsche Interpretation von Daten kann hier, wenn der Staat mit seinem Gewaltmonopol ins Spiel kommt, fatale Folgen für den Einzelnen haben.

Daten entwickeln vor allem erst dann einen Wert, wenn die Informationen, die sie beinhalten, zusammengeführt werden bzw. in Relation zu Daten von anderen gesetzt werden. Wenn über „Big Data" gesprochen wird, denken die meisten Menschen an die Sammlung und/oder Speicherung großer Mengen an Einzeldaten. Diese Daten an sich liefern jedoch im Regelfall noch keine Informationen. Eine Erkenntnis aus einer unsortierten großen Datenmenge zu ziehen, gestaltet sich in etwa wie die Suche nach der Nadel im Heuhaufen. Die eigentliche Gefahr für den Einzelnen oder die Einzelne besteht darin, dass über ausgereifte Algorithmen Daten in komplexen Zusammenhängen miteinander verknüpft werden und aus den miteinander in Verbindung gebrachten Daten erst Erkenntnisse herauszuziehen sind. Was hier passiert, ist eine technisch äußerst fortgeschrittene Form der statistischen Erhebung. Mit künstlicher Intelligenz und dem sogenannten Maschinenlernen ist die Sophistikation potenziell endlos. Wenn dies aber ausschließlich zum Verstehen menschlicher Entscheidungsfindung und Verhaltensweisen geschehen würde, hätte dies verhältnismäßig geringe Konsequenzen für das Individuum. Das eigentliche Problem besteht darin, dass die stochastische Analyse von Entscheidungen des Menschen sowohl von Unternehmen als auch von staatlichen oder parastaatlichen Akteuren dazu verwendet wird, menschliches Verhalten zu manipulieren. Je höher die Wahrscheinlichkeit für eine bestimmte Entscheidung ist, bei der auch die relevanten Entscheidungsfaktoren bekannt sind, desto leichter ist die Ermittlung, wie die Entscheidung verändert werden kann (vgl. Thaler et al. 2018; Thaler 2018). Dies ist vor allem dann problematisch, wenn das entscheidende Subjekt objektiviert wird und seine Autonomie an einen Menschen oder eine Maschine aufgeben muss, der oder die einen Wissensvorsprung über Trigger und inhärente Persönlichkeitslogiken und äußere Umstände hat. Ist die Autonomie kompromittiert – worin kann dann noch die Macht eines Konsumenten oder einer Konsumentin bzw. eines Wählers oder einer Wählerin bestehen?

Wie kann die Autonomie, die informationelle Selbstbestimmung und damit die Freiheit eines Individuums sichergestellt werden? Die Grundvoraussetzung hierfür ist die Klarheit darüber, wer an einem Individuum welches Interesse hat und welche Möglichkeiten er oder sie bekommt, durch Daten dieses Interesse durchzusetzen. Ein Bewusstsein darüber, welche Daten ein Mensch generiert, wie die Daten verwendet werden und wer von den Daten zu welchem Zweck profitiert, darf als Maturisierung einer digitalen Welt und ihrer Bewohner gelten. Der Mensch muss reif werden zu verstehen, dass er nicht autonom und schon gar nicht mächtig agiert, wenn er nicht weiß, dass, warum und wie er zum Objekt gemacht wird. Er muss danach verlangen, dass ihm verständlich gemacht wird, wie die eigenen personenbezogenen Daten, über deren Nutzungsrechte er oder sie die Hoheit hat, seine Freiheit garantieren oder streitig machen.

Untergrabenes Vertrauen

Daten können und sollten genutzt werden. Schließlich können sie aufgrund ihrer schieren Menge helfen, neues Wissen zu generieren oder bessere Entscheidungen zu treffen. Auch wenn häufig davon gesprochen wird, dass zu hoher Datenschutz Innovation nicht mehr möglich machen würde: Solche Analysen sind möglich, ja müssen sogar möglich sein, während gleichzeitig Datenschutzrecht eingehalten wird und damit die Grund- und Freiheitsrechte geachtet werden. Wirkliche Innovationen sind keine Fortsetzung der (Aus-)Nutzung des Menschen im digitalen Raum. Die Chance, die die Digitalisierung bietet, besteht darin, Innovationen so zu gestalten, dass die Interessen des Individuums mit dem Gemeinwohlinteresse und den ökonomischen Interessen wirtschaftlicher Akteure in Einklang gebracht werden. Auch wenn Konzerne in mancherlei Hinsicht mit Recht kritisiert werden dürfen, so können hier sowohl IBM als auch Apple hervorgehoben werden: IBM hat sich aufgrund der zunehmenden Sensibilisierung der Öffentlichkeit in den Debatten um Datenschutz am Markt als Datenschutzkonzern positioniert, der von sich sagt, dass er mit digitalen Produkten sein Geld verdient, nicht aber mit personenbezogenen Daten der Nutzerinnen und Nutzer der jeweiligen Prozessketten (vgl. Ehrenfried 2013). Apple hat nicht zuletzt in seiner Auseinandersetzung mit dem FBI im Zuge der Tatermittlung des Mörders von San Bernardino den Weg eingeschlagen, sich der Einräumung einer Hintertür in der Verschlüsselung für Investigationsorgane zu verweigern (vgl. United Nations 2016), da der Konzern deutlich gemacht hat, dass man sich mit Hintertüren die gesamte Verschlüsselung sparen kann: Ein Nutzer und eine Nutzerin sei entweder sicher oder nicht; nie ein bisschen sicher – eine Hintertür kann technisch niemals für nur eine Behörde oder eine Organisation oder einen Menschen offengehalten werden, sondern wird mit höchster Wahrscheinlichkeit auch von noch weniger kontrollierbaren Kräften früher oder später ausgenutzt (vgl. Weck 2017). Apple hat Vorwürfe des Antipatriotismus und des Landesverrats über sich ergehen lassen müssen, hat sich aber – möglicherweise aus moralischen, ganz gewiss aber auch und vor allem aus ökonomischen Gründen – für die Integrität der eigenen Infrastruktur entschieden. Den Marktvorteil erlangte der Konzern durch das Markenversprechen, die Daten seiner Nutzerinnen und Nutzer zu wahren.

Jegliche Akteure, die Daten sammeln, sollten diesen Beispielen wenigstens in Teilen folgen und Nutzerinnen und Nutzern transparent und nachvollziehbar offenlegen, welche Daten und zu welchem Zweck sie diese sammeln. Diese Transparenz ändert zwar nichts an der Notwendigkeit eines Datenschutzrechts und auch der weiteren Regulierung des Umgangs mit Daten, z. B. durch ein Datenrecht. Sie kann aber helfen, Vertrauen in Unternehmen bzw. Akteure, die mit Daten arbeiten (und das tun mittlerweile fast alle), zu kreieren. Akteure mit einem redlichen Geschäftsmodell bzw. einem Anliegen für die Nutzung von Daten sollten wenig Probleme haben, Daten von Nutzerinnen und Nutzern zu bekommen. Die Sorge, nicht genügend Daten zu bekommen, liegt vor allem darin begründet, dass Akteure durch unredliches Verhalten und heimliches sowie übermäßiges Sammeln von personenbezogenen Daten jede Menge Vertrauen verspielt haben.

Ein treffendes Negativbeispiel hierfür ist Google. Gerade im Gesundheitsbereich ist das Vorhandensein von vielen Daten essenziell, um Krankheiten besser zu erforschen und effektivere Heilmethoden zu entwickeln. Es gibt aber auch keinen Bereich, der sensitiver ist, was die Generierung und Nutzung bzw. Weiterleitung von Daten betrifft. Mit dem Erwerb des Unternehmens Deep Mind im Jahr 2014, das sich auf künstliche Intelligenz spezialisiert hat, taten sich für Google, bzw. den dahinterstehenden Mutterkonzern Alphabet, weitere Geschäftsbereiche auf. In Großbritannien erwarb der Produktbereich Google Deep Mind vom National Health Service (NHS) von 1,6 Millionen Patienten Gesundheits- und Pflegedaten. Das Unternehmen wollte Daten zur Nierentätigkeit sammeln, um hier bestimmte Nierenerkrankungen mittels künstlicher Intelligenz zu erforschen und Produkte für die Gesundheitsbranche zu entwickeln. „Leider" konnten die nierenbezogenen Datensätze nicht von den übrigen Daten der Patienten, wie z. B. Visiten und pathologischen und radiologischen Untersuchungen, getrennt werden. Also erhielt Googles Deep Mind die kompletten Datensätze. Keiner der betroffenen Patienten stimmte je zu, dass diese Daten für Forschungszwecke genutzt werden dürfen, geschweige denn weitergegeben werden dürfen. Selbst eine nachträgliche Information der Patienten, dass ihre Daten an das Unternehmen weitergegeben wurden, unterblieb (vgl. Hodson 2016). Dass dieses Verhalten Misstrauen in Google, den NHS, künstliche Intelligenz und die Nutzung von Daten generell schürt, ist selbstverständlich. Keiner der Patientinnen und Patienten weiß, ob sein oder ihr Datensatz unter den weitergegebenen Daten ist, keiner weiß, was mit diesen passiert. Ob sie (ausreichend) anonymisiert wurden, ob sie wiederum weitergegeben werden, ob Rückschlüsse auf sie gezogen werden können, ob negative Konsequenzen in Zukunft drohen können, z. B. durch eine Weitergabe an Krankenkassen, und ob die Daten überhaupt jemals gelöscht werden.

Am hiesigen Datenschutzrecht wird oft kritisiert, dass es keine Innovation möglich mache, da in Europa nicht genügend Daten genutzt werden können. Bei aller Kritik an der informierten Einwilligung, die die Datenschutzgrundverordnung vorsieht, und wie sehr die einzelne Person abschätzen und verstehen kann, was mit ihren Daten passiert – die Geheimniskrämerei durch Unternehmen und staatliches Gesundheitssystem einerseits und das Gefühl von Betrug und Hintergehung durch die Menschen andererseits tragen nicht dazu bei, dass Menschen bereit sind, Daten anonymisiert zu Forschungszwecken bereitzustellen und überhaupt der Datengenerierung und Nutzung anzuvertrauen; auch wenn dies möglicherweise zu ihrem Vorteil oder zum Vorteil der Menschheit an sich geschieht. Google und der NHS hätten die Möglichkeit gehabt, ein ansprechendes und offenes Verfahren zu entwickeln, bei dem die Patienten über die Vorhaben hätten informiert werden können. In Rücksprache mit der Ärztin und ggf. Forschern hätte so eine Einwilligung in die Weitergabe und Nutzung der Daten geschehen können. Google Deep Mind hätte transparent und nachvollziehbar über das Vorhaben, die angewandte Anonymisierungstechnik und die Löschung der Daten informieren können. Es gibt bereits Open-Source-basierte Organisationen, die die selbstbestimmte Weitergabe bestimmter und dann noch anonymisierte Daten für z. B. ein medizinisches Forschungsvorhaben zur Verfügung stellen und dabei sogar die Entlohnung der Datengebenden ermöglichen (vgl. Blasimme et al. 2018). Solche Datengenossenschaften, wie MIDATA aus der Schweiz, wollen die Souveränität der Bürgerinnen und Bürger über die Verwendung ihrer Daten garantieren (vgl. midata 2019). Man entschloss sich in diesem Fall aber, die Weitergabe der Patientendaten aus unredlichen Gründen geheimzuhalten. Erst investigative Journalisten brachten die Wahrheit mühsam Stück für Stück ans Licht (vgl. Spiekermann 2019, S. 189 f.). Ein Vertrauensbruch, der nachhaltig wirkt und leicht hätte vermieden werden können. Dabei sind der britische NHS und Googles Deep Mind aber nicht alleine. Auch deutsche (vgl. Seiser 2013) und österreichische Apotheken und Ärzte verkauften teils schlecht anonymisierte Patientendatensätze ohne deren Wissen und installierten teilweise Software von Marktforschungsunternehmen, die Daten absaugen, ohne dass die Ärzte überhaupt wussten, was sie diesem Unternehmen überhaupt an Daten zur Verfügung stellen (vgl. Kurier.at 2013). Ähnlich gehen auch Webseiten vor, die Informationen über psychische Krankheiten offerieren. Zwischen sieben und 44 Cookies wurden auf Webseiten in europäischen Ländern platziert. Darunter welche von Facebook, Amazon und Google, sowie ein Cookie eines Unternehmens namens „Hotjar", das jegliches Surfverhalten, inklusive eingetippter Suchanfragen, aufzeichnet und speichert (vgl. Lee 2019). Was Facebook, Amazon, Google und Co. mit dem Wissen machen, dass ein Nutzer Informationen über psychische Erkrankungen sucht, können wir nur erahnen.

Der Werteverlust im Zuge der Digitalisierung schreitet vor allem durch fehlendes Vertrauen voran. Mangelnde Transparenz und Nachvollziehbarkeit über die Datennutzung ist ein häufig anzutreffendes Problem im digitalen Raum. Der Datenschutz, der die Grundrechte von Menschen in diesem Raum schützt, wird nur allzu gerne als Ursache für mangelnde Innovation und Fortschritt in Europa herangezogen. Dabei wird viel zu wenig darüber gesprochen, dass die Datensammlungen von US-amerikanischen Konzernen, aber auch von chinesischen Unternehmen vornehmlich auf einem Vertrauensmissbrauch beruhen – teilweise sogar auf dem Bruch von geltendem Recht. Wert*volle* Daten – im wahrsten Sinne des Wortes – können Unternehmen aber vor allem dann bekommen, wenn die Datengeber sich zum einem im Klaren über die Datenweitergabe sind und zum anderen dadurch auch die Möglichkeit haben, zu beurteilen, ob die angefragten Daten richtig und vollständig sind.

Selbiges kann allerdings für alle Industrienationen und solche, die es werden wollen, gesagt werden: Auch staatliche Organe haben nicht viel dafür getan, dass Bürgerinnen und Bürger Vertrauen aufbauen können; sei es durch die Enthüllungen über die Praxis der NSA in den USA durch Edward Snowden (vgl. Greenwald et al. 2013), die Enthüllungen über die Manipulationen der Trump-Wahl und der Brexit-Abstimmung durch Cambridge Analytica (vgl. Granville 2018), durch die Enthüllungen russischer und chinesischer „Troll-Fabriken" (vgl. Chen 2015), durch Invasionstechniken für WhatsApp und Signal durch israelische Spionagesoftwarehersteller (vgl. Muth 2019), durch die erzwungene Herausgabe von Social-Media-Passwörtern an Grenzkontrollen in Australien und Neuseeland (vgl. McMah 2018), durch flächendeckende Überwachungen und Scorings der Bürgerinnen und Bürger in China durch ihre eigene Regierung (vgl. Sinopi 2018) und zahlreiche Beispielen mehr. Der staatliche Missbrauch ist insofern besonders perfide, als er stets unter dem Deckmantel der Erhöhung individueller Sicherheit erfolgt. Bürgerinnen und Bürgern wird suggeriert, dass Schlimmeres passiert, wenn sie der eigenen Überwachung nicht zustimmen – auch oft gegen die eigene Rechtslage. Gesetze, wie die Polizeigesetze einzelner Bundesländer, werden verschärft, um Investigationsorganen weitreichende Befugnisse einzuräumen (vgl. z. B. Mattes 2019), wie z. B. die Aufweichung des Prinzips des Richtervorbehaltes bei Durchsuchungen, der sogenannte „Staatstrojaner", der engere Austausch zwischen den Sicherheitsbehörden etc. Alles mit der begleitenden Kommunikation, wenn die Welt digital aufrüste, müsse der Staat dies auch tun (vgl. z. B. Tanriverdi 2019). Von wem ein Individuum allerdings überwacht wird, ist fast egal: Die Effekte der Selbstkasteiung im Ausdruck der Meinungsfreiheit – sowohl online als auch offline, sogenannte „Chilling-Effekte" – sind erste Indikatoren für einen drohenden Verlust individueller Freiheiten und unbehelligter Entscheidungs- und Handlungsfreiheit (vgl. Spottiswoode 2013).

Die viel besprochene Ethik in der Digitalisierung oder in der künstlichen Intelligenz hängt nicht nur von der Nutzung dieser als fertiges Produkt ab, sondern auch und vor allem davon, auf Basis welcher Werte diese generiert bzw. trainiert wurde. Vertrauen durch Transparenz und Nachvollziehbarkeit sollte – ungeachtet von der Notwendigkeit des Datenschutzrechts – essenziell bei allen staatlichen und ökonomischen Handlungsmodellen, die auf Daten basieren, sein. Dazu gehören ebenfalls deutsche Unternehmen und Verlagshäuser, die auf ihren Webseiten umfangreiches Tracking ihrer Nutzerinnen und Nutzer betreiben und im Gegensatz zu beispielsweise US-amerikanischen Nachrichtenseiten keine transparente und individuell einstellbare Nutzung bzw. Zulassung von Cookies implementiert haben. Gerade hier wird bigott auf die Datensammelwut der US-Konzerne hingewiesen, diese aber mit selbst implementierten Cookies, wie z. B. dem Facebook-Pixel, unterstützt und mit eigenen Cookies ebenso umfassend das Nutzungsverhalten aufgezeichnet und analysiert; auch hier mit der bereits erwähnten „Friss oder stirb"-Herangehensweise.

Ein weiterer Eingriff in die intimsten Bereiche des Lebens passierte den Nutzerinnen und Nutzern von Amazons Alexa, Microsofts Skype, Apples Siri und Googles Cortana: All diese Unternehmen ließen die Aufnahmen ihrer Sprachassistenten bzw. Telefonate von Menschen auswerten, vermeintlich um deren Qualität zu verbessern. Dies geschah jedoch, ohne dass die Nutzer wussten, dass dies passiert (vgl. Hurtz 2019). Die Unternehmen hielten dies laut eigener Kommunikation für notwendig, um die Funktionsfähigkeit ihrer Sprachassistenten zu verbessern bzw. im Falle von Skype die Live-Übersetzungsfunktion bei Gesprächen. In keinen Datenschutzerklärungen erfuhren die Nutzerinnen und Nutzer, dass es möglich sein könnte, dass Mitarbeiter der Unternehmen Sprachaufzeichnungen hören können. Auch wenn Unternehmen beteuern, dass dies anonymisiert passiere und Vertragspartner zur Geheimhaltung verpflichtet wurden: dass Unterlagen an Journalisten geleakt werden konnten, zeigt, dass die Daten nicht so gut geschützt werden konnten, wie angegeben. Dass fremde Menschen Gespräche aus den eigenen vier Wänden mithören können, hat vermutlich keiner der Nutzer beim Kauf gedacht. Dazu gehörten laut der Quellen wohl auch Telefon-Sex, Suchen nach Pornografie, Berufsgeheimnisse und persönliche Adressen.

Um künstliche Intelligenz zu trainieren, muss überprüft werden, ob Sprachbefehle richtig erkannt werden oder Übersetzungen korrekt sind. Das Problem liegt hier in der fehlenden Transparenz und den expliziten Hinweisen darauf, dass Gespräche von Dritten zu Qualitätszwecken gehört werden können. Während Google und Apple die Praxis mittlerweile unterbunden haben und Apple zukünftig die Erlaubnis für die Auswertung der Sprachaufnahmen von seinen Kunden einholen möchte, bietet Amazon für seine Alexa die Funktion der Deaktivierung bereits an (vgl. Mumme 2019). Microsoft hat seine Datenschutzerklärung angepasst (vgl. Hurtz 2019). Auch hier zeigt sich: Mit transparentem Verhalten und klar nachvollziehbaren Erläuterungen wäre es weder zu einem Skandal noch zu einem (weiteren) Vertrauensverlust gegenüber den Konzernen sowie auch gegenüber der Technik gekommen. Die Unternehmen hätten sich einfach nur an den ISO 26 000-Standard mit dem Titel „Leitfaden zur gesellschaftlichen Verantwortung" halten müssen. Er leitet Unternehmen mit der simplen Frage: „Würden Sie sich wohl dabei fühlen, wenn Ihr Verhalten öffentlich bekannt werden würde?" (vgl. Spiekermann 2019, S. 189 f.).

Wie es anders geht, zeigt die App Clue, mit der man den weiblichen Monatszyklus aufzeichnen kann. Vielen Frauen ist gar nicht bewusst, dass die Daten über ihre Menstruation Gesundheitsdaten sind und diese eines besonderen Schutzes bedürfen sollten. Viele Apps aus diesem Bereich sind mit Marketingunternehmen verbunden. Zu wissen, wann eine Frau schwanger ist, ist ein lukratives Geschäft. Clue hingegen verzichtet auf Werbeeinblendungen und damit verbundene Cookies (vgl. Burke 2018), sondern finanziert sich stattdessen über ein Abo-Modell für weitere Funktionen (vgl. Hüsing 2016; Clue 2019). Auch Clue gibt Gesundheitsdaten weiter, dies aber nur, wenn die Nutzerin einen Account anlegt und sich entscheidet, die Daten nicht nur auf ihrem Smartphone lokal zu speichern. Das Unternehmen offenbart klar und transparent, dass personenbezogene Daten unabhängig von den Gesundheitsdaten gespeichert und verschlüsselt werden. Die anonymen Gesundheitsdaten werden an Forschungsinstitutionen weitergegeben. Wer dort zu welchem Thema forscht und wo Ergebnisse veröffentlicht werden, gibt Clue auf seiner Website vollumfänglich preis; ebenso, warum es wichtig ist, dass Frauen ihre Daten spenden (vgl. Druet 2018). Die Entscheidung, ob Frauen Daten anonymisiert spenden möchten, kann hier informiert und nachvollziehbar getroffen werden.

Auch wenn es kompliziert ist, zu verstehen, wo persönliche Daten überall landen können und über wie viele Wege und Kontinente sie geschickt werden: Die klare, transparente und einfach formulierte Information über die Verwendung der Daten, die bei der Nutzung eines Geräts oder einer Software entstehen sollen, ist der erste Schritt zu mehr Souveränität für Nutzerinnen und Nutzer, aber auch für die anbietenden Unternehmen. Mit der simplen Frage: „I have this opportunity to do something with your data for this purpose. Are you okay with that?" (vgl. Fussell 2019) haben Unternehmen die echte Chance, Vertrauen aufzubauen und wirklich wert*volle* Daten zu erhalten und somit bessere Produkte zu liefern.

Power to the People! Kann die Souveränität über die eigenen Daten zurückerlangt werden?

Der Datenschutz schützt die Grundrechte eines jeden Einzelnen in einer immer stärker digitalisierten Welt. Die Vernetzung aller Lebensbereiche stellt uns zunehmend vor die Frage, wie wir – und dazu gehören auch und insbesondere Unternehmen – Werte schaffen können, die nicht nur monetär sind. Denn auch Unternehmen haben einen erheblichen Vorteil davon, wenn sie Produkte und Dienstleistungen schaffen, die Werte wie menschliche Freiheit und Privatheit unterstützen (vgl. Spiekermann 2019, S. 189). Gerade hier in Europa sprechen wir zunehmend über den sogenannten „Dritten Weg", den wir bei der Digitalisierung und Entwicklung von künstlicher Intelligenz in Abgrenzung zu den USA und China gehen sollten. Zur Entwicklung digitaler Produkte, die unsere Werte schützen und ethisch „korrekt" sind, gehört zuallererst der Schutz der persönlichen Daten.

Datenschutz ist kein leidiges, kostspieliges und innovationshemmendes Konstrukt. Seine „Maßnahmen zielen nicht auf die Einschränkung von Diensten, sondern auf ihre Fehlbeschreibung und auf die systematische Entmündigung des Anwenders durch das Verbergen unerwünschter Eigenschaften und durch gezielte Falsch- oder Nicht-Information [ab]", (Cap 2017, S. 262) wie der Informatiker Clemens Clap richtigerweise erläutert. Unternehmen sind in der Verantwortung, Produkte zu erstellen, die zur Sicherung eines demokratischen Gemeinwesens beitragen – eben durch die Erfüllung des Rechts auf informationelle Selbstbestimmung. Dazu sind ein grundsätzliches Umdenken und die Anstrengung erforderlich, bei Konsumentinnen und Konsumenten verlorengegangenes Vertrauen wieder aufzubauen. Unternehmen können eine Vielzahl an Daten bekommen, ohne dass sie dafür Menschen hintergehen müssen. Wer ein redliches Geschäftsmodell betreibt, wer transparent und nachvollziehbar agiert und bei Sicherheitsvorfällen schnell und umfassend reagiert, hat gute Chancen, dass Konsumentinnen und Konsumenten den Vorteil der Bereitstellung ihrer Daten sehen und dieser wirklich informiert und selbstbestimmt zustimmen. Wir müssen also nicht den Datenschutz, sondern vielmehr die Geschäftsmodelle datenbasierter Angebote hinterfragen, um der normativen Kraft des Faktischen etwas entgegenzusetzen, die z. B. soziale Netzwerke entfalten, da sie eine große Verführbarkeit zur Inanspruchnahme des Dienstes entwickeln und eine faktische Abhängigkeit der Nutzerinnen und Nutzer herbeiführen (vgl. Heckmann 2019) – u. a. durch Netzwerkeffekte.

Dazu sind aber auch Konsumentinnen und Konsumenten notwendig, denen bewusst ist, welchen Wert ihre Daten haben und welche Nachteile ihnen durch den sorglosen Umgang entstehen können. Aufklärung kann hier nur ein Baustein sein. Viel wichtiger ist neben der Hinterfragung von Geschäftsmodellen an sich auch das Konzept von Datenschutz durch Technikgestaltung, also „Privacy by Design", wie es bereits durch die europäische Datenschutzgrundverordnung vorgeschrieben ist. Des Weiteren sollten dringend dort ebenfalls angeführte Ansätze von Darstellungen über die Nutzung von Daten durch Piktogramme (vgl. Richter 2017) umgesetzt und zum Standard werden. Neben einer ausführlichen, leicht verständlichen Datenschutzerklärung sollten Konsumentinnen und Konsumenten bei der Anmeldung zu einem Service auf einen Blick erkennen können, welche Datengruppen abgefragt werden – ganz ähnlich, wie wir es bereits von Waschzetteln in Kleidung kennen. Unterstützen könnten hier zudem Ampelfarben. Hier kennen wir eine Analogie aus der Lebensmittelbranche.

Natürlich muss auch in klassische Bildung investiert werden. Schulen und Universitäten müssen Digitalkompetenz vermitteln, zu der eben nicht nur Programmieren gehört, sondern neben dem Verständnis über die Funktionsweise von Algorithmen auch die Bedeutung von Daten und Datenschutz sowie dessen Einflüsse auf die eigene Privatheit und die demokratische Gesellschaftsordnung. Doch es reicht nicht, dies nur in den Schulen zu vermitteln. Die Digitalisierung betrifft jetzt schon alle Altersgruppen und die Gesellschaft muss dringend generationenübergreifend aufgeklärt werden. Eine Bundeszentrale für digitale Bildung, die sich um Information und Weiterbildung für alle kümmert, wäre dazu überlegenswert. Finnland hat beispielsweise eigene Weiterbildungsprogramme für das Thema künstliche Intelligenz (vgl. Delcker 2019; elementsofai 2019).

Spricht man nicht nur über die Souveränität über die eigenen Daten, sondern auch über deren Wert, kommt man rasch zu zwei Konzepten, die Konsumentinnen und Konsumenten ermächtigen sollen. Zum einen das Konzept des Dateneigentums, zum anderen soll der Konsument zu einem „Prosumenten" werden. So die Idee des Internet-Kritikers Jaron Lanier (vgl. Laaff 2019). Auf beides soll nur kurz eingegangen werden.

Das Konzept des Eigentums funktioniert bei materiellen Gütern, weniger bei immateriellen. Gerade im Internet, wo permanent Daten ausgetauscht werden, ist es unmöglich, Eigentumsrechte zu übertragen. Denn überträgt man Eigentum, ist es weg – wie ein Fahrrad, das verkauft wird. Das Besondere bei Daten ist aber, dass man ein Datum einem Anbieter „geben" kann und es dann zweimal vorhanden ist und eben nicht den Ort wechselte. Bei jedem Aufruf einer Webseite werden Daten sowohl gesendet (z. B. die eigene IP-Adresse) als auch empfangen (z. B. eine Cookie-Datei), es wird ein „digitaler Schatten" hinterlassen. Eine Übertragung dieser Daten wie beim Eigentum konterkariert die Funktionsweise des digitalen Raums vollumfänglich (vgl. Tisne 2018). Außerdem ließe sich ein Dateneigentum nicht mit dem allgemeinen Persönlichkeitsrecht und dem Recht auf informationelle Selbstbestimmung vereinbaren (vgl. Jöns 2016). Es muss hier also darum gehen, wer die Daten nutzt, wem also Nutzungsrechte zugeteilt werden, und nicht darum, wer sie besitzt, um Souveränität zu erlangen.

Ebenso widersprüchlich ist die Idee von Jaron Lanier, der vorschlägt, dass jeder für die Bereitstellung seiner oder ihrer Daten entlohnt wird. Beispielsweise für ein Like auf Facebook, da Facebook durch die Interaktion auf der Plattform ja überhaupt erst einen Nutzen bzw. Mehrwert hat und die Konsumentinnen und Konsumenten als Datengebende so am Profit beteiligt werden sollten. Allerdings zeigt sich, dass Nutzerinnen und Nutzer gerade mal acht Euro pro Jahr dort für ihre Aktivitäten erhalten würden, 150 Euro wären es bei Google (vgl. Schneider 2019). Beträge, die nicht vor einer Selbstausbeutung schützen, sondern vielmehr dazu verleiten, noch mehr personenbezogene Daten zu produzieren. Gerade Menschen mit geringem Einkommen können hier dazu verleitet werden, sich im Netz stärker zu exponieren. Privatheit darf jedoch niemals eine Frage des Einkommens werden. Und auch hier widerspricht das Konzept der Funktionsweise des Internets. Denn dort werden, wie eben beschrieben, bereits beim Aufrufen einer Webseite jede Menge Kommunikationsdaten generiert. Wie und von wem sollen diese entlohnt werden? Wenn ein Nutzer oder eine Nutzerin ein Foto mit mehreren Freunden postet, wer bekommt die Entlohnung durch die Likes und Kommentare? Alle gleich viel, oder ist die Grimasse, die einer der Abgebildeten zieht, nicht vielleicht der ausschlaggebende Grund für die Likes und daher sollte diese Person auch den größeren Anteil bekommen? Eine faire Entlohnung kann hier aus diversen Gründen nicht möglich sein. Eine Souveränität entsteht nicht, vielmehr der Antrieb zur deutlich stärkeren Selbstausbeutung.

Autonomes Fahren, das Internet der Dinge – dass ein Mensch gerade Konsument oder Konsumentin ist, wird immer weniger bewusst, ja vermutlich eher zu einem Dauerzustand. Menschen die Macht über ihre personenbezogenen Daten zu geben, darf nicht nur ein netter Bonus sein. Auch sollte es nicht unser Anliegen sein, auf die Vorteile, die die Digitalisierung und die Nutzung von Daten für die Menschheit mit sich bringt zu verzichten und stattdessen auf Fortschrittskritiker und Digitalisierungsverweigerer zu hören. Das bedeutet aber, dass sowohl Unternehmen als auch Konsumentinnen und Konsumenten sich bewusst werden müssen, dass Daten mehr als einen ökonomischen Wert haben. Ihr Schutz und der sorgfältige Umgang mit ihnen ist vielmehr notwendig, um ein demokratisches Gemeinwesen zu erhalten, das ebenso zwingend notwendig für eine florierende und nachhaltige Wirtschaft ist. China sollte uns hier mahnendes Beispiel sein, denn dort soll nicht nur mittels eines Scoring-Systems das regimetreue Verhalten von Bürgerinnen und Bürgern überwacht werden, sondern auch das von Unternehmen (vgl. Stocker 2019). Beim

Datenschutz geht es daher nicht nur um die Privatheit von Konsumentinnen und Konsumenten, sondern auch um die Freiheit aller Akteure einer Demokratie.

Literatur

Apple. (2019). So schützen wir deine Privatsphäre. *Apple Deutschland*. https://www.apple.com/de/privacy/approach-to-privacy. Zugegriffen am 23.09.2019.

Bitkom. (2019). Datenschutz im Internet – Verantwortung in Deutschland 2019. *Statista*. https://de.statista.com/statistik/daten/studie/243353/umfrage/verantwortung-fuer-den-datenschutz-im-internet/. Zugegriffen am 18.08.2019.

Blasimme, A., Vayena, E., & Hafen, E. (2018). Democratizing health research through data cooperatives. *Philosophy & Technology, 31*(3), 473–479.

Burke, S. (2018). Your Menstrual App Is Probably Selling Data About Your Body. *Vice*. https://www.vice.com/en_us/article/8xe4yz/menstrual-app-period-tracker-data-cyber-security. Zugegriffen am 07.09.2019.

Cap, C. (2017). Verpflichtung der Hersteller zur Mitwirkung bei informationeller Selbstbestimmung. In M. Friedewald, J. Lamla, & A. Roßnagel (Hrsg.), *Informationelle Selbstbestimmung im digitalen Wandel* (S. 249–264). Wiesbaden: Springer Vieweg.

Chen, A. (2015). The Agency. *The New York Times*. https://www.nytimes.com/2015/06/07/magazine/the-agency.html. Zugegriffen am 23.09.2019.

Christl, W. (2019a). „Anderes Bsp: auch an Neustar (=https://t.co/2EJMJNuYeH) überträgt die Kleine Zeitung Daten. Bei Neustar haben wir alle eine versteckte ID-Nummer. Daten werden aus vielen Quellen verknüpft und nicht nur für Marketing, sondern auch für Betrugserkennung+Risikomanagement eingesetzt. https://t.co/OcZMnFmAxK"/Twitter. *Twitter*. https://twitter.com/WolfieChristl/status/1133442927961808896. Zugegriffen am 21.08.2019.

Christl, W. (2019b). „Die @kleinezeitung will Zustimmung zur Speicherung von 660 (!) Cookies und damit zur Übertragung personenbezogener Daten an hunderte Drittfirmen. Das geht weder aus dem Text hervor, noch gibts einen Nein-Knopf. Schon vor dem Klick auf ‚OK' werden an viele Firmen Daten übertragen. https://t.co/iUA4nPWdx1"/Twitter. *Twitter*. https://twitter.com/WolfieChristl/status/1133385239269707778. Zugegriffen am 19.08.2019.

Christl, W. (2019c). „Ich hab unlängst eine DSGVO-Selbstauskunft bei Quantcast gemacht, nach ca. 3 Monaten Surfen ohne Adblocker, Ergebnis: Sie haben 13208 einzelne Website-Besuche gespeichert. Für jeden Klick 39 Spalten mit akribischen Detailinfos in der Excel-Datei (inkl GET-Params, Referer, UIDs …) https://t.co/AV7x8cKraq"/Twitter. *Twitter*. https://twitter.com/WolfieChristl/status/1133420383724613633. Zugegriffen am 21.08.2019.

Clue. (2019). Support Clue by subscribing to Clue Plus. *Helloclue*. https://helloclue.com/articles/about-clue/introducing-clue-plus. Zugegriffen am 07.09.2019.

Delcker, J. (2019). Finland's grand AI experiment. *Politico*. https://www.politico.eu/article/finland-one-percent-ai-artificial-intelligence-courses-learning-training/. Zugegriffen am 09.09.2019.

Power to the People – Souveränität durch oder trotz Daten? 213

derstandard. (2018). *Entzugserscheinungen schon bei kurzem Verzicht auf Whatsapp & Co. Der Standard.* https://www.derstandard.de/story/2000091409500/entzugserscheinungenschon-bei-kurzem-verzicht-auf-social-media. Zugegriffen am 23.09.2019.

DIVSI. (2015). Datenschutzbestimmungen und AGB im Internet – Umgang in Deutschland 2015. *Statista.* https://de.statista.com/statistik/daten/studie/477294/umfrage/umfrage-zum-umgang-mit-datenschutzbestimmungen-und-agb-im-internet/. Zugegriffen am 18.08.2019.

Dörner, S. (2019). „Von Facebook": Whatsapp und Instagram werden umbenannt. *t3n Magazin.* https://t3n.de/news/facebook-whatsapp-instagram-1184914/. Zugegriffen am 02.09.2019.

Dräger, J., & Müller-Eiselt, R. (2019). *Wir und die intelligenten Maschinen: Wie Algorithmen unser Leben bestimmen und wir sie für uns nutzen können.* München: DVA.

Druet, A. (2018). How tracking your period advances women's health. *Helloclue.* https://helloclue.com/articles/about-clue/scientific-research-at-clue. Zugegriffen am 07.09.2019.

Ehrenfried, F. (2013). IBM: „Big Data macht die Welt nachhaltiger" – aber auch sicherer? *Wiwo.* https://www.wiwo.de/technologie/green/ibm-big-data-macht-die-welt-nachhaltiger-aber-auch-sicherer/13546398.html. Zugegriffen am 23.09.2019.

elementsofai. (2019). Elements of AI – A free online course. *Elements of AI.* https://course.elementsofai.com/. Zugegriffen am 09.09.2019.

Fowler, G. A. (2019). It's the middle of the night. Do you know who your iPhone is talking to? *Washington Post.* https://www.washingtonpost.com/technology/2019/05/28/its-middle-night-do-you-know-who-your-iphone-is-talking/. Zugegriffen am 21.08.2019.

Fussell, S. (2019). The AI Supply Chain Runs on Ignorance. *The Atlantic.* https://www.theatlantic.com/technology/archive/2019/05/ever-strava-ai-human-ignorance/589306/. Zugegriffen am 07.09.2019.

Goodman, M. (2016). *Future crimes: inside the digital underground and the battle for our connected world.* New York: Anchor Books.

Granville, K. (2018). Facebook and Cambridge Analytica: What you need to know as fallout widens. *The New York Times.* https://www.nytimes.com/2018/03/19/technology/facebook-cambridge-analytica-explained.html. Zugegriffen am 23.09.2019.

Greenwald, G., MacAskill, E., & Poitras, L. (2013). Edward Snowden: the whistleblower behind the NSA surveillance revelations. *The Guardian.* https://www.theguardian.com/world/2013/jun/09/edward-snowden-nsa-whistleblower-surveillance. Zugegriffen am 23.09.2019.

Hafen, E., & Brauchbar, M. (2014). Befreiung aus der digitalen Leibeigenschaft. *Neue Zürcher Zeitung.* https://www.nzz.ch/meinung/debatte/befreiung-aus-der-digitalen-leibeigenschaft-1.18256191. Zugegriffen am 08.09.2019.

Hartmann, T. (2018). Verzicht auf Whatsapp & Co.: Symptome wie nach Drogenentzug. *Macwelt.* https://www.macwelt.de/a/verzicht-auf-whatsapp-und-co-symptome-wie-nach-drogenentzug,3439949. Zugegriffen am 23.09.2019.

Heckmann, D. (2019). Datenverwertung und Datenethik. *Aus Politik und Zeitgeschichte. Datenökonomie, 24–26,* 22–27.

Hodson, H. (2016). Revealed: Google AI has access to huge haul of NHS patient data. *New Scientist.* https://www.newscientist.com/article/2086454-revealed-google-ai-has-access-to-huge-haul-of-nhs-patient-data/. Zugegriffen am 07.09.2019.

Hofmann, J., & Bergemann, B. (2017). Die informierte Einwilligung: Ein Datenschutz-phantom. *Netzpolitik*. https://netzpolitik.org/2017/die-informierte-einwilligung-ein-daten-schutzphantom/. Zugegriffen am 23.09.2019.

Hui, M. (2019). Why Hong Kong's protesters were afraid to use their metro cards. *Quartz*. https://qz.com/1642441/extradition-law-why-hong-kong-protesters-didnt-use-own-me-tro-cards/. Zugegriffen am 06.09.2019.

Hurtz, S. (2019). Skype: Microsoft-Mitarbeiter hören Gespräche ab. *Süddeutsche.de*. https://www.sueddeutsche.de/digital/skype-microsoft-translator-datenschutz-1.4556798. Zuge-griffen am 07.09.2019.

Hüsing, A. (2016). Clue sammelt Geld ein: 20 Millionen für die Fruchtbarkeit. *deutsche-startups.de*. https://www.deutsche-startups.de/2016/11/30/clue-sammelt-geld-ein/. Zuge-griffen am 07.09.2019.

Initiative D21. (2019). *D21 Digital Index 2018/2019*. https://initiatived21.de/publikationen/d21-digital-index-2018-2019. Zugegriffen am 07.09.2019.

Jöns, J. (2016). Daten als Handelsware. *Deutsches Institut für Vertrauen und Sicherheit im Internet (DIVSI)*. https://www.divsi.de/wp-content/uploads/2016/03/Daten-als-Handels-ware.pdf. Zugegriffen am 07.09.2019.

King, H. (2016). This startup uses battery life to determine credit scores. *CNNMoney*. https://money.cnn.com/2016/08/24/technology/lenddo-smartphone-battery-loan/index.html. Zugegriffen am 21.08.2019.

Klemm, T. (2017). Check24 und Verivox in der Kritik. *FAZ*. https://www.faz.net/aktuell/fi-nanzen/meine-finanzen/versichern-und-schuetzen/check24-und-verivox-in-der-kri-tik-15097515.html. Zugegriffen am 23.09.2019.

Kurier.at. (2013). Millionen Ärzte und Patienten ausgespäht. *Kurier*. https://kurier.at/politik/ausland/millionen-deutsche-aerzte-und-patienten-werden-ausgespaeht/23.259.473. Zu-gegriffen am 07.09.2019.

Laaff, M. (2019). Internetkritiker Jaron Lanier – Schluss mit der Umsonst-Kultur im Netz! *Deutschlandfunk Kultur*. https://www.deutschlandfunkkultur.de/internetkritiker-jaron-lanier-schluss-mit-der-umsonst.1264.de.html?dram:article_id=437491. Zugegriffen am 07.09.2019.

Lamla, J. (2019). Selbstbestimmung und Verbraucherschutz in der Datenökonomie. *Aus Po-litik und Zeitgeschichte. Datenökonomie, 24–26*, 49–54.

Lee, D. (2019). Mental-health information ,sold to advertisers'. *BBC*. https://www.bbc.com/news/technology-49578500. Zugegriffen am 07.09.2019.

Loox Sports. (2018). Datenschutzerklärung Loox App. *Loox*. https://app.loox.com/api/web/datenschutzerklaerung/. Zugegriffen am 09.09.2019.

Martini, M. (2019). *Blackbox Algorithmus-Grundfragen einer Regulierung Künstlicher In-telligenz*. Berlin: Springer.

Mattes, A. L. (2019). Polizeigesetze – GFF – Gesellschaft für Freiheitsrechte e. V. *Freiheits-rechte*. https://freiheitsrechte.org/polizeigesetze/. Zugegriffen am 23.09.2019.

McMah, L. (2018). NZ airport travellers who don't disclose phone passwords face $5k fine. *News com*. https://www.news.com.au/travel/world-travel/pacific/nz-to-fine-travellers-who-refuse-to-hand-over-phone-passwords-at-border/news-story/cf28326c5976104e5d56066783032e44. Zugegriffen am 23.09.2019.

midata. (2019). MIDATA Genossenschaft. *MIDATA*. https://www.midata.coop/. Zugegriffen am 08.09.2019.

Mumme, T. (2019). US-Konzerne stoppen umstrittene Auswertungspraxis. *Tagesspiegel*. https://www.tagesspiegel.de/wirtschaft/google-siri-und-alexa-us-konzerne-stoppen-umstrittene-auswertungspraxis/24865848.html. Zugegriffen am 07.09.2019.

Muth, M. (2019). Software aus Israel: Die Firma hinter dem Whatsapp-Hack. *Süddeutsche.de*. https://www.sueddeutsche.de/digital/spyware-pegasus-nso-group-whatsapp-hack-1.4447562. Zugegriffen am 23.09.2019.

Nocun, K. (2018). *Die Daten, die ich rief: wie wir unsere Freiheit an Großkonzerne verkaufen*. Köln: Lübbe.

O'Neil, C. (2016). *Weapons of math destruction: how big data increases inequality and threatens democracy*. New York: Crown.

Oehl, L., & Kleine Wächter, K. (2019). Fünf Jahre WhatsApp bei Facebook: Was von den Versprechen übrig bleibt. *ZDF*. https://www.zdf.de/uri/831dda36-7c89-4c17-96a5-7f653d525e79. Zugegriffen am 02.09.2019.

Philipps, R. (2019). Sicherheit, Selbstbestimmung, Fairness und Teilhabe. Handlungsempfehlungen für eine Verbraucherpolitik im digitalen Wandel. *Friedrich-Ebert-Stiftung*. https://www.fes.de/themenportal-bildung-arbeit-digitalisierung/artikelseite/sicherheit-selbstbestimmung-fairness-und-teilhabe. Zugegriffen am 02.09.2019.

Rehak, R. (2018). Was schützt eigentlich der Datenschutz? Warum DatenschützerInnen aufhören müssen von individueller Privatheit zu sprechen. *Media*. https://media.ccc.de/v/35c3-9733-was_schutzt_eigentlich_der_datenschutz. Zugegriffen am 02.09.2019.

Richter, F. (2017). Aus Sicht der Stiftung Datenschutz – Simplifizierung als Lösung für die ,Daten-AGB'? *Stiftung Datenschutz*. https://stiftungdatenschutz.org/pressemedia/mediathek/mediathek-detailansicht/news/aus-sicht-der-stiftung-datenschutz-simplifizierung-als-loesung-fuer-die-daten-agb/?no_cache=1&tx_news_pi1%5Bcontroller%5D=News&tx_news_pi1%5Baction%5D=detail. Zugegriffen am 02.09.2019.

Ripperger, A.-L. (2017). Whatsapp: Ja, ich lebe ohne den Messenger. *FAZ*. https://www.faz.net/aktuell/gesellschaft/menschen/whatsapp-ja-ich-lebe-ohne-den-messenger-15163683.html. Zugegriffen am 23.09.2019.

Schallbruch, M. (2018). *Schwacher Staat im Netz: wie die Digitalisierung den Staat in Frage stellt*. Wiesbaden: Springer.

Schneider, I. (2019). Regulierungsansätze in der Datenökonomie. *Aus Politik und Zeitgeschichte. Datenökonomie, 24–26*, 35–41.

Schwenn, K., & Wieduwilt, H. (2018). Algorithmen beim Onlinekauf: 20 Prozent auf alles – aber nicht für jeden. *FAZ*. https://www.faz.net/1.5700726. Zugegriffen am 06.09.2019.

Seiser, B. (2013). 350 Ärzte verkaufen Daten von Patienten. *Kurier*. https://kurier.at/chronik/oesterreich/350-aerzte-verkaufen-daten-von-patienten/23.324.371. Zugegriffen am 07.09.2019.

Sinopi, K. (2018). „Social Scoring" in China: Das Sozial-Kredit-System. *Digitalcourage*. https://digitalcourage.de/blog/2018/social-scoring-china-das-sozial-kredit-system. Zugegriffen am 23.09.2019.

smava.de. (2015). Schufaneutrale Kreditanfrage: Darauf kommt's an. *SMAVA*. https://www.smava.de/kredit/ratgeber-schufaneutrale-kreditanfrage/. Zugegriffen am 23.09.2019.

Spiekermann, S. (2019). *Digitale Ethik: ein Wertesystem für das 21. Jahrhundert*. Droemer: München.

Spottiswoode, S. (2013). Die Schere im Kopf – Chilling-Effects. *Freitag*. https://www.freitag.de/autoren/auerbach/chilling-effects. Zugegriffen am 23.09.2019.

Statista. (2019a). Messenger – Nutzung in Deutschland 2019. *Statista*. https://de.statista.com/statistik/daten/studie/1032143/umfrage/nutzung-von-messengern-in-deutschland/. Zugegriffen am 08.09.2019.

Statista. (2019b). Umsatz von Google 2018. *Statista*. https://de.statista.com/statistik/daten/studie/74364/umfrage/umsatz-von-google-seit-2002/. Zugegriffen am 21.08.2019.

Statista. (2019c). WhatsApp – Anzahl der Nutzer über Android in Deutschland 2019. *Statista*. https://de.statista.com/statistik/daten/studie/1043997/umfrage/anzahl-der-monatlich-aktiven-whatsapp-nutzer-ueber-android-in-deutschland/. Zugegriffen am 08.09.2019.

Stocker, F. (2019). Überwachung: Social Scoring in China auch für ausländische Firmen. *DIE WELT*. https://www.welt.de/wirtschaft/article199304306/Ueberwachung-Social-Scoring-in-China-auch-fuer-auslaendische-Firmen.html. Zugegriffen am 09.09.2019.

Tanriverdi, H. (2019). Bundesregierung skizziert Hackback-Pläne. *Tagesschau*. https://www.tagesschau.de/investigativ/br-recherche/seehofer-cyberabwehr-103.html. Zugegriffen am 23.09.2019.

Thaler, R. H. (2018). *Misbehaving: was uns die Verhaltensökonomik über unsere Entscheidungen verrät*. München: Siedler.

Thaler, R. H., Sunstein, C. R., & Bausum, C. (2018). *Nudge: wie man kluge Entscheidungen anstößt*. Berlin: Ullstein.

Tisne, M. (2018). It's time for a Bill of Data Rights. *MIT Technology Review*. https://www.technologyreview.com/s/612588/its-time-for-a-bill-of-data-rights/. Zugegriffen am 09.09.2019.

United Nations. (2016). Authorities in Apple-FBI case „risk unlocking Pandora's Box" – UN human rights chief. *UN News*. https://news.un.org/en/story/2016/03/523632-authorities-apple-fbi-case-risk-unlocking-pandoras-box-un-human-rights-chief. Zugegriffen am 23.09.2019.

Vasagar, J. (2016). Kreditech: A credit check by social media. *Financial Times*. https://www.ft.com/content/12dc4cda-ae59-11e5-b955-1a1d298b6250. Zugegriffen am 21.08.2019.

Vasilogambros, M. (2015). Will Your Facebook Friends Make You a Credit Risk? *The Atlantic*. https://www.theatlantic.com/politics/archive/2015/08/will-your-facebook-friends-make-you-a-credit-risk/432504/. Zugegriffen am 21.08.2019.

Verbraucherzentrale Bundesverband e. V. (2018). Individualisierte Preisdifferenzierung im deutschen Online-Handel. *Marktwächter*. https://www.marktwaechter.de/digitale-welt/marktbeobachtung/individualisierte-preisdifferenzierung-im-deutschen-online-handel. Zugegriffen am 09.09.2019.

verbraucherzentrale.de. (2019). WhatsApp-Alternativen: die Datenschutzregeln im Überblick. *Verbraucherzentrale*. https://www.verbraucherzentrale.de/wissen/digitale-welt/datenschutz/whatsappalternativen-die-datenschutzregeln-im-ueberblick-13055. Zugegriffen am 08.09.2019.

Weck, A. (2017). Hintertüren in Software sind ein Sicherheitsrisiko. *t3n*. https://t3n.de/news/hintertueren-software-katastrophal-826566/. Zugegriffen am 23.09.2019.

Welchering, P. (2019). Windows-7-Ende: Riskanter Behörden-Umstieg. *ZDF*. https://www.zdf.de/uri/e835b52a-0a59-47a8-abd1-988df53de044. Zugegriffen am 04.09.2019.

Winter, M. (2017). Demokratietheoretische Implikationen des Rechts auf informationelle Selbstbestimmung. In M. Friedewald, J. Lamla, & A. Roßnagel (Hrsg.), *Informationelle Selbstbestimmung im digitalen Wandel* (S. 37–48). Wiesbaden: Springer.

zukunftsinstitut.de. (2019). Predictive Policing. *Zukunftsinstitut*. https://www.zukunftsinstitut.de/artikel/big-data/predictive-policing/. Zugegriffen am 23.09.2019.

Ann Cathrin Riedel ist Vorsitzende von LOAD e. V. – Verein für liberale Netzpolitik. Mit ihrer Agentur UP DIGITAL MEDIA entwickelt sie Strategien zur digitalen politischen Kommunikation. Sie war Lehrbeauftragte an der HS Fresenius in Düsseldorf und wurde von der Zeitschrift „Politik & Kommunikation" in die Liste der 65 „Gesichter der Zukunft" unter 35 aufgenommen. Sie ist Mitglied der Arbeitsgruppen „Ethik in der Digitalisierung" und „Algorithmen-Monitoring" der Initiative D21. In ihren Funktionen publiziert und spricht sie regelmäßig über Ethik und Bürgerrechte, Meinungsfreiheit und Kommunikation im digitalen Raum sowie digitale Souveränität.

Caroline Krohn ist Managerin und Unternehmerin. Sie ist Gründerin und Leitern der Wirtschaftsdiplomaten Krohn & Partner, einem Beratungsunternehmen für Geschäftsentwicklung, sowie der Vindler GmbH, einem Beratungsunternehmen für IT-Sicherheit, und deren Tochterunternehmen VITA – Vindler ITalents Academy GmbH, das sich mit Talentförderung und -vermittlung in der IT befasst. Zusammen mit Dury Rechtsanwälten und Dury Compliance & Consulting aus Saarbrücken ist Caroline Krohn Gründerin des EIPS – European Institute for Privacy & Security, das u. a. die jährlich in Luxemburg stattfindende Europäische Datenschutzkonferenz GDPR+X ausrichtet. Sie war und ist zudem als Gastdozentin an unterschiedlichen Hochschulen tätig, u. a. an der Fresenius Hochschule für Wirtschaft & Medien in Köln, an der EBS University in Oestrich-Winkel, an der Frankfurt School of Finance, an der Hochschule Fulda und an der Quadriga Hochschule in Berlin.

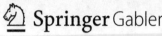

CPSIA information can be obtained
at www.ICGtesting.com
Printed in the USA
LVHW082003090220
646334LV00004B/27